工程总承包项目投资管控研究
——基于广州地铁18号、22号线实践

Research on Investment Control of
Engineering Procurement
Construction Project:
Based on the Practice of Guangzhou Metro Line 18 and Line 22

袁亮亮　邹　东　蒋盛钢　林　庆⊙主编
尹贻林　刘　靖⊙主审

中国建筑工业出版社

图书在版编目（CIP）数据

工程总承包项目投资管控研究：基于广州地铁18号、22号线实践＝Research on Investment Control of Engineering Procurement Construction Project: Based on the Practice of Guangzhou Metro Line 18 and Line 22 / 袁亮亮等主编．—北京：中国建筑工业出版社，2021.3

ISBN 978-7-112-25957-1

Ⅰ.①工… Ⅱ.①袁… Ⅲ.①地下铁道—铁路工程—承包工程—投资项目—项目管理—广州 Ⅳ.①U231

中国版本图书馆CIP数据核字（2021）第039476号

工程总承包模式下，如何约定业主与总承包商之间的工作界面以及确定全生命周期的投资管控要点一直是工程建设领域亟待解决的问题。广州地铁18号、22号线项目的投资管控是基于深厚的管理学理论基础、项目治理与项目管理双重手段和流程再造与BIM技术为项目投资保驾护航的设计施工总承包投资管控实践，是重大工程投资总控理论的进一步延伸。本书旨在对广州地铁18号、22号线的投资管控经验进行高度凝练，为采用工程总承包模式建设的轨道交通以及大型复杂基础设施项目提供借鉴。

责任编辑：朱晓瑜
书籍设计：锋尚设计
责任校对：李美娜

工程总承包项目投资管控研究
——基于广州地铁18号、22号线实践

Research on Investment Control of Engineering Procurement Construction Project:
Based on the Practice of Guangzhou Metro Line 18 and Line 22

袁亮亮　邹　东　蒋盛钢　林　庆⊙主编

尹贻林　刘　靖⊙主审

*

中国建筑工业出版社出版、发行（北京海淀三里河路9号）
各地新华书店、建筑书店经销
北京锋尚制版有限公司制版
北京市密东印刷有限公司印刷

*

开本：787毫米×1092毫米　1/16　印张：17¾　字数：395千字
2021年5月第一版　2021年5月第一次印刷
定价：65.00元
ISBN 978-7-112-25957-1
（37120）

版权所有　翻印必究

如有印装质量问题，可寄本社图书出版中心退换
（邮政编码100037）

本书编审人员

主　　编：袁亮亮　邹　东　蒋盛钢　林　庆

副 主 编：王　晖　温伟玲　林芳红　陈　桥　金　辉　李明亮　尹　航

主　　审：尹贻林　刘　靖

主编单位：广州地铁集团有限公司

　　　　　天津理工大学

编　　委：张北雁　王亦元　何君茹　彭晓之　张芹见　陈　瑜　付　亮　胡标峰

　　　　　欧敏琼　汪　玮　何建华　林若晨　王　玮　刘　剑　陈　钢　袁　梦

　　　　　钟　泉　李剑锋　卢惠端　樊莹莹　李佳恬　董　然　刘　贺　肖婉怡

　　　　　穆昭荣　高明娜　毛慧敏　程　帆　李孝林　程　露　宋海波

序 言 | PREFACE

党中央要求促进经济与社会"更高质量、更有效率、更加公平、更可持续的发展",政府投资项目管理部门应积极响应这个号召,并按照建设中国特色社会主义理论积极实践政府投资项目的投资管控,从而实现中国经济社会"两个百年"发展目标。袁亮亮、邹东、蒋盛钢、林庆等编著的《工程总承包项目投资管控研究——基于广州地铁18号、22号线实践》,是广州地铁集团有限公司工程管理团队贯彻落实党中央建设中国特色社会主义理论的理论研究与实践创新的结晶。本书总结抽象了广州地铁建设过程中采用的投资管控节点前移、大标段招标、柔性合同风险控制以及关键控制点理论,反映了中国大型公共项目投资管控和新基建、新咨询的最新研究进展和最佳实践,也体现了对党中央倡导的"更高质量、更有效率、更加公平、更可持续的发展"思想的深刻理解,是对提高新发展阶段的"判断力、领悟力、执行力"的坚定响应和实践。

第一,更高质量地满足新发展阶段的经济社会需求

要满足人民、社会和国家对公共品的高端需求,对公共项目投资的内涵和外延应该有更高的政治站位。对公共项目投资管控的目标应由节约和减少向满足经济社会和国家发展的需求转变;公共项目投资管控的考核应由审计投资绩效向审计增加项目价值转变;公共项目投资管控的手段应由"以控制为主"转变为"控制+激励"的组合技术。具体应包括:政府投资业主的估概预算严格投资管控的需求;多元投资主体的项目监督和尽职调查的需求;PPP、投建营和REITs的投资管控需求;各专项债等各类项目前期可研的需求等。

第二,更有效率地完成公共项目建设

包括广义的通过节省投资资金数量使全社会固定资产投资更有效率,从而提高经济社会系统的运行效率;从狭义上看是帮助所咨询或管控的项目增加价值,使每单位投入的产出功能更强从而增值,沿着项目性价比更高的路径优化,从而使公共项目投资更有效率。学者的理论研究和实际工作者的实践证明,最有效的投资管控是在设计阶段,通过下达合理的设计限额和优化设计,能使90%以上的项目投资得到有效管控;其次是施工过程中的"五管",即管变更、管调价、管索赔、管支付和管结算,"五管"的要害是合同中嵌入合理风险分担和优化的内部控制制度。

第三,更加公平地对待利益相关者的需求

更加公平有三层含义,首先是从公共项目利益相关者角度看,应通过向合同注入柔性,使资源在公共项目关键利益相关者如发承包双方之间分配更加公平;也应考虑提高公共项目其他利益相关者如工程咨询企业的地位和服务费率，有利于工程咨询企业迸发经营活力，有利于造价工程师专业人士为公共项目提供全方位服务，双管齐下促进社会公平和谐发展。其次是要在公共项目主合同即施工合同中体现合理风险分担原则，即在发承包双方互信的基础上在施工合同中引入状态补偿原则，当合同签订时状态与履约状态不一致时，发包人应依约补偿状态之差，从而使得承包人感受公平对待，激发其履约积极性。第三则是合理利用不完全契约理论的最新研究成果，采取诸如合理风险分担和状态补偿原则，激发发承包双方的公平感知，催出参照点效应，使公共项目绩效因增加尽善履约绩效而大幅增加。

第四，更可持续地使公共项目绩效长时间释放

广义的更可持续是要在政府投资的公共项目和全社会固定资产投资的建设项目中适当增加质量、安全和HSE措施投入，使得人的因素得到尊重和保障，实现社会可持续发展；狭义的是要在公共项目实施中多考虑新时代人们消费升级、安全标准升级、环保要求升级和社交需求升级的需要，并在公共项目可研和设计中充分体现，既实现项目价值，又实现项目可持续发展的目标。城市公共项目要考虑城市更新的三种形态、未来社区的九大建筑元素、应对灾难的韧性空间，并为未来的智慧型城市和万物皆连的物联网城市预留建设空间和接口。

袁亮亮、邹东、蒋盛钢、林庆等编著的《工程总承包项目投资管控研究——基于广州地铁18号、22号线实践》是一本把新时代建设中国特色社会主义理论落实在公共项目投资管控中的专著，是在传统发展模式基础上形成的投资管控模式的主动创新和实践，也是对政府投资项目投资管控理论体系的补充，可以预见这部专著的出版发行，将有力地推动中国公共项目管理的理论和实践向更高水平前进，谨向本专著的编写团队致以诚挚的敬意。

天津理工大学公共项目与工程造价研究所所长
中国重大工程技术"走出去"投资模式与管控智库主席
国家级教学名师、教授、博导

2021年2月6日

目 录 | CONTENTS

第一章 导论

第一节 工程总承包模式概述 | 003
    一、建设项目发承包模式概述 | 003
    二、轨道交通常用发承包模式 | 005
    三、广州地铁18号、22号线设计施工总承包模式解析 | 012

第二节 重大工程投资总控理论研究 | 016
    一、投资总控的含义及特点 | 016
    二、投资总控目标设置 | 018
    三、基于合同状态理论的投资总控目标体系 | 019
    四、投资总控系统的保障措施 | 020

第三节 广州地铁18号、22号线投资总控实践 | 026
    一、投资总控范围解构 | 026
    二、全过程投资总控要点 | 026
    三、投资总控执行情况 | 029

第二章 前期决策管理

第一节 项目前期决策管理要点 | 032
    一、加强对前期投资管控重视程度 | 032
    二、完善前期准备工作 | 032
    三、进行标杆管理,确定合理项目投资范围 | 033

第二节 项目投融资模式选择 | 034
    一、投融资模式概述 | 034
    二、投融资特点及程序 | 035
    三、投融资模式分类 | 035
    四、公司投融资发展历程 | 037
    五、投融资方案的确定 | 039

第三节 项目前期投资估算分析 | 040
    一、投资估算的含义及作用 | 040

二、投资估算的费用组成分析 | 041

三、投资估算的阶段划分与精度要求 | 044

四、投资估算的编制与审查 | 045

五、投资估算的控制措施 | 048

第四节　前期决策投资风险管控 | 049

一、前期决策风险因素 | 049

二、前期决策风险应对 | 051

第三章

设计阶段投资管控

第一节　设计管理理论基础 | 057

一、价值共创理论 | 057

二、价值工程与限额设计 | 060

第二节　设计投资管理工作概述 | 062

一、设计投资管控理念 | 062

二、设计投资管控原则 | 063

三、设计投资管控工具 | 064

第三节　设计投资管控措施 | 066

一、优选设计施工方案 | 066

二、加强工程概算审查 | 067

三、限额设计动态管理 | 069

四、强化施工图设计审查 | 070

五、设计变更管理 | 076

六、设计可施工性应用 | 081

第四节　设计阶段风险因素管控 | 082

一、设计风险因素 | 082

二、设计风险应对 | 086

第四章

招标及合同管理

第一节　项目招标文件分析 | 090

一、招标文件编制背景 | 090

二、招标条件要求 | 090

第二节　项目招标时点选择 | 091

一、不同招标时点的对比分析 | 091

二、本项目招标时点的确定 | 093

第三节 项目招标资格预审 | 094
　　一、资格预审初始指标的选取 | 094
　　二、资格预审指标体系的建立 | 096
　　三、资格预审指标权重的确定 | 098
　　四、资格预审指标设置的应用 | 100

第四节 项目合同优化策略 | 101
　　一、合同管理原则 | 101
　　二、合同计价模式影响因素 | 102
　　三、合同计价模式的确定 | 103
　　四、合同条款设计策略 | 105

第五节 招标及合同风险管控 | 125
　　一、招标及合同风险因素 | 125
　　二、招标及合同风险应对 | 126

第五章 实施阶段投资管控

第一节 项目投资管理概述 | 130
　　一、项目实施阶段投资控制原则 | 130
　　二、项目实施阶段投资控制措施 | 131
　　三、项目各参与方投资管控职责 | 138

第二节 基于内部控制理论的项目投资管理实践 | 139
　　一、基于内部控制理论的工程价款支付管理 | 139
　　二、工程预付款的支付管理 | 141
　　三、工程进度款的支付管理 | 146
　　四、竣工结算的管理 | 155

第三节 基于再谈判机制的项目投资管理实践 | 160
　　一、基于柔性合同的再谈判概述 | 160
　　二、基于再谈判的变更管理 | 165
　　三、基于再谈判的调价管理 | 181
　　四、基于再谈判的索赔管理 | 184

第四节 本阶段项目风险管理 | 190
　　一、实施阶段风险因素 | 190
　　二、实施阶段风险防范 | 192

第六章 工程总承包项目投资管控流程再造

第一节 理论基础 | 198
  一、项目治理理论 | 198
  二、流程再造理论 | 201

第二节 传统投资管控流程与工程总承包需求对比分析 | 206
  一、传统模式下投资管控流程分析 | 206
  二、传统流程与新业务需求的匹配分析 | 209

第三节 基于LCC的投资管控流程再造实施 | 210
  一、以对比分析为基础的规划设计阶段投资管控流程设计 | 211
  二、以合约规划为基础的合同阶段投资管控流程设计 | 215
  三、以限额设计及优化为基础的施工图阶段投资管控流程设计 | 218
  四、基于精细化管理的工程实施阶段投资管控流程设计 | 221
  五、基于规范化管理的项目结算阶段投资管控流程设计 | 223

第四节 工程总承包项目投资管控流程支撑环境构建研究 | 225
  一、业务流程执行小组的构建 | 225
  二、信息技术支撑体系的构建 | 228
  三、投资管控管理制度再造 | 230

第五节 投资管控流程再造效果 | 232
  一、再造后投资管控流程效果分析 | 232
  二、流程+数据，构建企业数据资产中心 | 234

第七章 BIM技术在投资管控方面的应用

第一节 建立基于BIM的工程总承包项目管理平台 | 239
  一、建立基于BIM的工程总承包项目协同平台 | 239
  二、建立基于BIM的工程总承包项目信息模型 | 241

第二节 基于BIM的业主方设计管理 | 244
  一、BIM在业主方设计管理中的适宜性 | 244
  二、基于BIM的设计管理组织结构 | 245
  三、基于BIM的设计管理协同平台 | 255

第三节 BIM技术在地铁工程各阶段投资管控中的技术沉淀 | 259
  一、设计阶段BIM应用——多参与方信息协同共享 | 259
  二、施工阶段BIM应用——提升管理效益 | 262
  三、运维阶段BIM应用——数据价值为设施管理赋能 | 268

参考文献 | 270

第一章

导论

自1999年6月28日地铁1号线全线建成开通试运营，广州跨入了现代化城市轨道交通新纪元。截至2019年底，广州地铁公司累计完成工程建设投资2000多亿元，现已建成开通14条、514.8km的地铁线路，搭建了广州城市公共交通的主骨架，衔接起广州白云机场、高铁、铁路、城际轨道交通等重要交通枢纽，实现了城市交通与重大基础设施、重大支柱产业和土地开发区域的配套。

地铁线网的不断延伸，拉近了城市时空距离，推动了城市化进程，为广州市实现"南拓、北优、东进、西联、中调"的城市发展战略，完善多中心、组团式的城市空间发展格局奠定了坚实基础。地铁建设与城市共生，使地铁建设成为拉动经济增长的城市大动脉，更是构筑人民幸福生活的都市新干线。

随着人民对美好生活的追求和生活水平的日益提高，以及地铁线网的不断拓展和延伸，地铁已由单纯的交通工具向聚合生活要素、传播城市文化的服务平台转变。轨道交通线路的相继开通，不但大大缓解了广州市因人口规模、车辆保有量、产业迅速增长而不断加大的交通压力，而且也为地面公交线路实现从大跨度（跨区）运行向区域内运行转变提供了条件，有效缓解了城市交通拥堵问题。

广州地铁18号、22号线介于城际铁路和城市轨道交通系统之间，其最高速度为160km/h，兼具市域高速度等级、高密度公交化地铁运输服务能力双重功能的全新市域快线系统制式标准，填补了国内市域轨道交通网络层级体系和系统制式空白，切实响应了粤港澳大湾区城际铁路建设规划，为"轨道上的大湾区"建设提供有力支持，为粤港澳大湾区轨道交通一体化、后续国内各大城市群发展、市域轨道交通线路建设发挥以点带面的重要示范作用。然而广州地铁18号、22号线的开发意义不止于其存在的社会影响，它所采取的建设模式仍然对我国大型基础设施建设存在很大的借鉴作用。

2020年新型冠状病毒肺炎疫情发生之后，中央强调加快新型基础设施建设进度，掀起新一轮基建投资热潮，以新基建投资为我国经济注入新动力。根据近几年来的地铁线路建设情况（详见本书第一章第一节）可知，目前在地铁项目中较多采用的建设模式为小标段招标的DBB模式、大标段招标的施工总承包模式，这两种方式均不能充分发挥设计与施工相互协调的优势，割裂了设计和施工之间的有机联系，均不能反映在"一带一路"和供给侧结构性改革的大背景下我国建筑市场未来几年的发展趋势。且地铁项目大多为地下施工，不确定风险因素多、建设周期长、投资金额大，可借鉴的经验较少，在应用工程总承包模式的路途上行进较为艰难。由此可见，研究广州地铁18号、22号线项目工程总承包模式下的投资管控经验具有十分重要的现实意义。

第一节 工程总承包模式概述

一、建设项目发承包模式概述

建设项目管理模式是业主组织和协调工程各方实现项目目标的方式。中国最先采用的项目管理模式为设计—招标—建造（Design-Bid-Build，DBB）模式，该模式普遍存在于现阶段工程项目管理活动之中。随着社会的发展，工程建设项目的大型化和复杂化趋势日趋明显，尤其是社会对大型基础设施项目的需求增加、市场投资主体的多元化需求增加、施工工艺的复杂化需求增加、项目技术的信息化需求增加、项目管理与合同管理的现代化需求增加、风险分担的合理化需求增加。在此背景下，以DBB模式为代表的由业主主导管理模式已无法满足大型基础设施项目建设的基本需求，项目集成管理模式的应用越来越广泛。立足项目参与主体视角，传统项目管理模式（DBB模式）向建设项目管理集成方式的发展路径包括两个方面：一方面为建设项目管理向承包人集成，形成工程总承包模式，包括工程总承包（EPC）、设计-施工总承包（D-B）等；另一方面为建设项目管理向"工程师"集成，形成PMC（专业项目管理承包方运用工程技术和管理经验，对工程项目进行计划、组织、指挥、协调和控制，代表业主对勘察单位、设计单位、施工企业、供货单位等是否履行合同进行管理，以实现预期的建设目标）、代建制等模式。具体的管理集成路径如图1-1所示。

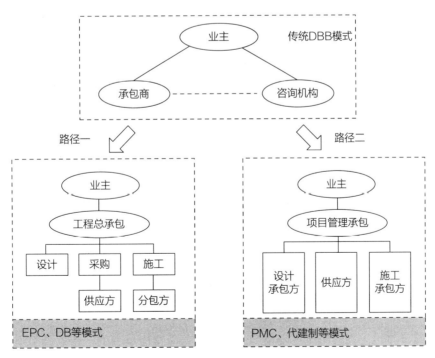

图1-1 建设项目管理模式集成化发展路径

近年来，国家开放程度日益加大，中国企业走出去，国外经验引进来，在国内外交流日益密切的同时，行业内外都发现了工程总承包模式的可行性以及其在管理和经济方面的优势，国家政策和地方规定也相继出台以规范建筑行业相关主体方实施行为。目前，我国工程总承包市场已步入了快速发展期，国家相关政策文件对工程总承包概念的定义如表1-1所示。

国内相关政策文件中工程总承包的定义　　　　表1-1

序号	年份	政策文件	文件编号	定义
1	2003	关于培育发展工程总承包和工程项目管理企业的指导意见	建市〔2003〕30号	工程总承包是指从事工程总承包的企业受业主委托，按照合同约定对工程项目的勘察、设计、采购、施工、试运行（竣工验收）等实行全过程或若干阶段的承包
2	2005	建设项目工程总承包管理规范（已作废）	GB/T 50358—2005	工程总承包企业受业主委托，按照合同约定对工程建设项目的设计、采购、施工、试运行（竣工验收）等实行全过程或若干阶段的承包
3	2011	建设项目工程总承包合同示范文本（试行）	GF-2011-0216	工程总承包，指承包人受发包人委托，按照合同约定对工程建设项目的设计、采购、施工（含竣工试验）、试运行等阶段实行全过程或若干阶段的工程承包
4	2016	关于进一步推进工程总承包发展的若干意见	建市〔2016〕93号	工程总承包是指从事工程总承包的企业按照与建设单位签订的合同，对工程项目的设计、采购、施工等实行全过程的承包，并对工程的质量、安全、工期和造价等全面负责的承包方式
5	2017	建设项目工程总承包管理规范	GB/T 50358—2017	工程总承包（EPC）是依据合同约定对建设项目的设计、采购、施工和试运行实行全过程或若干阶段的承包
6	2019	房屋建筑和市政基础设施项目工程总承包管理办法	建市规〔2019〕12号	工程总承包，是指承包单位按照与建设单位签订的合同，对工程设计、采购、施工或者设计、施工等阶段实行总承包，并对工程的质量、安全、工期和造价等全面负责的工程建设组织实施方式

工程总承包在我国并不是一个新的事物，早在1984年，国务院就在《关于改革建筑业和基本建设管理体制若干问题的暂行规定》中提出了"全过程总承包"的概念，其中明确指出工程承包公司接受建设项目主管部门（或建设单位）的委托，或投标中标，可以对项目建设的可行性研究、勘察设计、设备选购、材料订货、工程施工、生产准备直到竣工投产实行全过程的总承包或部分承包。这是我国推行工程总承包的第一步。但之后的很长一段时间内，由于建筑市场发展的客观规律以及五方责任主体的初步确立，工程总承包立法一度处于事实上的停滞状态。通过以上文件对工程总承包模式的定义可知，工程总承包是指承包单位按照与建设单位签订的合同，对工程设计、采购、施工或者设计、施工等阶段实行总承包，并对工程的质量、安全、工期和造价等全面负责的工程建设组织实施方式。工程总承包有下列形式：

1. 设计采购施工（EPC）/交钥匙工程总承包

设计采购施工总承包是指工程总承包企业按照合同约定，承担工程项目的设计、采购、施工、试运行服务等工作，并对承包工程的质量、安全、工期、造价全面负责。交钥匙总承包是设计采购施工总承包业务和责任的延伸，最终是向业主提交一个满足使用功能、具备使用条件的工程项目。

2. 设计—施工总承包（D-B）

设计—施工总承包是指工程总承包企业按照合同约定，承担工程项目设计和施工，并对承包工程的质量、安全、工期、造价全面负责。

根据工程项目的不同规模、类型和业主要求，工程总承包还可采用设计—采购总承包（E-P）、采购—施工总承包（P-C）等方式。

二、轨道交通常用发承包模式

城市轨道交通建设项目与其他基础设施项目相比有着鲜明的特点，可归纳为以下四方面：

1）工程规模大，投资额度高。城市轨道交通建设项目通常规模较大，一般线路长达20km左右，车站数为16~18座，多为地下多层建筑，这就使得城市轨道交通建设项目对资金的需求量非常大。目前，我国城市轨道交通的平均造价是每公里5亿元人民币，如果其投融资方式仍以政府财政支出为主，那么，政府资金短缺势必成为其发展的瓶颈。

2）建设周期长，工期要求紧。由于城市轨道交通工程涉及范围广、参与单位多、系统复杂，自工程项目预可研至开通运营一般约需10年时间。此外，该类工程大多途经城市主要商业区、人流密集区、交通主要交会点，为减少对城市生活、环境及交通的影响，对工期控制要求严格。

3）工程复杂程度高，实施风险大。城市轨道交通工程涉及专业门类多、系统庞大、接口复杂、施工工序及工法繁多，这些特点决定了其实施过程中的风险较一般工程项目大得多，除常见风险因素外，还面临着较大的地质风险、接口风险和资金风险等。

4）对项目管理活动要求较高。城市轨道交通工程属于一个城市的永久性标志工程，其建筑设计寿命长达100年。作为百年大计的重点工程，其项目管理过程和效果备受关注。另外，由于城市轨道交通工程的复杂性，客观上要求工程的设计、施工、机电设备供货和运行过程衔接紧密，这也同样要求项目管理活动有较高的效率。

"十三五"规划纲要明确要求：以提高发展质量和效益为中心，以供给侧结构性改革为主线，扩大有效供给，满足有效需求，加快形成引领经济发展新常态的体制机制和发展方式。在新形势下，地铁建设项目的机遇和挑战并存，必须加大供给侧结构性改革力度，尽快适应和引领经济发展新常态。我国地铁项目建设市场有两种模式并存：一种是传统的沿革于计划经济条件下的模式，即地铁建设单位分别对应勘察、设计、施工、监理等多个企业；另一种是从1987年推行鲁布革经验开始引入的，国际上比较普遍采用的总承包模式，即地铁建设单位在工程实施阶段只对应一个设计施工总承包单位。

传统地铁建设模式的运作机制决定了在地铁设计、施工与建设单位的双边三方博弈中，往往中标前建设方是强者，建设中设计或施工方是强者，千方百计通过变更和洽商追加投资，因其动因和利益就在于追加投资，最终导致地铁项目突破概算、超期严重，成本难以有效控制。

作为城市基础设施的重要组成部分，轨道交通与其他行业一样，其发承包模式也在随着国家经济和基本建设模式的发展而发展。表1-2统计了国内17个主要城市近三年的111条开工线路，其中大标段施工总承包线路57条，小标段招标36条，其他模式（PPP、BT、EPC）18条。这17个城市中主要应用小标段模式招标的城市有北京、上海、杭州、苏州、宁波、福州等；主要应用大标段工程施工总承包模式的城市主要有深圳、成都、重庆、武汉、郑州、西安、天津、南宁和南昌，其他如南京和长沙等城市，则包含了多种建设模式。由表1-2可以看出，目前应用工程总承包模式（主要指EPC或D-B等）的地铁工程项目仍然较少。这很大程度上是由于地铁项目建设周期长、体量大、投资管控难的特点决定的。工程总承包模式下，业主对于设计的可控度会出现一定程度的下降，如何确定合理的概算下浮率保证投资可控，如何合理分配项目参建各方的"责""权""利"，如何最大限度地发挥这一模式的优势，控制其劣势，是我们推行工程总承包模式的重中之重。

国内近三年地铁线路发承包模式统计表 表1-2

序号	地区	线路	线路承包方式	开工日期
1	北京	昌平线（三期）	小标段招标	2017年
2		11号线	小标段招标	2019年
3		平谷线	小标段招标	2020年
4		13A线	小标段招标	2019年
5		13B线	小标段招标	2019年
6	上海	14号线	小标段招标	2017年
7		15号线	小标段招标	2017年
8		18号线一期	小标段招标	2017年
9		崇明线	小标段招标	2020年
10		机场联络线	小标段招标	2019年
11		13号线西延伸段	小标段招标	2020年

续表

序号	地区	线路	线路承包方式	开工日期
12	深圳	2号线三期（东段）	大标段工程施工总承包	2020年
13		3号线三期（南段）	大标段工程施工总承包	2018年
14		3号线四期（东段）	大标段工程施工总承包	2020年
15		4号线三期（北段）	大标段工程施工总承包	2018年
16		6号线二期	大标段工程施工总承包	2017年
17		6号线支线	大标段工程施工总承包	2018年
18		8号线一期（跟2号线贯通运行）	大标段工程施工总承包	2017年
19		10号线	大标段工程施工总承包	2017年
20		12号线	大标段工程施工总承包	2018年
21		16号线	大标段工程施工总承包	2018年
22		8号线二期（东延）	大标段工程施工总承包	2020年
23		10号线二期（南延）	大标段工程施工总承包	2020年
24		11号线期（东延）	大标段工程施工总承包	2020年
25		12号线	大标段工程施工总承包	2017年
26		13号线	大标段工程施工总承包	2018年
27		14号线	大标段工程施工总承包	2018年
28	成都	6号线三期	PPP	2017年
29		8号线一期	PPP	2017年
30		9号线一期	PPP	2017年
31		10号线三期	大标段工程施工总承包	2019年
32		13号线一期	大标段工程施工总承包	2019年
33		17号线一期	PPP	2017年
34		17号线二期	大标段工程施工总承包	2019年
35		18号线二期	PPP	2017年
36		18号线三期	大标段工程施工总承包	2019年
37		19号线二期	大标段工程施工总承包	2019年
38		8号线二期东北段	大标段工程施工总承包	2020年
39		8号线二期西南段	大标段工程施工总承包	2020年
40		27号线一期	大标段工程施工总承包	2020年
41		30号线一期	大标段工程施工总承包	2020年

续表

序号	地区	线路	线路承包方式	开工日期
42	重庆	4号线（二期）	PPP	2019年
43		5号线跳磴至江津段	PPP	2019年
44		5号线北延伸段	大标段工程施工总承包	2019年
45		18号线	PPP	2019年
46		6号线支线（二期）	大标段工程施工总承包	2017年
47		9号线一期	PPP	2017年
48		9号线二期	大标段工程施工总承包	2018年
49		10号线（二期）	大标段工程施工总承包	2018年
50		环线（西南半环）	大标段工程施工总承包	2017年
51		重庆市域快线璧山至铜梁线	大标段工程施工总承包	2020年
52	武汉	前川线	PPP	2019年
53		11号线东段二期	BT	2017年
54		12号线	大标段工程施工总承包	2020年
55		6号线二期	大标段工程施工总承包	2019年
56		16号线	大标段工程施工总承包	2019年
57		19号线	PPP	2020年
58		11号线三期葛店段	大标段工程施工总承包	2019年
59		11号线三期	大标段工程施工总承包	2019年
60	西安	5号线（二期）	小标段招标	2017年
61		9号线（一期）	PPP	2017年
62		8号线（环线）	大标段工程施工总承包	2019年
63		2号线（二期）	大标段工程施工总承包	2019年
64		14号线[42]	大标段工程施工总承包	2018年
65		1号线（三期）	大标段工程施工总承包	2019年
66		14号线	大标段工程施工总承包	2018年
67	郑州	3号线一期	PPP+A2部分施工总承包	2017年
68		4号线	小标段招标	2017年
69		6号线	小标段招标	控制性站点2017年，首通段2018年，其余2020年

续表

序号	地区	线路	线路承包方式	开工日期
70	郑州	10号线（一期）	小标段招标	2018年
71		7号线一期	小标段招标	2020年
72		12号线一期	小标段招标	2020年
73	苏州	7号线	小标段招标	2019年
74		8号线	小标段招标	2019年
75		S1线	小标段招标（含前期管线）	2018年
76		9号线	小标段招标	2019年
77	天津	6号线（二期）	大标段工程施工总承包	2018年
78		7号线（一期）	PPP	2019年
79		8号线（一期）	PPP	2020年
80		11号线（一期）	PPP	2019年
81		B1线（一期）	大标段工程施工总承包	2017年
82		4号线（一期北段）	PPP	2020年
83	杭州	1号线三期	小标段招标	2018年
84		3号线一期主线	小标段招标	2017年
85		3号线一期支线	小标段招标	2017年
86		8号线一期	大标段工程施工总承包	2017年
87		9号线一期南段	小标段招标	2018年
88		9号线一期北段	小标段招标	2018年
89		10号线一期	大标段工程施工总承包	2017年
90		杭州机场轨道快线	大标段工程施工总承包	2019年
91	宁波	3号线二期工程	小标段招标	2019年
92		5号线一期	小标段招标	2017年
93		5号线二期	小标段招标	2019年
94		6号线	小标段招标	2019年
95	南京	1号线北延	小标段招标	2017年
96		2号线西延	小标段招标	2017年
97		6号线	大标段工程施工总承包	2020年
98		7号线	大标段工程施工总承包	2017年
99		S4号线滁州段一期	大标段工程施工总承包	2018年

续表

序号	地区	线路	线路承包方式	开工日期
100	南京	S4号线滁州段二期	大标段工程施工总承包	2018年
101		S6号线	大标段工程施工总承包	2019年
102		S8号线南延	小标段招标	2017年
103		9号线一期	大标段工程施工总承包	2020年
104	福州	4号线一期	小标段招标	2018年
105		5号线一期	小标段招标	2018年
106		滨海快线	小标段招标	2020年
107	南宁	2号线东延线	大标段工程施工总承包	2017年
108		5号线	大标段工程施工总承包	2017年
109	长沙	长株潭城际轨道交通西环线	EPC	2019年
110		6号线	投资+施工总承包（机电运营部分PPP）	2017年底中段东区、西区 2018年底东段、西段
111	南昌	4号线	大标段工程施工总承包	2017年

由表1-2可以看出，近年来我国轨道交通项目常用的发承包模式是大标段工程施工总承包、小标段招标和工程总承包模式等。

（一）小标段招标

小标段招标模式主要是以车站、区间或专业划分为原则，将线路划分为多标段的招标模式。这种发承包模式下业主对项目的管控力度较大，可有效降低项目的造价，但同时也对业主管理大型基础设施项目的能力提出了很高的要求，且业主必须合理划分标段，项目标段划分不合理会导致业主的协调管理压力大幅增加。

（二）大标段施工总承包

大标段工程施工总承包是以线路发包为原则划分标段，一个标段内包含了土建、机电、车辆段等多专业。业主将施工部分全部发包给一个总承包人，业主只与施工总承包人签订合同，可大大减少业主的管理工作量，并且利用施工总承包人丰富的管理经验，对下级分包方的界面管理以及施工过程的管理控制更加到位，可提高工程项目的管理绩效。在地铁项目建设中，采用大标段工程施工总承包模式的项目较多，但采用设计施工总承包模式或EPC模式的项目仍较少。

（三）大标段工程总承包

这里的工程总承包模式主要是指EPC模式或设计—施工总承包模式。业主在完成工程可行性研究报告或初步设计批复之后，根据工程的不同性质和复杂程度，将工程的设计（一般为施工图设计，也可以是初步设计和施工图设计）、采购（可不包括）以及施工一起委托给具有相应资质的设计、施工总承包商或联合体完成，最终达到合同约定的质量、安全、工期、造价目标的工程承包模式。工程总承包模式在满足初步设计方案功能的前提下可以分阶段出图、分阶段报批，施工图设计和施工图报批过程中承包商可做好施工准备，总承包商可采用IPD模式（集成管理模式）与设计部门进行协同作业，共同进行设计优化以及可施工性优化，加强设计方案和施工方案的协调，减少施工队伍熟悉、领会设计意图和设计图纸的时间，可相对缩短工程建设周期。

1．优势

1）降低项目业主管理和协调难度

传统的地铁建设项目小标段平行招标，每条线划分多个标段，分别由不同的中标施工单位建设，业主的管理难度、管理范围较大，协调难、压力大，交易成本非常高。大标段工程总承包大幅降低了交易成本和以往各标段间的界面管理约束。业主将整条线的工程施工工作委托给具有丰富地铁工程建设经验的一家工程总承包单位的优势在于：一方面，通过承包商内部统一协调管理的方式配置资源，相对于通过市场分别外包的方式，其交易费用更低、资源配置效率更高；另一方面，项目的集成化管理，最大限度地避免了因不同标段设计和施工分离带来的前后脱节和扯皮等问题，能够有效减少管理界面，提高项目管理活动的效率。

2）减少合同变更数量

工程总承包商可以在规定的范围内优化设计方案节省工程投资，同时承担大多数施工图设计变更引起的工程投资增减。业主无须支付这部分工程变更增加的费用，只需审核这些变更是否合理，技术上是否可行，是否在合同允许范围内，可降低工程投资，大大减少工程变更审批时间。

3）设计和施工相融合

设计施工的一体化，促使了总承包商能站在更高的角度统筹规划管理整个项目，可以更加合理地对设计、施工进行部署。在项目实施过程中，由承包商自行安排设计和施工，对整个项目实行动态管理、整体把控，从而减少不必要的重复工作及相互推诿事件发生，降低了工期风险。

2．劣势

1）对潜在总承包商的能力要求高

大标段模式将多个专业划分到一个标段，大大提高了每个标段的技术难度，这样一来就只有少数的大型施工单位能够完成工程，提高了招标的门槛，业主在招标时对投标企业的资质、财务、业绩、人员等方面也提出了更高的要求,以适应大标段项目的建设需求。

2)业主对分包商的控制减弱

大标段招标的方式使得业主的工作界面大大简化,总承包商拥有更大的项目控制权,其控制力也大大增强,这就使总承包商有可能产生投机行为导致业主利益受损。因此,业主就需要加强对总承包商的控制。

广州地铁18号、22号线是开发番禺南部与南沙的两条策略性市域铁路干线,承担着快速连接南沙新区及广州市核心区的功能,是国内首批可以实现地铁服务水平的全地下市域快线之一。项目采取的是设计施工总承包模式,将接近100km的地铁线路发包给一家国内大型施工企业。本项目建设在进度、质量以及成本方面取得了较好的效果,其经验的可借鉴性与推广意义显而易见。本书凝练18号线、22号线的投资管控经验,希望为国内其他在建地铁项目及将要建设的地铁项目提供经验参考,推动国内轨道交通行业快速发展。

三、广州地铁18号、22号线设计施工总承包模式解析

(一)项目概况及整体实施思路

1. 线路概况

广州地铁18号线线路全长61.3km,均为地下线;设站9座,其中换乘站8座;平均站间距7.6km,最大站间距为26.0km,最小站间距为2.3km。18号线采用8辆编组市域快线列车,列车最高运行速度160km/h。

广州地铁22号线线路全长30.8km,均为地下线;设站8座,其中换乘站4座,平均站间距4.2km,最大站间距为7.2km,最小站间距为2.1km。22号线采用市域快线D型车,8辆编组,车辆最高运行速度为160km/h。具体线路走向如图1-2所示。

2. 具体实施范围

广州地铁18号、22号线及同步实施场站综合体部分作为一个项目进行招标实施。具体包括:

1)广州地铁18号、22号线(不含建设规划中未包含的西三站和东沙工业园站)及同步实施项目包括建筑安装工程、非关键设备采购、施工图设计、工程详勘、绿化迁移、管线迁改、场地准备、交通疏解等前期准备工程项目,不包括关键设备、土地征(借)用、建(构)筑物拆迁、联合试运转、车辆购置等。

2)同步开发建设的场站综合体预留工程和交通衔接工程的施工图设计和施工。由于8个场站综合体均与新线建设同步规划、同步设计,但由于站点的投资模式不同、实施主体不同、征拆时间问题等,造成部分站点不能做到同步实施建设。因此,本次招标将在实施过程中与车站紧密相关的部分放入实施范围,关联不大的部分不放入实施范围。

3. 整体实施思路

广州地铁18号、22号线及同步实施场站综合体部分实施方案的总体思路是:采用广州

图1-2 广州市城市轨道交通18号线和22号线地理位置示意图

市政府认可并推广的设计施工总承包建设管理模式,快速启动两条线路开工建设。在条件成熟、不影响18号、22号线工期策划的前提下,将场站综合体同步实施的工程部分纳入招标范围,实现同步规划、同步选址、同步设计、一体化建设,且设计施工总承包商的介入时点为施工图设计阶段。这既有利于发挥工程总承包单位的施工实力,又有利于发挥广州地铁集团有限公司(以下简称"广州地铁公司")丰富的管理经验,便于满足项目准备、建设、运营有序衔接的要求。

(二)工程项目特点

1. 整体规模大、覆盖区域广

本项目包括了广州市地铁18号线和22号线两条地铁线路。18号线经过南沙区、番禺区、海珠区和天河区,自南向北依次连接了南沙新区万顷沙枢纽、番禺区的番禺广场、海珠区的琶洲片区以及天河区的珠江新城和广州东站。22号线经过南沙区、番禺区和荔湾区,自南向北依次连接了南沙新区万顷沙枢纽,番禺区的番禺广场、广州南站地区和荔湾区的白鹅潭地区。两条线路全长共计91.2km,整个工程线路跨越区域特别广。

2. 气候影响大、工期要求紧

本项目的两条线路中车站部分多为4层地下车站,土石方开挖量极大,盾构及暗挖区间长,工程体量巨大,而招标文件要求的首通段总工期不到3年,后通段总工期为4年,加之广州地区每年雨季长达5个月，极大地影响施工进度，要如期完成包含土建工程、弱电及信号系统工程、供电系统工程、机电安装工程、装饰装修工程、轨道工程在内的全部工程，整体工期十分紧张。

3．涉及专业全、工艺工法多

本项目工程囊括了地铁建设工程涉及的全部专业，工程内容包括车站、区间、停车场、轨道、安装、装修工程等。还包括了沿线相关道路的改移、恢复，桥梁的拆除、复建等工作。施工单元多，临时工程量大。土建工程等不同专业间接口工程复杂，站前与站后等不同专业间接口工程也相当复杂，对工程的整体筹划组织及协调提出了极高的要求。

4．技术标准新、管理标准高

本工程是设计时速160km/h全地下地铁工程，行车速度达到新高，各系统为保证功能的实现，大量采用新设计、新材料、新设备、新工艺。牵引供电采用了"交流27.5kV同相供电直供加回流"新型供电方案；接触网刚性悬挂采用160km/h新型刚性结构；车地通信采用新型LTE通信。在新设计方案里采用的新型设备有同相供电装置、高速分相绝缘器、27.5kV带电显示装置等；新材料有接触网27.5kV刚性悬挂调整底座、3D线夹定位、膨胀接头等；车站照明广泛采用新型节能灯具。

5．施工风险多、风险控制难

由于本项目线路长，规模大，且风险点分布多而广泛，工程施工过程中将面临大量自身风险及环境风险，项目风险管控工作的难度非常大。

本工程自身风险主要源自超深基坑开挖、结构断面形式多且构造复杂、地质情况复杂等因素。其中番禺广场站基坑长540m、标准段宽达52.25m、标准段深度达40m，是典型的超宽超深基坑，施工难度大、风险高；广州东站主要采用暗挖法结合明挖法、半盖挖法结合盖挖法施工，断面形式多，结构复杂；加之沿线地质情况复杂，包含全断面砂层、软弱土层、花岗岩残积土层、全断面硬岩地层、上软下硬地层、含孤石地层、断裂带等不利于施工的地质条件，工程施工风险点多。

本工程环境风险主要源自沿线及周边存在大量的管线及建（构）筑物，且需穿越众多江河水道。风险点多且广泛分布于全线100km的盾构区间范围，施工高峰期需要投入66台盾构机同期施工，风险管控难度非常大。

（三）设计施工总承包模式的适应性与必要性

1．建设市场经济环境的变化

"一带一路"是我国轨道交通业迎来飞速发展的重大机遇，它为中国建筑企业带来了更大的商机和机遇。凭借"一带一路"所带来的发展红利，国内诸多有实力的、以国资背景为主的大型施工企业紧跟政策导向，抢抓机遇，稳步推进转型升级，实现了在基础设施领域建设的大丰收，打造了中国企业"走出去"的响亮品牌，成为不折不扣的"一带一路"建设主力军，成为构建人类命运共同体的重要实践者。外部建筑市场环境的快速更新发展不断对承包商提出更高的要求，使其不得不提高自身核心竞争力以保企业生存，催生了大量超级承包商的出现。业主能选择到具备承接大型基础设施项目能力的总承包商，为设计施工总承包模式的实施提供了可能性。

2．设计施工总承包模式的优势

根据广州市政府要求，广州地铁18号、22号线及同步实施场站综合体部分建设任务重和工期要求紧，采用设计施工总承包模式，招标后即可组织全面实施。由总承包商负责整个项目的设计和实施，可以统筹规划和协同运作整个项目，有效解决设计与施工的衔接问题、减少采购与施工的中间环节，最大限度减少施工方案中的实用性、技术性、安全性之间的矛盾。总承包商负责整个项目的设计和实施，从而承担了工程建设中的更多任务和更多风险，业主的风险则相对降低。在这种模式下，合同价款和工期相对固定，有利于费用和进度控制，且能够最大限度地发挥工程项目管理各方的优势，实现工程项目管理的各项目标。

广州地铁建设规模逐年增大，必须通过建设模式创新提高施工组织和投资效率，采用设计施工总承包模式这种国内比较成熟且行之有效的建设工程管理手段，有利于项目的顺利推进和实施。

1）有利于又好又省又快建设

广州地铁18号、22号线采用"固定总价+固定单价"的合同计价方式，合同签订后，总承包商的报价变动幅度受限，这就迫使总承包单位必须通过优化设计、缩短工期来产生效益，有动因追求又好又省又快，很大程度上避免传统模式下设计方和施工方"低价中标，高价结算"情况发生。

2）有利于提升建筑业企业核心能力，实现项目增值

设计施工总承包模式可以促进建筑业企业集成化发展，有效提升综合服务能力。通过参与大量的工程总承包项目，可实现企业内部设计、施工、科研等力量的充分整合，促进企业组织机构更为科学、管理体系更为健全、人才储备更为充沛。建筑业企业在全产业链集成、核心技术应用、统筹管理等方面的优势是企业的新核心竞争力，可促进建筑业企业在工程管理上与国际通行模式接轨，有效增强国内国际两个市场的竞争力，推动企业进一步做强做大，由此，业主寻找有能力的总承包商匹配日益复杂化的建设项目的可能性也会有所增加，进一步实现项目整体价值的提升。

3．采用设计施工总承包模式的条件

满足下列条件的项目，设计施工总承包模式的优势能够得以最大发挥：

1）对于采用设计施工总承包模式的项目，业主的需求能够以比较客观的"性能标准"去描述和规定，使得承包商能准确理解业主的需求。广州地铁公司拥有丰富的地铁设计、建设、运营经验，能准确地描述和定义18号、22号线的性能标准和有关需求，使得总承包商准确理解和实施。

2）业主的项目要求，基本上都由该相关行业发布的标准或规程来确定。国家和广东

省有关主管部门颁发和实施了多部地铁工程设计标准、管理规范、验收规定、概预算定额，且广州地铁公司历来重视总结其地铁项目建设运营经验，编制或出版了完善的标准规范、管理流程以及专著等，拥有明确的标准和规程，可清晰确定项目要求。

3）"可施工性"的问题在其设计中能充分加以考虑，从而避免传统模式下容易带来的问题。广州地铁18号、22号线线路长，所经区域地质复杂，规划及详细设计方案尚未确定，及换乘车站（如番禺广场站）建设条件复杂，存在较多"可施工性"问题，采用设计施工总承包模式有利于发挥总承包单位的管理和技术优势，可发挥其积极性和主观能动性，提高建设效率。

第二节 重大工程投资总控理论研究

一、投资总控的含义及特点

轨道交通项目属于对国民经济和社会发展中有重大影响的大型工程项目，应将其划分到重大工程项目行列中。重大工程巨大规模的投入，在社会发展、民生改善上起到的作用以及对国民经济的长远影响等远非一般项目能够比拟，这使得对重大工程投入的管理必须更加科学谨慎，不能简单套用传统项目管理的方法，管理者必须认识到重大工程的投入需用新的思路和方法有效管理其投入。在重大工程中，传统投资控制必须进行转变以适应重大工程诸多复杂特点，由以往重造价控制的目标转变为重进度、重质量的目标。从成本节约向以实现项目价值增值，提升项目的边际效应转变，即投资总控。

天津理工大学公共项目与工程造价研究所（IPPCE）团队在深入研究项目总控理论的基础上，结合国内外有关投资控制的理论和实践研究，提出了投资总控的概念（详细内容见《重大工程投资总控理论与实践——以广州地铁11号线为例》）。投资总控是以总体策划为先导，在工程项目合同签订、执行、再谈判过程中注入信任、优化合同柔性、合理分配控制权等激励方式改善承包人履约绩效，最终实现业主投资目标的项目管理模式，其中基于初始信任的招标管理、基于再谈判机制的合同条款拟定和基于控制权下的权责分配机制是投资总控模式的实现路径。业主在对工程总承包项目进行投资总控时，应首先明确项目的投资总控目标，根据投资总控目标，确定在项目建设各个阶段的投资管控要点，再根据投资管控要点协调各参与方工作，保证项目最终目标的实现，并在可能的情况下实现项目增值。图1-3为重大工程投资总控的概念模型。

由投资总控的概念可知，业主开展投资总控的目的在于利用合同的拟定以及配套的合同管理措施诱导承包人提供实质绩效，从而实现发包人预期的绩效目标。Hart在他的研究中引入行为因素发现两种绩效，即字面绩效和实质绩效。前者指依照合同具体条款执行的绩效，后者则是依照合同精神执行的绩效。Hart等人区分了两种绩效的不同之处，其关键就在于法院能够强制一方提供某种绩效，即法院可以强制一方提供字面绩效，而不能强制一方提供实质绩效，合作精神是无法写入合同中的。Hart进一步指出，如果交易一方认为自己未获得应得的结果，将折损一部分实质绩效。而其所认定的应得的结果就在于与初始合同中约定的责、权、利的对比。图1-4为投资总控模型的核心要素。

可以看到，重大工程中，发包人期望承包人能够完全执行合同中约定的各项条款以实现字面绩效，并在此基础上本着合作的态度与发包人进行有效合作以实现实质绩效。因此，两种绩效的实现情况，与承包人履行合同的情况密切相关。

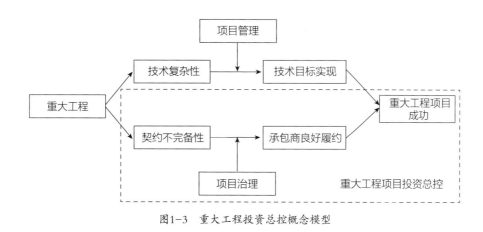

图1-3　重大工程投资总控概念模型

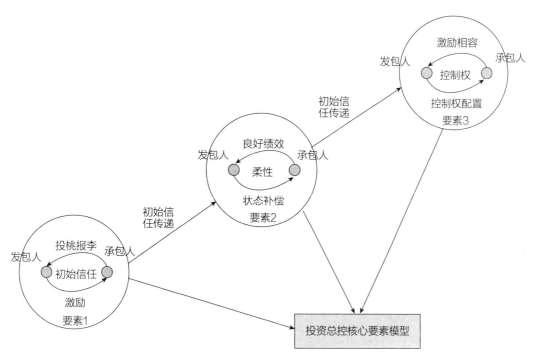

图1-4　重大工程投资总控模型核心要素

二、投资总控目标设置

一般来说,工程总承包项目是业主有清晰的项目定义以及风险分担方案后开始实施,通常采用总价合同的形式进行工程总承包项目的投资总控,有利于业主的整体策划与投资控制,更好地实现项目的价值目标。因此,根据总体策划业主要求中的功能指标、建设规模、项目构成及建设费用组成合理地确定投资总控目标,在投资总控目标体系中发挥着至关重要的作用。

重大工程投资项目的投资总控是一个多层次、多主体交替影响、相互作用的系统工程。从控制论的角度来看,控制过程是设立目标与保证目标实现的统一,也就是说,投资总控不仅包含调节系统输出与标准值之间的偏差这一过程,还包括对重大工程项目的投资总控目标的确定这一环节。投资总控目标具有以下特征。

(一)投资总控目标的表现形式是不断变化的

轨道交通工程项目的建设是一个周期长、体量大的生产过程,人们在一定的时间内占有的经验知识是有限的,不但受着科学条件和技术条件的限制,而且也受着客观过程的发展及其表现程度的限制,因而不可能在工程项目伊始就能设置一个科学的、一成不变的控制目标,而只能设置一个大致的控制目标,这就是最开始的投资估算。随着工程建设的实践、认识、再实践、再认识,投资控制目标一步步清晰准确,这就是工程概算、设计预算和总承包合同价等。也就是说,建设项目投资控制目标的设置应随着项目建设实践的不断深入而分阶段设置。投资估算应是设计方案选择和初步设计阶段的建设项目投资控制目标,工程概算应是进行施工图设计阶段项目的投资控制目标,工程总承包合同价则应是施工阶段控制建安工程造价的目标。

(二)投资总控目标应兼顾质量、进度与安全

传统的投资控制虽一定程度上实现了项目的成本目标,但也应关注到一味地节约投资所引发的一系列质量问题。首先,传统投资控制忽略了承包人的行为因素,若发包人一味地节省项目成本,必然造成承包人收益的受损,因委托代理关系下双方信息的不对称,承包人将趋向于采取机会主义行为以降低收益中的要素价格,从而折损项目绩效;其次,传统投资控制,忽略了价值工程中成本与项目功能的关联特性,项目成本与项目质量、功能之间的制约关系,使得一味降低成本产生了不利于项目质量、功能目标实现的连锁效应。

对于轨道交通建设项目来说,并非投资总额最小就是项目的投资总控目标,项目管理中的质量、进度和投资目标三者是相互制约的,对重大工程项目的投资总控不能以牺牲其他目标为代价,其应在保证投资方向正确和建设项目的质量、工期的前提下,采用科学、合理、有效的方法和手段提高资金的使用效率,为国家节约资金,保证国家固定资产投资的良性发展。

（三）投资总控系统是目标实现的根本保障

投资总控系统是目标实现的根本保障，项目的业主应通过优化项目主要参与主体的权、责、利配置及保证项目实施的各种制度安排来实现投资总控目标。其中"责"是对工程总承包项目投资控制合理的风险分担，即将影响合同价款的风险因素在业主和总承包商之间实现合理的风险分担，是实现投资控制的核心问题；"权"是业主和总承包商之间的控制权配置，即工程总承包项目各方之间的合作必然伴随控制权配置的问题，合理有效的控制权配置是实现准确合理风险分担的制度保障；"利"是相关合同条款的拟定，即通过合同条款的拟定对影响合同价款和投资控制的关键节点进行控制，保证双方实施过程中的权利义务的明确。

综上所述，本书将投资总控的目标界定为以合理价格在约定工期内给出符合质量标准的工程产品。

三、基于合同状态理论的投资总控目标体系

若要有效控制投资目标，需提前识别项目建设过程中可能打破合同原有状态的风险事件。合同状态补偿理论是业主处理风险事件，进行有效风险控制的重要理论基础。按照合同签订、合同履行和风险处理的时间顺序，伴随着合同的初始状态、现实状态和新的合同状态三种不同形式，对风险事件发生前、发生中和发生后分别进行有效分析，深刻揭示风险事件对投资总控目标系统的冲击。风险事件改变了原先的控制目标，为激励总承包商能够尽善履约，业主只能通过约定的协调方式对总承包商进行补偿，保证风险事件的发生不会影响工程总承包项目功能和价值的最终实现。合同状态破坏投资总控目标系统的具体原理如图1-5所示。

第一阶段是业主和总承包商签订初始合同，此时合同初始状态为原业主要求、功能要求、施工条件和预期目标及对应投资总控目标的原合同总价；第二阶段是合同履行过程中业主应承担的风险，正好通过合同条款中的脆弱点影响目标控制系统，此时的合同现实状

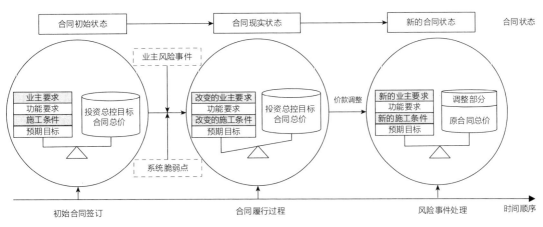

图1-5 工程总承包风险与价款调整原理图

态为变化的业主要求、功能要求、变化的施工调价和预期大于原投资总控目标的合同总价;第三阶段是风险事件处理时应按照合同约定的原则和方法进行价款调整,此时新的合同状态是新的业主要求、功能要求、新的施工条件、预期目标及对应投资总控目标的原合同总价和价款调整部分。因此,基于合同状态理论,按照风险事件的发生前后分析投资总控目标系统的变化过程,明确业主风险事件发生和系统脆弱性的共同作用导致投资总控目标的调整,从而为业主更好地进行风险控制提供了理论分析和实践指导。

四、投资总控系统的保障措施

（一）基于项目治理的投资总控保障措施

1. 以初始信任为基础的信任型招标

信任是在交易过程中己方的弱点或漏洞（Vulnerabilities）不会被对方利用的一种相互的信心（Mutual Confidence），它是由行为或选择导致的潜在的心理状态,同时又影响着后续的行为或选择,根据其特质的差异可将信任分为:①在交易准备（即招投标资格预审）阶段,交易双方根据对彼此固有特征的判断而形成的静态的初始信任;②在交易过程中（即合同谈判与再谈判）,交易双方根据彼此之间交互行为以及这些行为发生所处的客观情境不断更新对对方的预期,从而形成的动态演化的持续性信任。

从经济学的视角来看,信任是一种预期,即施信方承担不确定性带来的利益损失的同时,受信方不会由此而采取机会主义行为。因此,业主对承包商了解越深入、掌握的相关信息越多（即业主所付出的搜索成本越高）,预期越准确,即业主对承包商的初始信任水平越高。业主对承包商的初始信任水平越高,其所付出的谈判与签约成本、监督成本都是越低的。由此,天津理工大学尹贻林教授提出了信任型招标。

信任型招标是东亚特有的招标,其形式是嵌入关系要件的公开竞争性招标,脱胎于国际竞争性招标ICB。这种东亚独有的信任型招标的特点是业主利用招标寻找可信任的承包商的变化形态,尤其是EPC发包时,业主必须寻找一个"称心如意"的承包商,方可弥补因控制权让度产生的失控风险。信任型招标部分满足了业主对中标人信任的要求,从而对项目成功起到了积极的作用。信任型招标主要表现为三个方面,第一是资格预审更多地注入业主对信任的要求;第二是评标办法中注入业主对最希望中标人的能力要求;第三是通过入库或短名单注入业主对目标中标人的影响。信任型招标的本质是发包人对中标承包人信任要求的表现,对项目成功的影响是通过信任激励起作用的。当然,信任型招标必须适当约束,否则会滑入腐败的陷阱。

基于此,广州轨道交通18号、22号线工程总承包项目为了选择高度信任的总承包商,在招标阶段注入初始信任条件,形成初级信任,业主和承包商之间的信任状态在初级信任的基础上持续变化、发展。业主通过对招标介入时点的选择、招标资格预审设置、招标文件中设置柔性条款以及合同计价方式的确定,形成较高的初始信任水平,使得业主与总承包商更

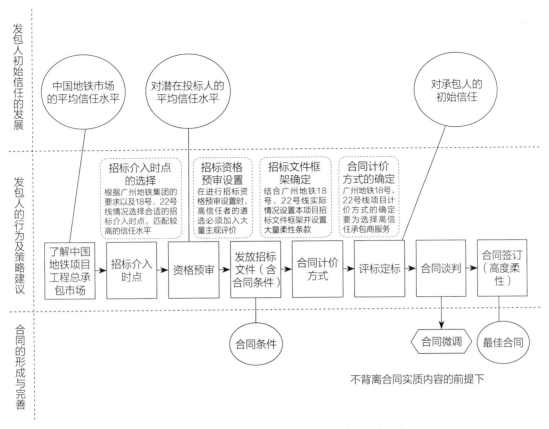

图1-6　基于初始信任的工程总承包商招标管理研究路线图

倾向于签订"柔性的合同"。基于初始信任的工程总承包招标管理研究框架如图1-6所示。

在初级信任的基础上，业主通过按时付款、及时调价等手段与承包商建立更高层次的信任；同时承包商通过保证工程进度、质量等手段与业主建立更高层次的信任。随着业主与承包商之间信任的持续改变与发展，双方的信任状态层次也会不断提升直至高度信任阶段。最终达到提高广州轨道交通18号、22号线项目管理绩效的目的。

2．以投资管控为主线的控制权配置

对于分配出的项目控制权在项目业主与工程总承包商之间如何进行有效的配置，控制权配置原则起着至关重要的作用。工程总承包模式下项目控制权配置原则必须既符合一般工程项目权责配置实践的普遍原理，又能够满足激励工程总承包商努力工作的特殊要求，充分体现出项目治理结构中"责-权-利"统一的思想。以投资管控为主线，明确工程总承包项目中项目参建各方的"责""权""利"，对项目的投资管控具有重要的作用。表1-3为以投资管控为主线的工程总承包项目中项目参建各方的权责一览表，主要体现了参建各方在工程总承包项目的投资管控中主要的职责和权利。其中工程总承包商在设计阶段的工作内容应根据工程总承包商的项目介入时点进行动态调整。

工程总承包项目参建各方权责一览表

表1-3

阶段	业主		工程咨询单位		设计咨询单位		工程总承包		投资监理	
	权	责	权	责	权	责	权	责	权	责
决策阶段	项目策划权 工程可行性研究报告审核权	协助工程咨询单位办理审批报批手续	按照咨询合同约定获得服务报酬	前期要件编制、修改和报批，主要包括：编制本项目工程可行性研究报告，规划选址意见办理，土地预审报告编制及报批，社会稳定分析及报批，环境影响评估报告编制及报批，水土保持方案报告编制及报批等						
决策阶段	发承包模式选择权	根据项目自身特点、融资背景等相关信息为项目选择适宜的发承包模式								
工程总承包方招标采购阶段	工程总承包方选择权 合同计价方式、支付方式的选择权 合同谈判与签订权	编制合适的招标文件，寻找最佳承包商按照合同约定为工程总承包商提供建设的必要条件					合同计价方式、支付方式的选择权 合同谈判与签订权	确保工程总承包商自身具备承揽项目的能力		

续表

阶段	业主		工程咨询单位		设计咨询单位		工程总承包		投资监理	
	权	责	权	责	权	责	权	责	权	责
设计阶段	审批项目方案设计、初步设计和施工图设计图纸；审批项目投资估算、设计概算和施工图预算；设计优化、变更审批权	向设计咨询公司提供开展咨询服务所需的有关数据和资料			按照咨询合同约定获得服务报酬	审核项目方案设计、初步设计和施工图设计图纸；审核项目投资估算、设计概算和施工图预算，提出优化建议意见；对总承包单位报送的设计变更进行审核并出具审查咨询意见；根据业主要求提供专家咨询，供业主决策；加强与总承包方及政府相关部门的协调沟通，尽量减少项目变更的发生	向业主寻求开展咨询服务的有关数据和资料	确定和修改项目方案设计、编制修改投资估算；确定和修改项目初步设计、编制修改设计概算；深化项目施工图设计、编制和修改施工图预算		
工程施工建设阶段	施工管理权；变更审批权；索赔判定权；对共管账户支付的监督权；分包商选择的审核权；工程验工的审查、监督权	办理需由业主负责的各类审批手续；协助应由承包商负责的有关批件、施工证件审批；审批工程计量报告与合同价支付申请；审批工程变更、索赔判定；期中结算审批；按照工程进度或里程碑节点支付合同价款（具体看合同约定）			按照咨询合同约定获得服务报酬		按照规定提交工程计量与支付申请；根据需要提交工程变更、索赔证，期中结算审核申请	按照合同约定，合理开展工程建设活动，保证工程项目达到合同约定的质量标准	按照咨询合同约定获得服务报酬	审核工程计量报告与合同价款支付申请；人工、主要材料或新型材料、设备、机械等专业工程询价的咨询工作；审核工程变更、索赔和签证的合理性、合法性、准确性；期中结算审核
竣工验收、交付阶段	工程接收权	组织竣工验收；支付工程结算款					竣工验收申请权	保证工程项目质量达到标准；编制竣工结算报告		竣工结算报告审核

3. 基于合同柔性条款的拟定

合同柔性可分两个阶段：第一阶段，即合同条款设计阶段，可通过采用合理的风险分担方案、注入具有激励效应的条款等方式在合同条款中注入柔性；第二阶段，即合同履行阶段，强调在缺乏合同条款参照点（Reference Point）的情况下，如何保障合同的顺利履行。

在第一阶段，即合同条款设计阶段，是指为应对合同状态的不确定性，发承包双方在合同所预留的空间中经济而又快速地响应不确定性的能力。它表征为发承包双方在合同条款中约定快速、经济、有效地调整合同价格（款）的能力。此阶段的柔性条款大体可分为三个维度：①权利维度，即预先在合同条款中设置一定的规则，利用在条款设计中注入的价款调整机制和索赔机制等赋予承包商一定的权利，为后续的状态补偿留下调整的空间。②关系维度，即在合同条款设计时，有意对合同中的一部分内容不作具体说明，或条款设计模棱两可，当交易的外部环境发生变化时，交易双方可以通过联合办公、共同规划、共同沟通等形式，利用利益共享、风险共担机制实现合作。③争端处理维度，即合同中规定的争端早期预警机制和争端解决机制。争端早期预警机制的设置能够帮助交易各方及时发现问题，找到最适合的解决途径，从而降低建设项目的交易成本。

在第二阶段，即合同履行阶段，再谈判是实现合同柔性的关键，其主要体现为合同约定范围可改变、风险分担内容可改变、灵活快速的解决途径三个方面。再谈判的过程使得合同双方可以更加全面地分析当前的局势。再谈判的过程使得合同双方可以更加全面地分析当前的局势。在合同中列明有关再谈判的条款对于快速变化的外部环境而言，有益之处是显而易见的。一些合同在条款中会写明在某些状态下允许执行再谈判。例如，再谈判可以在某一固定时间进行或者因为某一事件发生而执行等。即使在合同中并未对再谈判进行详细地规定，但当一些不可预见的事件发生后，合同双方还是不得不对面临的变化重新进行商议。再谈判的不利之处在于会增加时间、成本与技术等要素的投入。必须强调的是，再谈判并不只是对价格的再商议，而是合同双方可能会对合同条款进行商定和修改。

（二）基于项目管理的投资总控保障措施

1. 完善的组织架构

与流程相符的组织架构的设置是保证流程顺利进行的基础，企业组织架构的设置要基于公司目前向多项目运作的方向来着手，同时保障项目建设阶段成本控制流程的简化与便捷，总体思路为公司的主要职责侧重于行政管理、财务管理与项目开发指导，成立项目部来独立完成单个项目的建设实施。这样才能适应多项目的操作，同时简化项目建设过程中部门间的搭接，便于项目建设阶段成本控制流程的执行与管理。

2. 全生命周期集成管理

广州地铁公司通过推动BIM技术在广州地铁18号和22号线项目中的全面应用，确保本项目达到预期的投资管控目标。为提升项目设计和建造品质，本项目按照创新、适用、增效的原则，通过搭建基于BIM的项目管理平台，集成GIS、倾斜摄影、视频监控、空间定位等技术，通过标准化、规范化、集约化管理与协调使建筑信息模型的数据贯穿于项目的建设全周期。BIM应用的范围包括车站、区间、系统、主变电站（含电力廊道）、车辆段及停车场（含出入段线）、控制中心、派出所、站点交通衔接工程、枢纽综合体同步实施工程、户外警示标识、交通疏解（含交通设施）、管线迁改等工程全专业。通过BIM项目管理平台和COCC（线网指挥中心）就可以项目部对施工进度、质量、资源、成本、安全和场地进行有效、动态、可视化地管控，实现各参与方信息共享，促进了项目合理、有序、高效运转。

2017年10月开工以来，广州地铁18号、22号线项目按照"统一规划、分步实施、逐步完善、信息集成、多方协调"的信息化实施要求，针对临建主体结构模型、实景地质模型、区间隧道模型进行综合运用，开展虚拟建造、三维技术交底、方案模拟优化等施工配套BIM技术应用。并利用BIM项目管理平台与综合监控系统对项目的人员、材料、设备、安全、质量、进度等进行动态把控，实现基于数据的动态化决策。

3．工程造价大数据平台的应用

广州地铁公司作为广州市的政府全资大型国有企业，负责广州城市轨道交通系统的工程建设、运营管理和附属资源开发经营，肩负着优质高效推进轨道交通建设，为广州提速的使命。然而，地铁工程建设周期长、价格波动频繁、涉及面广泛、客观因素多变等导致地铁工程造价管理复杂而困难。传统依靠经验积累和手工作业的方式无疑有点先天不足，而大数据云平台的应用正在改变这一切。首先，用数据决策可帮助广州地铁公司打造全面覆盖、更新及时、科学合理的工程计价依据体系。建设工程涉及材料众多且价格处于不断波动中，过去通过人工采集、凭借经验确定的信息价，常面临发布滞后、偏离市场、指导意义有限等不足，而工程造价大数据云平台，可自动在线实时获取海量供应商、第三方平台等的实时数据，通过建模、对比、分析等计算出每一种材料的合理价格区间，客观精确地发布反映市场真实行情的材料价格信息，供有关管理部门和工程建设各方主体使用，极大地减少了工程造价的争议。其次，用数据管理可提升广州地铁公司在地铁工程中的指导监督水平。通过工程造价大数据平台，可进行全员、全过程、全方位的整合，消除数据孤岛。随时查阅任何所需资料，实时掌握不同区域、不同类型的工程项目进度及各阶段造价情况，并提供预警。最后，用数据创新可打造诚信供应商体系，从源头把关，规范市场。通过建立工程项目材料设备供应商大数据管理系统，形成覆盖全行业新、特型材料的建设行业材料设备产品价格管理数据库，帮助实时把控市场价格水平，扩大行业的监管面。营造"公平公正、公开透明、统一管理"的市场环境，培育一批优秀的诚信供应商群体，为建设工程阳光采购提供有力保障。

第三节　广州地铁18号、22号线投资总控实践

一、投资总控范围解构

广州地铁18号、22号线项目是初始信任、合同柔性、控制权分配等理论的具体应用，是将投资总控理论蓝图付诸行动的重要实践。在对本项目进行投资控制时，首先应明确投资总控的范围，对各方之间的关系进行梳理。图1-7为广州地铁18号、22号线项目的投资总控范围解构图。

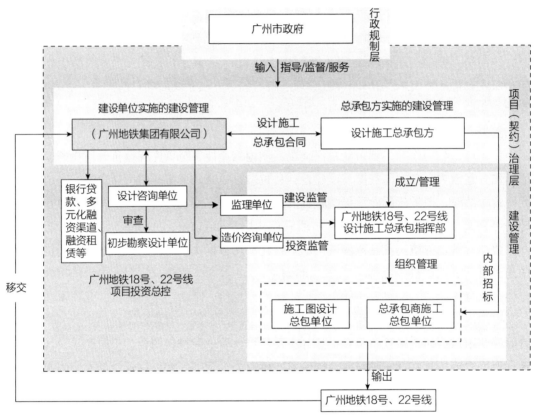

注：⟵⟶ 合同关系　------▶ 管理关系

初步勘察设计合同包括总体设计和初步设计阶段，发包方招标确定初步勘察设计单位，对其进行管理以完成总体设计/初步设计；初步设计确定后，发包方通过招标设计施工总承包单位完成施工图设计以及施工过程的设计管理、施工管理。

图1-7　广州地铁18号、22号线施工总承包项目投资总控范围解构

二、全过程投资总控要点

广州地铁18号、22号线项目的投资管控是基于深厚的项目管理理论基础的，项目治理

与项目管理双重手段,流程再造与BIM技术为项目投资保驾护航的设计施工总承包投资管控实践,一方面,在项目建设的各个阶段,广州地铁公司采用了不同的工具对管控重点进行严格把控,使项目建设目标控制在预期范围内;另一方面,鉴于工程总承包项目的实施具有较大风险,在招投标、合同签署以及项目执行过程中,需要考虑开展风险识别、风险分析、风险控制和处理等风险管理工作。图1-8为广州地铁18号、22号线项目的投资总控技术路线图。

(一)以项目决策与设计阶段投资管理为重点,把握投资控制关键

广州地铁公司高度重视新线建设项目全过程管理,注重估算、概算、预算之间的有机配合,层层控制,做好投资管理;科学合理审慎确定项目线路走向、敷设方式、站位选址、车站规模等重大决策内容,以及对工程功能、规模和投资做出合理的定位,为建设投资有效控制打下坚实基础。提高勘测资料的质量和可靠性,保证地质专业勘探资料的准确性和专业设计人员的水平,使其能经得起工程实施阶段的考验,为建设项目的质量、成本和工期,以及投资效果奠定良好基础。

首先,广州地铁公司重点做好新线项目各设计方案比选和评审,深入设计全过程,强调优化设计,限额设计,尽可能在保证项目质量的前提下降低工程造价,对投资影响大的项目和方案做重点控制。其次,广州地铁公司结合自身轨道交通线网情况,做好轨道交通线网资源共享,节省投资,并科学合理确定线路敷设方式,以及车站结构和规模并严控设计变更,深入研究选择最优的施工方案,采用国产机电设备,从源头上降低工程造价。此外,建立设计错漏追查和处理机制,加强设计责任意识,减少设计单位人为设计错漏带来的施工返工,避免投资浪费。

(二)招标阶段选择可信的承包商,为确保项目成功保驾护航

广州地铁公司根据项目特点,选择在初步设计完成后进行招标,根据初步设计及其要求选择综合能力较强的总承包商。同时对总承包商设置三大初始信任维度下的高水平资格预审指标体系,并建立企业内部"广州地铁工程总承包类投标人企业库",为选择值得信任的总承包商提供保障依据,从而确保本项目成功。在合同条款的拟定阶段,广州地铁公司提出合同条款优化策略,运用风险分担和柔性条款理论,从而达到激励承包商"完美履约"的效果。公司内部建立健全合同管理的相关制度、机制,通过合同签订前的会审,严格审查投标文件及合同文件,加强合同谈判工作等。集团公司下属(子、分)公司,结合各自经营管理特点,分别制定了相应的合同管理实施细则等规章制度,从而做到各业务领域、各流程环节都有法有规可依、风险可控。

(三)实施阶段及时跟踪目标值变化情况,严格控制变更

在项目的实施阶段,广州地铁公司及时跟踪目标值变化情况,重点对变更进行严格控

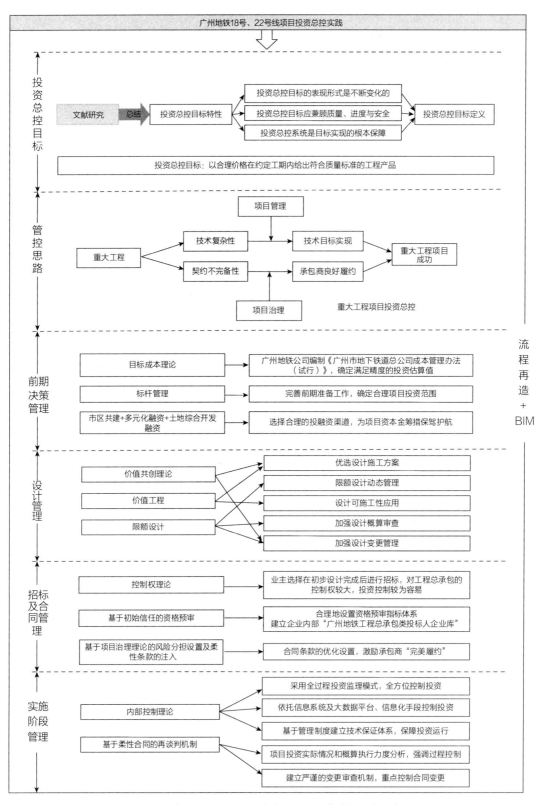

图1-8 广州地铁18号、22号线项目的投资总控技术路线图

制，规范设计与变更流程审批和系统审核，以联动验收及试运营验收为最终成果对主要工程如车站与区间，分"对应概算""控制目标""合同金额""可控金额""变更情况"等逐一建立动态跟踪表格，以定量分析、定性判断，建立投资监理考核交流机制，不断改进管理水平。并且在项目的实施阶段，广州地铁公司引进了多家投资监理公司对项目的投资进行实时管控，使项目在正常控制目标范围内推进。

（四）加强资金计划管理和跟踪，提高资金使用效率

在项目实施过程中，结合各个项目的工期进度来编制年度投资建设计划。同时在过程中对投资进度、项目概算执行实行严密监控，建立了项目概算回归分析模式，及时形成各线路季度投资分析报告，对项目概算的执行情况进行动态、实时的分析，针对超概风险及时进行预警，制定整改措施，及时整改。

三、投资总控执行情况

（一）投资估算执行情况

广州地铁18号和22号线两条线路全长共91.2km，项目整体（包含18号、22号线两条线路）投资估算为709.55亿元，技术经济指标为7.75亿元/km。本项目的投资估算水平会比其他常规地铁项目偏高一些，是由于广州地铁18号、22号线项目自身多方面综合影响造成的。18号和22号线运行时速高达160km/h，沿线设置站点较少，站间距较长，且广州地区的地质非常复杂，常有地质突变，会对工程施工尤其是盾构施工造成极大的影响（广州地铁18号、22号线采用了直径为8.8m的盾构机，加大了工程施工的难度）。总之，广州地铁18号、22号线的建设将填补国内都市圈快速轨道交通网络层级体系和系统制式的空白，对粤港澳大湾区轨道交通一体化建设具有重要示范作用。

（二）工程概算执行情况

广州轨道交通18号、22号线及同步实施场站综合体部分作为一个项目进行招标，其中18号线主体工程（不含征拆）初步工程概算为416.96亿元，主要概算单元包括：车站、区间、轨道、通信、信号、供电、综合监控和车辆段等部分。22号线主体工程（不含征拆）初步设计206.90亿元，概算单元同18号线。招标工程量清单采用总价包干和单价包干相结合的方式：对于实施范围中总价包干部分控制价，以经政府审查对应范围的初步工程概算为基础，按照专业下浮一定比例作为投标限额；单价包干部分结合以往线路合同价和市场情况设置控制价。

合同中明确约定施工过程中计量和结算的基数为政府批复的初步工程概算。对于变化因素多、方案不稳定、投资相对不可控的项目采用单价包干；对于方案相对稳定的项目采用总价包干。总价包干部分以政府批复对应范围的初步工程概算为基数按照投标下浮率进

行计量和结算，单价包干部分按照实施工程量进行计量和结算。

广州地铁公司具备丰富的地铁项目建设经验，公司主要从制度、组织、审查等方面加强管理：一是制度的建立，出台了《设计总体总包管理办法》及细则、《设计咨询管理办法》及细则、《设计变更管理办法》《技术管理办法》等制度，强化了设计质量管理流程，使得对工程设计质量的管理更规范、更科学、更具体；二是在设计初期选定设计监理，重点审查设计原则、方案、规模，从设计阶段实行投资控制；三是引入设计咨询管理模式，即通过设计咨询单位对各阶段设计过程的实时跟踪，力争在过程中发现和解决问题，确保轨道交通工程的建设目标；四是在施工图阶段，严格控制设计变更；没有充分的理由，不允许进行设计变更，同时坚持没有设计变更作为支持材料，原则上不能发生合同变更。广州地铁公司的管理办法有效减少了本项目建设过程中变更的发生概率，提升了各方优化设计的积极性，本项目初步设计单位提出的对项目盖板及盖下方案、股道进行相应调整的设计变更使合同预估价减少了4.294亿元。

（三）施工图预算执行情况

施工过程中发生可调整概算事项的，以政府批复的调整概算按照投标下浮率调整。发生规划调整、实施范围变化、重大方案变化、工法变化、地质灾害、政策性调整等属初步设计范围外项目，经政府同意办理初步设计方案及概算调整程序后，按调整后对应概算金额和合同约定的下浮率调整总价包干项目价款。对于实施过程中单价包干项目发生工程量的增减、因工期调整发生的工期补偿费用由广州地铁公司审定后按程序支付。

| 第二章 |

前期决策管理

第一节　项目前期决策管理要点

一、加强对前期投资管控重视程度

对于设计施工总承包项目而言，加强前期投资管控具有十分重要的现实意义，尤其是有效节约投资。在前期决策阶段，业主的核心工作就是要确定符合现状、满足估算精度的投资估算值。在设计施工总承包项目投资估算过程中，依托现有资料、方法、工具对拟建项目将来可能产生的投资额进行科学、合理的预测和估计。前期投资估算的准确性不仅直接影响到业主对项目的决策以及全过程管控，还关系着项目后期的建设规模、方案设计和经济效果等。

2014—2017年，广州地铁公司每年制定公司年度成本管控方案，下发年度成本管理工作计划，明确年度成本管理工作重点和责任分工。同年，广州地铁公司编制《广州市地下铁道总公司成本管理办法（试行）》，建立成本管理领导小组及工作小组，并编制成本管控考核评价配套细则，形成计划—执行—考核—滚动的全链条管理，使成本管控工作成为各单位的常态化工作。2014—2017年，广州地铁公司年度单位成本（每客运周转量成本）稳步下降，三年累计下降幅度达17%。根据世界地铁协会发布的世界地铁同行业成本复合指数显示，广州地铁属于低成本运营地铁。

二、完善前期准备工作

项目前期决策阶段的研究成果主要体现在项目的可行性研究报告中。由于现存的"可研报告批复后投资不能突破"的投资管理制度，一些项目单位和咨询机构为了项目上马，存在人为扩大投资估算的冲动；或者为了保证项目上马，人为压低投资、提高项目效益，导致决策阶段投资估算客观性、公正性和科学性不足。部分项目单位对前期工作重视不足，可研编制单位配备专业人员数量不够、质量不高，甚至存在编制人员从未到过现场的情况。在市场分析不到位，建设规模的确定缺乏依据，项目原料、各种外部协作条件等基础资料不落实的情况下，就急于开展工作，或仅凭此前的经验来编制，导致投资估算有很大的不确定性。

在进行投资估算前，广州地铁公司应进行充分的市场调研，准确地分析项目目标，全面地收集项目资料，通过多方案比较选择最优。基于一系列完备的前期准备工作，投资估算才能更加符合拟建项目的基本要求，不会出现对项目全局影响较大的事件。

三、进行标杆管理,确定合理项目投资范围

由于城市地铁具有公益性属性,投融资模式和经营模式难以实行市场化运作,地铁企业普遍存在盈利困难,地方政府财政长期负担地铁的建设投资和运营补亏,地铁企业因此而面临突出的可持续性发展问题。可持续性发展属于战略管理的范畴。在战略管理工具中,标杆管理、企业再造和战略联盟被称为20世纪90年代的三大管理方法。鉴于战略标杆管理在其他领域良好的应用效果,以及当前地铁企业所面临的可持续性发展问题,本书结合广州地铁公司在标杆管理方面所进行的探索与实践,提出以投资管控为核心的企业产业链。

标杆管理是指一个组织瞄准一个比其绩效更高的组织,并与其进行比较,通过进行组织创新和流程再造,不断超越自己、超越标杆、追求卓越。其核心是向业内或业外的最优秀的企业学习。"标杆"的概念是由日本施乐公司最先提出的。所谓标杆,即Benchmarking,最早是指工匠或测量员在测量时作为参考点的标记。而标杆管理这一概念的提出则起源于20世纪70年代初美国学习日本的运动中,这是一种新的管理理念,也是一种新的管理方法。图2-1为标杆管理流程简图。

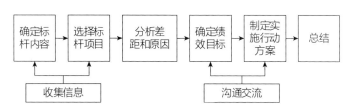

图2-1 标杆管理流程简图

由于地铁企业普遍面临可持续性发展问题,如果要制定发展战略规划,首先要解决的问题是发展基础和发展模式问题。因此,地铁企业标杆管理可以做出如下定义:立足地铁行业特性,找出影响企业可持续发展的根本因素,在同行业内选择具有显著战略优势的企业作为标杆,将本企业的发展战略以及影响战略实施的内外部环境和要素,与标杆企业进行差异化比较与分析,从而发现问题,制定相应的改善措施,系统规划企业的战略目标和实施计划。这样的一种管理方法,称为地铁企业标杆管理。

广州地铁公司作为一家优秀的地铁企业,具有两大功能:一是实现其城市公共交通骨干网的社会功能;二是实现其作为企业本身应具备的"自负盈亏、自我发展"的商业功能。这两方面的功能是相辅相成的。其社会功能是地铁企业存在的初衷。随着城市轨道网络的建成,地铁将分担城市公共交通系统中客运量的较大份额,发挥在公共交通系统中的骨干作用。其商业功能是地铁企业依靠自身力量自我存续的基础。一个没有自我造血功能的地铁企业,不仅政府财政难以长期负担,而且可持续经营也将面临困境,其所承担的大众公共交通骨干的安全保障、服务质量、经营效率也将难以持续。因此,广州地铁公司标

杆管理的任务是：通过战略对标，找到可行的地铁企业的盈利模式，实现企业的商业功能，以企业的可持续经营去持续实现其社会功能，并通过两者的良性互动，实现地铁企业的可持续发展。广州地铁公司标杆管理的思路是：为确保实现广州地铁公司的两大功能，应循着标杆管理的基本路径，从产业链和价值链的角度分析地铁企业如何更多地创造社会价值、更有效地实现经济效益、更好地履行建设业主和运营主体职能；对标先进企业的成功经验，寻求完善产业链、构建盈利模式、优化体制机制的战略路径，制定系统的战略规划和实施方案。

在项目前期的决策阶段，广州地铁公司进行大量相似案例数据收集，并利用以往项目的成功案例采用标杆分析等方法对本项目实施过程中可能出现的造价控制难点、重点及风险等重要问题进行分析，根据对比分析对本项目的投资进行预估，得出分析报告，以保证项目的总投资在合理范围内。

第二节　项目投融资模式选择

一、投融资模式概述

广州地铁18号、22号线项目投资属于公共投资范畴，是一个决策到生产到获得公共物品（地铁）的资金运动过程。在这个资金运动过程中，需要项目融资，即以广州地铁18号和22号线项目的资产、预期收益或权益作抵押取得的一种无追索权或有限追索权的融资活动。基于此，本书认为广州地铁18号、22号线项目投融资是个连续的过程，不可分开，投融资活动贯穿于项目开发阶段到竣工验收，以及运营维护阶段，投融资管理包括投融资决策、投融资监管、投融资结构优化等过程，如图2-2所示。

该过程贯穿广州地铁18号、22号线项目的整个建设运营期，项目前期决策阶段，以融资为主，主要进行融资模式的决策选择，投资方面涉及匡算和估算；招投标阶段以投资管控为主，主要涉及合同价管理，伴随部分融资；施工阶段，也是以投资管控为主，主要对项目的合同执行、工程变更、结算进行管理，该阶段同时伴随着融资，尤其是对融资结构的进一步优化。运营阶段主要以融资管理为主，融资结构得到进一步优化，并且趋于稳定。

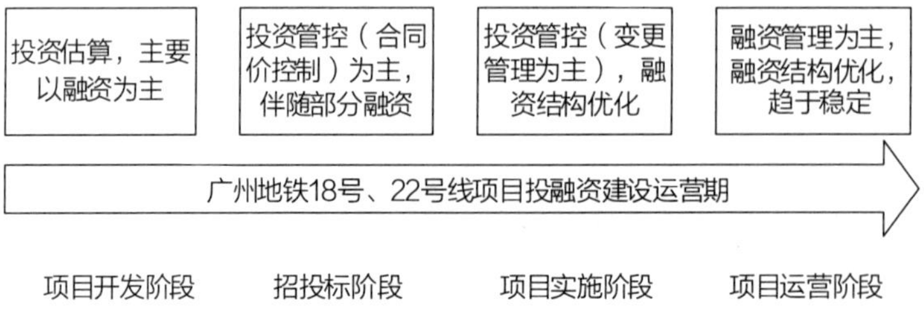

图2-2　地铁项目投融资持续过程

二、投融资特点及程序

1. 项目融资的特点

与传统的贷款方式相比,项目融资有其自身的特点,在融资出发点、资金使用的关注点等方面均与传统的贷款方式有所不同。特点:①项目导向;②有限追索;③风险分担;④非公司负债型融资;⑤信用结构多样化;⑥融资成本高;⑦可利用税务优势。

特别需要注意的是,所谓充分利用税务优势,是指在项目所在国法律允许的范围内,通过精心设计的投资结构、融资模式,将所在国政府对投资的税务鼓励政策在项目参与各方中最大限度地加以分配和利用,以此降低筹资成本,提高项目的偿债能力。这些税务政策随国家不同、地区不同而变化,通常包括加速折旧、利息成本、投资优惠以及其他费用的抵税法规。

2. 项目融资程序

从项目投资决策开始,至选择项目融资方式为项目建设筹措资金,一直到最后完成该项目融资为止,项目融资大致可分为五个阶段:投资决策分析、融资决策分析、融资结构设计、融资谈判及融资执行。每一阶段的主要工作如图2-3所示。

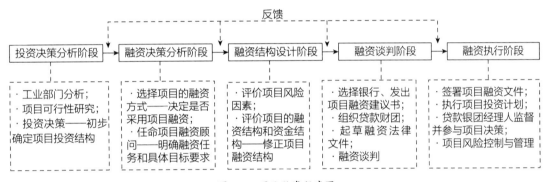

图2-3 项目融资程序图

三、投融资模式分类

现阶段,关于地铁建设项目的主要投融资模式有两种:①政府主导型投融资模式;②市场化投融资模式。这两种模式都是通过政府组织的项目投融资模式。

1. 政府主导型投融资模式

以实现经济调控为目标,以政府信用为基础,在政府主导下进行筹集资金的金融活动,并以政府为主体对筹集的资金参与项目的投资行为,就是政府主导型投融资模式。这种投融资模式是以政府为投融资主体进行的投融资活动,而这种投融资模式筹集资金的形式有两种:①政府无偿的财政投入;②政府通过债务融资的形式,比如政策性贷款、境内外债券、国外贷款等。通过这种模式进行投融资活动的主要优点:①以政府信用为基础,可以快速地筹集到资金；②具体操作简单，可以很好节约投融资成本；③以政府为后盾，可以增加这种模式的可行性。当然，这种投融资模式也存在缺点：①以政府为主导，政府需要承担大部分的风险，对政府也会产生很大的财政压力；②对政府的融资规模会产生限制，主要是受政府偿债能力、信用度的影响；③以政府为投融资主体的模式，在后期的体制改革中，不利于引入其他私人资本，导致企业的多元化股份制改革受阻。

2．市场化投融资模式

以企业的信用为基础，以利益最大化为目的，以项目预期收益作为偿债基础，企业通过商业性贷款、股票发行等形式进行投融资的筹集资金活动，即市场化投融资模式。这种投融资模式筹集资金的形式有两种：企业信用融资与项目融资。企业信用融资是指企业基于其信用作为基础进行的投融资活动，比如银行贷款、股权融资等形式；项目融资是指通过股份制的形式，各投资主体成立项目公司，在政府的指导下，以项目预期收益为代价，项目公司进行相关的商业融资活动。通过这种模式进行投融资活动的主要优点：①保持了良好的吸引其他私人资本参与项目建设之优势，可降低政府风险及相应财政压力；②在后期的股份制改革中，可逐步完成多元化企业改制。相比较而言，此种投融资模式操作相对复杂、融资规模较大、过程烦琐、融资速度慢、融资成本高。

现阶段，关于城市轨道交通建设过程中运用的项目融资模式主要有：BOT项目融资、PPP项目融资、TOT项目融资、ABS项目融资等。

1）BOT项目融资模式

作为20年内兴起的新型投融资模式，BOT模式（Build—Operate—Transfer）是一种广泛应用于城市基础设施建设的项目融资形式。这种投融资模式是通过政府与投资方成立的项目公司签署特许协议，政府授予项目公司项目建设及在特许期内的运营权，作为项目公司的投资方承担项目建设的资金投入以后期运营，在特许期内通过运营获取利益，特许期结束后，政府收回项目运营权。政府采用BOT模式可以有效地降低政府承担的风险及财政压力。BOT项目融资模式适用于公共基础设施，比如电力、水厂、公路等建设项目，主要是因为基于投资方的收益角度，这类的公共项目具有较好的投资回报率。

2）TOT项目融资模式

TOT模式（Transfer—Operation—Transfer）是指政府为了更快地建设新的项目，拥有充足的资金进行开发，对现有投产项目特定期限内的经营权进行转让的行为，其实就是出售项目在限定期限内的产权或收益。这种项目融资模式本质就是充分利用私人资本，通过对私人资本和一定期限内的经验权进行交易，各取所需；通过这种模式可以有效地实现项目所有权和经营权的分离，更好地提高项目的运行效率。在完成特许经营期后，政府收回该项目的经营权。

TOT融资模式的主要优点：第一，基于现有投产的项目，私人资本提供资金购买项目的限定期限内的经营权，这样可以只需要承担项目的运营风险，不需要承担项目的建设风险，使私人资本能更好参与基础设施项目。第二，由于政府出售的是项目限定期限内的经营权，所有权还是属于政府，分离了基础设施项目的所有权与经营权问题，可以更加有效地提高项目的运行效率，达到互利共赢。第三，在特许经验期结束后，政府无偿的收回项目的经验权，这样既可以满足政府快速建设基础设施的愿望，又可以有效地防止国有资产的流失。

3）ABS项目融资模式

资产证券化（Asset Backed Securitization，ABS）是指以项目所属资产为基础的证券化融资形式，其实就是以项目未来的预期收益为保证，通过资本市场发行债券的形式筹集资金。ABS 模式是通过特殊方式提高信用等级，实现低信用等级转变为高信用等级，进而进入高信用等级的证券市场，基于证券市场中证券安全性高、流动性好、利率低的特点进行资金的筹集。关于 ABS 模式在基础设施建设中的应用体现的是基础设施收费证券化，这是一种以基础设施收费得到的未来预期收益而进行的融资行为。基于此，关于基础设施的资产证券化必须满足该项目是可经营性的、具有较稳定的收益；项目进行资产证券化是政府授权的。

在国外的城市轨道交通建设在市场化融资过程中经常采用ABS模式，城市轨道交通建设项目的资产证券化是在政府的授权下，通过将线路的未来预期收益进行打包处理，增加信用等级后，再在证券市场发行债券型证券。比如，英吉利海峡隧道重组融资项目、英国伦敦地铁PPP合约中社会投资者SSL基础设施公司等，在重组和运营过程均采用了资产证券化方式。在城市轨道交通项目中利用ABS模式具有两个优点：第一，可以充分利用城市轨道交通具有稳定收益的特点，降低项目融资成本；第二，通过资产证券化可以有效地利用市场流动性高的特点，降低融资负债的比例，完善企业的资产负债结构。

4）PPP项目融资模式

PPP（Public—Private—Partnerships）是指公共部门基于某些公共项目和私人企业进行的合作形式。政府通过 PPP 模式与私人企业建立合作关系，双方共同承担风险，分享利益，从而有效地降低政府部门的风险和成本，而不是将风险完全转移给私人企业。PPP 模式具有"利益共享，风险共担"的基本特点，此外，在基础设施项目的建设、运营期，通过政府的支持和监督，PPP 模式还表现出民营企业的专业化经营与管理的特点。PPP 模式的优点：随着市场竞争机制不断完善，政府通过招投标的方式对基础设施建设、运营进行招标，选择最优的投资商，这样可以有效地降低建设和运营成本；加快政府对基础设施建设的步伐；在保证项目质量的前提下，又能提高项目运行效率。基础设施建设PPP模式的应用有很多，比如，北京地铁4号线的融资首次在城市轨道交通建设项目中采用了PPP模式，开创了先河。

四、公司投融资发展历程

广州地铁建设投融资主要经历了三个阶段。

1）市本级财政投入+贷款阶段。该阶段，轨道交通建设资金主要依赖市本级财政资金投入及银行贷款（包括少量外国政府贷款），渠道较为单一，财政支出压力较大。根据广州地铁公司内部统计，该阶段财政累计投入超过400亿元，占总投资超过50%。

1991年，广州市政府成立广州市地铁工程资金协调办公室，由市计委负责组织地铁建设的筹资、运用、增值和还贷，对地铁建设资金实行宏观管理。资金筹集采用"立足本市，争取各方支持"的多渠道筹资方案，即从政府拨款、社会集资、利用外资、实业开发等方面筹集。

其中，地铁1号线总投资概算为127.15亿元（人民币投资79.99亿元，利用外资5.4128亿美元，折合人民币47.16亿元）政府拨款包含：市财政、市建委拨款，广州城区范围内土地使用权转让收益的30%和珠江新城的部分地价款。社会集资包含：出租车牌费有偿使用的牌费收入、入住酒店的建设附加费、迁入广州的人口增容费、地铁建设债券和市民捐款。外资由德、英、美、日等国以供应设备的方式提供。实业开发则是通过招商引资合作开发地铁沿线上盖物业筹款。

2）市区共建+多元化融资阶段。该阶段，广州地铁公司借助自身AAA高信用评级大力开拓直接债务融资渠道，2011—2014年共获批直接债务融资工具额度480亿元，发行综合成本最低达到同期贷款基准利率下浮近25%，新增融资租赁、信托贷款、银行（商业）承兑汇票等多种其他融资渠道。

2010年起，按照广州市政府对地铁新线建设资金筹集渠道的指示精神，广州地铁公司积极投入市区共建资金管理模式的探索研究，对不同的出资、融资方式进行利弊分析，完成2010—2015年市区共建线路投资摊分测算；协助广州市发展改革委出台《市区共建线路资金管理办法》《市区共建资金管理操作细则》，指导规范市区共建模式下的建设资金管理，保障工程建设顺利推进。

2011年，广州地铁公司陆续开展中期票据、短期融资券和企业债等发行，成为广州市该年度单次注册中期票据金额最大的企业。2013年，广州地铁公司参加第二届中国（广州）国际金融交易·博览会，分别与中国银行股份有限公司广东省分行、中国农业银行股份有限公司广东省分行、广州证券有限责任公司、广州越秀租赁有限公司签订总金额达520亿元的战略合作协议。2014年，广州地铁公司发行企业债券80亿元和超短期融资券50亿元；企业债券分期发行，开创地方国企分期发行债券的先河；超短期融资券则是继中期票据、短期融资券后，广州地铁公司成功注册的又一全新融资渠道。

3）市区共建+多元化融资+土地综合开发融资阶段。该阶段，在延续"市区共建+多元化融资"模式基础上，广州市先后出台多项支持轨道交通建设主体积极参与沿线土地综合开发的政策，构建轨道交通沿线土地储备收益和物业综合开发收益反哺于轨道交通建设与运营的机制。其间，广州地铁公司继续探索融资新工具，发行境外美元债（综合融资成本低至同期贷款基准下浮40%以上）、实施跨境贷引入境外低成本资金，持续降低融资成本；发行可续期债券、引入低成本（年融资利率仅为1.2%）股权基金，优化债务结构。

至2017年年底，广州地铁公司资产负债率为38.79%，财务状况健康稳健。

2015年，广州地铁公司创新融资方式，首次迈出国门，成功注册30亿美元境外发债计划并发行6亿美元，融资成本比国内同期贷款基准利率下浮23%；成功获取基准下浮43%~76%的低成本国开行股权专项投资基金超过50亿元；获批基准下浮11.09%的停车场专项债100亿元；开创了房开贷、境外直接贷等融资新模式，其中房开贷首次达到基准利率下浮10%、境外直贷成本降低至基准利率下浮18%~24%。

2016年，国内银行贷款利率首次突破基准下浮10%，达到下浮12%；新开拓的境外直接贷款综合融资成本比同期基准下浮18%~24%；中期票据、超短融、可续期债券、境外发债等境内外债券发行成本比同期基准下浮10.61%~35.56%。

2017年，广州地铁公司全年筹集资金超过600亿元，其中通过多元化融资渠道筹集资金313.44亿元，月均融资超过26亿元（综合成本控制在人行同期贷款基准利率下浮11%以内）。

五、投融资方案的确定

2016年10月14日，根据《广州市城市轨道交通第三期建设规划》（2017—2023年）大规模建设的要求，广州市发展改革委下发《关于国家发展改革委城市轨道交通投融资机制创新研讨会情况的报告》，要求广州地铁公司"进一步创新建设投融资模式，加快新一轮规划线路的建设"。

该项目投融资决策主体有广州市政府（市发展改革委、住房和城乡建设委、财政局等）、广州地铁公司。广州市发展改革委牵头，组织各部门专家做出决策选择，最终广州地铁公司负责实施落实。

根据袁亮亮（2017）研究结论，在多种投融资方案中，股权比例相对较高，而债权比例相对较低的方案是优化方案。城市轨道交通项目属于经营性市政基础设施项目，具有稳定的现金流量，在市政基础设施项目中属于营利性项目，这对私人企业资本具有一定的吸引力。如果政府对城市轨道交通项目给予一定政策优惠，便可极大地刺激私人企业资本的介入。城市轨道交通作为一种公共产品，其社会效益远远大于项目本身的经济效益，政府承担一定的建设资金是理所当然的。但这并不意味着所有建设资金都由政府提供。广州地铁18号、22号线为保证项目融资的顺利进行，还需要资本合作伙伴的选择和社会资本参与的激励机制。

广州市政府在18号、22号线中承担一定的建设资金，但这并不意味着所有建设资金都由政府提供。首先，政府更为重要的是要负责建立起一系列吸引民间资本和社会资本的体制和制度，制定出可行的政策，为投资者创造一个宽松的、有保障的投资环境，既要保护投资者的权益，又要实现社会的福利最大化，在二者之间寻找一个平衡点。其次，城市轨道交通项目的投融资是个动态过程，本项目的资本金全部来源于广州市安排的地方财政专项资金。其中资本金占总投资的34%，由广州市财政承担。在目前的金融环境下，其余

66%拟通过银行贷款、债券、融资租赁等多种方式进行筹措。并进一步深化研究改革城市轨道交通建设投融资体制，通过积极创新试点PPP等基础设施特许经营模式进行筹措。在项目规划、建设阶段应采取有效措施，把保证工程质量与节省投资、降低投融资成本结合起来。通过优化设计、合理安排工序，降低工程造价；通过采取在建设期大量使用票据融资，用短期资金融通长期资金等方式，减少长期银行贷款数量，降低财务成本。

第三节 项目前期投资估算分析

在项目决策阶段，广州地铁公司要组织编制项目建议书和工程可行性研究报告。在工程可行性研究的前期，要进行选址和选址勘察，编制选址报告。在这一阶段，地铁工程造价管理的重点是积极做好项目决策前的准备工作，切实做好可行性研究，根据客流需要及发展前景，合理确定建设规模，编制好投资估算。设计施工总承包项目是一个多目标的系统，因此应从全寿命周期的角度来考虑投资控制，才能以最优的成本实现最好的综合效益。项目前期阶段的决策一方面会最大限度地影响后期投资控制的目标；另一方面，前期的估算也依赖于后期各阶段成本信息的"向前集成"。设计施工总承包项目前期阶段工作内容包括项目建议书、项目可研及项目评估。因此，在项目前期做好投资控制工作对投资者而言具有重大的意义。而前期工作的核心内容就是确定符合实际情况的投资估算值。

一、投资估算的含义及作用

工程建设投资估算，是指在投资决策过程中，根据现有资料和一定的方法，对工程建设未来将发生的投资额进行预测估计的过程。在项目投资决策的过程中，依据现有的资料和特定的方法、对建设项目的投资数额进行的估计。投资估算是项目决策、设计、施工、竣工决算等阶段的重要依据，起着控制建设项目总投资的作用，投资估算的合理与否，直接影响着项目的成败。

投资估算的准确与否不仅影响到可行性研究工作的质量和经济评价结果，也直接关系到下一阶段的设计概算和施工图预算的编制，对建设项目资金筹措方案也有直接的影响。因此，全面准确地估算建设项目的工程造价，是可行性研究乃至整个决策阶段造价管理的重要任务。投资估算在项目开发建设工程中的作用表现为：

1）项目建议书阶段的投资估算，是项目投资主管部门审批项目建议书的依据之一，并对项目的规划、规模起参考作用。

2）项目可行性研究阶段的投资估算，是项目投资决策重要依据，也是研究、分析、计算项目投资经济效果的重要条件。当可行性研究被批准后，其投资估算额即作为建设项目投资的最高限额，不得随意突破。

3）项目投资估算对工程设计概算起控制作用，设计概算不得突破批准的投资估算额，并应控制在投资估算额之内。

4）投资估算可作为项目资金筹措及制定建设贷款计划的依据，发包人可根据批准的项目投资估算额，进行资金筹措和向银行申请贷款。

5）项目投资估算是核算建设项目固定资产投资需要额和编制固定资产投资计划的重要依据。

二、投资估算的费用组成分析

广州地铁18号、22号线项目是业主采用以总价合同为目标成本进行设计施工总承包项目的投资总控，而精确的投资估算是业主确定投资控制目标的第一步。因此，分析出我国工程总承包项目具体的费用组成，并针对不同费用选择合适的计算依据和估算方法，从而保证业主能够确定最精确的投资估算额。

（一）基于政策文件的工程总承包费用组成

住房和城乡建设部为有效控制项目投资和提高工程建设效率，适应工程总承包项目的需要，颁布了《建设项目工程总承包费用项目组成》（征求意见稿），将工程总承包费用项目划分为建筑安装工程费、设备购置费、总承包其他费用、暂列费用四部分，不同阶段费用组成的具体内容如表2-1所示。

住建部工程总承包费用构成参照表　　　表2-1

序号	费用组成	费用名称	可行性研究	方案设计	初步设计
1	建筑安装工程费	建筑工程费	√	√	√
		安装工程费			
2	设备购置费	设备购置费	√	√	√
3	总承包其他费	勘察费	√	部分费用	—
		设计费	√	除方案设计的费用	除方案设计、初步设计的费用
		研究试验费	√	大部分费用	部分费用
		土地租用及补偿费	根据工程建设期间是否需要定		
		税费	根据工程具体情况计列应由总承包单位缴纳的税费		
		总承包项目建设管理费	大部分费用	部分费用	小部分费用
		临时设施费	√	√	部分费用
		招标投标费	大部分费用	部分费用	部分费用
		咨询和审计费	大部分费用	部分费用	部分费用

续表

序号	费用组成	费用名称	可行性研究	方案设计	初步设计
3	总承包其他费	检验检测费	√	√	√
		系统集成费	√	√	√
		财务费	√	√	√
		专利及专有技术使用费	根据工程建设是否需要定		
		工程保险费	根据发包范围定		
		法律费	根据发包范围定		
4	暂列费用	基本预备费	根据发包范围定，进入合同，但由建设单位掌握使用		
		价差预备费			

资料来源：依据《建设项目工程总承包费用组成》（征求意见稿）整理。
注：表中"√"指由建设单位计算出的全部费用；"大部分费用""部分费用"指由建设单位参照现行规定或同类与类似工程计算出的费用扣除建设单位自留使用外的用于工程总承包的费用。

国内各省市相关政策中对工程总承包费用或投标报价的组成进行规定，明确总承包商的投标报价范围，便于业主通过综合评估法评标时考核总承包商的投标报价与设计方案是否匹配、报价是否合理。投标报价组成的相关规定如表2-2所示。

国内工程总承包投标报价组成的政策规定　　表2-2

序号	省市政策	条款规定	费用组成
1	广东省住房和城乡建设厅关于房屋建筑和市政基础设施工程总承包实施试行办法（征求意见稿）	第二十二条	勘察设计费、建筑安装工程费、设备购置费、缺陷责任期维修费、保险费
2	湖南省房屋建筑和市政基础设施工程总承包招标投标活动管理暂行规定	第九条	设计费、建筑安装工程费、设备购置费、总承包管理费、工程检测费、工程保险费、财务费以及税金
3	关于推进广西房屋建筑和市政基础设施工程总承包试点发展的指导意见	第十六条	工程勘察费、工程设计费、建筑安装工程费、设备采购费
4	湖南省公路工程设计施工总承包管理办法（试行）	第十条	施工图勘察设计费、建筑安装工程费、设备购置费、缺陷责任期维修养护费、保险费、安全生产费、总承包风险费
5	公路工程设计施工总承包管理办法	第十四条	施工图勘察设计费、建筑安装工程费、设备购置费、缺陷责任期维修费、保险费、风险费用

参照住房和城乡建设部及浙江省住房和城乡建设厅的费用项目组成，结合国内政策中投标报价的范围，将我国工程总承包费用项目的组成与工程总承包实施流程的阶段匹配，有设计阶段的勘察设计费、采购阶段的设备采购费、施工阶段的建安工程费、全过程管理

的总承包其他费和暂列费用共五部分，其中勘察设计费包括工程勘察费和工程设计费，设备购置费包括设备原价和设备运杂费，建筑安装工程费包括建筑工程费和安装工程费，总承包其他费包括总承包管理费、试运行服务费、税金和工程保险费等其他专项费用，暂列费用包括基本预备费和价差预备费。具体组成如图2-4所示。

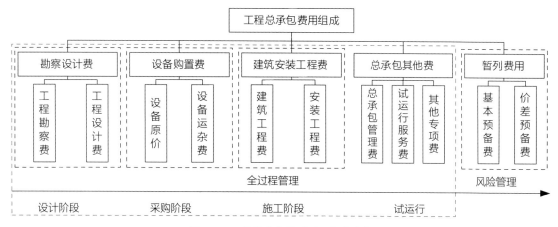

图2-4　工程总承包费用项目组成分析

（二）工程总承包项目各部分费用的估算

根据图2-4的工程总承包费用项目组成，参照住房和城乡建设部《建设项目工程总承包费用计算方法参考》（征求意见稿）给出的参考依据和计算方法对各部分费用进行估算。针对不同费用项目选择相应的计算依据和估算方法，是保证工程总承包项目投资估算精确性的重要手段。具体分析如表2-3所示。

工程总承包费用项目估算分析　　　　表2-3

序号	项目名称	计算依据	估算方法
1	勘察设计费	（1.1+1.2）	
1.1	工程勘察费	根据不同阶段的发包内容	参照同类或类似项目的勘察费计列
1.2	工程设计费	根据不同阶段的发包内容	参照同类或类似项目的勘察费计列
2	设备购置费	（2.1+2.2+2.3）	
2.1	设备原价	设备选型的采购清单、市场价格	询价
2.2	设备运杂费	运费、装卸费、包装费、设备供销部门手续费、采购与保管费	相关费用汇总
2.3	备品备件费	备件选型的采购清单、市场价格	询价

续表

序号	项目名称	计算依据	估算方法
3	建筑安装工程费	（3.1+3.2）	
3.1	建筑工程费	业主要求清单、同类或类似项目造价数据	功能成本法
3.2	安装工程费	业主要求清单、同类或类似项目造价数据	功能成本法
4	总承包其他费	（4.1+4.2+4.3）	
4.1	总承包管理费	工程费用（1+2+3）、总承包管理费费率	工程费用×总承包管理费费率
4.2	试运行服务费	工程费用（1+2+3）、试运行服务费费率	工程费用×试运行服务费费率
4.3	其他专项费	工程费用（1+2+3）、其他专项费费率	工程费用×其他专项费费率
5	暂列费用	（5.1+5.2）	
5.1	基本预备费	建设期内超过工程总承包发包范围增加的工程费用，以及一般自然灾害处理、地下障碍物处理、超规超限设备运输等风险事件	发生时按照合同约定支付给总承包单位的费用
5.2	价差预备费	在建设期内超出合同约定风险范围外的利率、汇率或价格等因素变化而可能增加的	发生时按照合同约定支付给总承包单位的费用
合计		（1+2+3+4+5）	

由上述分析可知，工程总承包项目费用各部分的估算方法如下：勘察设计费根据《国家发展改革委关于进一步放开建设项目专业服务价格的通知》（发改价格〔2015〕299号）的规定实行市场调节价，可参照同类或类似项目的勘察费计列；设备购置费按照业主要求清单中列出的采购设备清单，包括设备及备品备件的规格、型号、数量等要求，采用市场询价的方法确定；建筑安装工程费则需要根据业主要求清单中建设规模、建设标准、功能要求、投资限额、工程质量和进度要求等数据参照同类或类似工程造价数据进行估算；总承包管理费、试运行服务费、其他专项费等是以工程费用为基数和对应费率综合确定；暂列费用是应对实施过程中业主风险而设置，风险发生时按照合同约定支付给总承包商。因此，工程总承包项目费用组成的分析以及估算依据和计算方法的确定，为业主获得精确的投资估算奠定了坚实的基础。

三、投资估算的阶段划分与精度要求

我国建设项目的投资估算分为四个阶段。各阶段投资估算编制所依据的资料、估算的作用、估算的方法及精度要求，如表2-4所示。

我国各阶段投资估算的编制 表2-4

投资估算阶段	依据的资料	主要作用	估算方法	投资估算误差幅度
项目规划阶段	国民经济、地区、行业发展规划 建设项目建设规划	否定一个项目或继续进行研究的依据之一 仅具参考作用，无约束力	生产能力指数法 单位生产能力法	≥±30%
项目建议书阶段	项目建议书中的产品方案 项目建设规模 产品主要生产工艺 企业车间组成 初选厂址等	领导部门审批项目建议书的依据之一 据此判断一个项目是否需要进行下一阶段的工作	系数法 比例法 混合法	±30%以内
初步可行性研究阶段	工厂的总平面图 设备、材料的资格 公用设施的初步配置 设备的生产能力等	初步明确项目方案，为项目进行技术经济论证提供依据 据以确定是否进行详细可行性研究	指标估算法	±20%以内
详细可行性研究阶段	项目细节 建筑材料、设备的价格 大致的设计、施工情况	进行了较详细的技术经济分析，决定了项目是否可行，并比选出最佳投资方案 批准后的投资估算额是工程设计任务书中规定的项目投资限额 批准后的投资估算额对工程设计概算起控制作用	指标估算法	±10%以内

四、投资估算的编制与审查

（一）投资估算的编制

1. 投资估算的编制依据及要求

设计施工总承包项目在可研阶段通常没有详细的设计图纸及更深入的基础资料，采用传统的投资估算方法会影响其准确性，无法达到业主在前期决策和招标阶段有效控制投资的目的。因此绘制表2-5，作为精确的投资估算的依据和参考，在保证目标控制的前提下选择综合技术方案最优的总承包商，从而保证暂估合同价的确定真实合理。

投资估算的编制依据及要求 表2-5

项目	具体要求
投资估算的编制依据	国家、行业和地方政府的有关规定
	拟建项目建设方案确定的各项工程建设内容
	工程勘察与设计文件，图示计量或有关专业提供的主要工程量和主要设备清单

续表

项目	具体要求
投资估算的编制依据	行业部门、项目所在地工程造价管理机构或行业协会等编制的投资估算办法、投资估算指标、概算指标（定额）、工程建设其他费用定额（规定）、综合单价、价格指数和有关造价文件等
	类似工程的各种技术经济指标和参数
	工程所在地的同期的人工、材料、设备的市场价格，建筑、工艺及附属设备的市场价格和有关费用
	政府有关部门、金融机构等部门发布的价格指数、利率、汇率、税率等有关参数
	与项目建设相关的工程地质资料、设计文件、图纸等
	其他技术经济资料
投资估算的编制要求	应委托有相应工程造价咨询资质的单位编制
	应根据主体专业设计的阶段和深度，结合各自行业的特点，所采用生产工艺流程的成熟性，以及编制单位所掌握的国家及地区、行业或部门相关投资估算基础资料和数据的合理、可靠、完整程度，采用合适的方法，对建设项目投资估算进行编制
	应做到工程内容和费用构成齐全，不漏项，不提高或降低估算标准，计算合理，不少算、不重复计算
	应充分考虑拟建项目设计的技术参数和投资估算所采用的估算系数、估算指标，在质和量方面所综合的内容，应遵循口径一致的原则
	应根据项目的具体内容及国家有关规定等，将所采用的估算系数和估算指标价格、费用水平调整到项目建设所在地及投资估算编制年的实际水平，对于建设项目的边界条件，如建设用地费和外部交通、水、电、通信条件，或市政基础设施配套条件等差异所产生的与主要生产内容投资无必然关联的费用，应结合建设项目的实际情况进行修正
	应对影响造价变动的因素进行敏感性分析，分析市场的变动因素，充分估计物价上涨因素和市场供求情况对项目造价的影响，确保投资估算的编制质量
	投资估算精度应能满足控制初步设计概算要求，并尽量减少投资估算的误差

2. 投资估算的编制步骤

根据投资估算的不同阶段，主要包括项目建议书阶段及可行性研究阶段的投资估算。可行性研究阶段的投资估算的编制一般包含静态投资、动态投资与流动资金估算三部分，主要包括以下步骤：

1）分别估算各单项工程所需建筑工程费、设备及工器具购置费、安装工程费，在汇总各单项工程费用的基础上，估算工程建设其他费用和基本预备费，完成工程项目静态投资部分的估算；

2）在静态投资部分的基础上，估算价差预备费和建设期利息，完成工程项目动态投资部分的估算；

3）估算流动资金；

4）估算建设项目总投资。

投资估算编制的具体流程如图2-5所示。

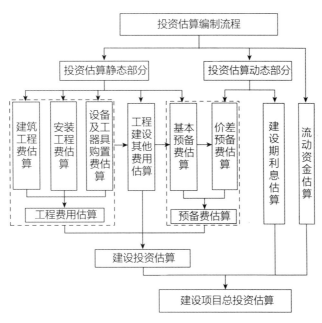

图2-5 建设项目可行性研究阶段投资估算编制流程图

（二）投资估算的审查

投资估算是拟建项目建议书、可行性研究报告的重要组成部分，是拟建项目决策的重要依据之一，并影响到工程建设是否顺利进行，作为论证拟建项目的重要经济文件。按照现行项目建议书和可行性研究报告的审批要求，投资估算一经批准，即为建设项目投资的最高限额，一般情况不得随意突破。其审核要点如下：

1．审核投资估算编制依据

工程项目投资估算要采用各种基础资料和数据，因此在审核时，重点要审核这些基础资料和数据的时效性、准确性和适用范围。如使用不同年代的基础资料就应特别注重时效性，另外套用国家或地方建设工程主管部门颁发的估算指标，引用当地工程造价管理部门提供的有关数据，或直接调查已竣工的工程项目资料等一定要注意地区、时间、水平、条件、内容等差异，以准确、恰当地使用这些基础资料和数据。

2．审核投资估算编制方法

审核投资估算方法时要重点分析所选择的投资估算方法是否恰当。一般来说，供决策用的投资估算，不宜使用单一的投资估算方法，而是综合使用集中投资估算方法，互相补充，相互校核。

3．审核投资估算编制内容

审核投资估算编制内容的核心是防止编制投资估算时多项、重项或漏项，保证内容准确合理，审核时需从以下几方面予以重点审核：

1）审核费用项目与规定要求、实际情况是否相符，估算费用划分是否符合国家规定，是否针对具体情况做了适当增减；是否包含建设工程投资估算、安装工程投资估算、设备购置投资的估算及工程建设其他费用的估算。

2）投资估算的分项划分是否清晰，内容是否完整，投资估算的计算是否准确，是否达到规定的深度要求。

3）审核是否考虑了物价变化、费率变动等对投资额的影响，所用的调整系数是否合适。

4）审核现行标准和规范与已建设项目之时的标准和规范有变化时，是否考虑了上述因素对投资估算额的影响。

5）审核拟建是否对主要材料价格的估算进行了相应调整。

6）审核工程项目采用高新技术、材料、设备以及新结构、新工艺等，是否考虑了相应费用额的变化。

4．其他审核内容

1）投资估算的编制是否满足《建设项目投资估算编审规程》的要求。

2）投资估算是否经过评审，是否进行了优化，投资估算是否得到批复。

五、投资估算的控制措施

1．投资估算指标

估算指标作为编制投资估算的主要依据之一，是指在项目建议书、可研及设计任务编制阶段进行项目估算计算时使用的一种定额，是根据历史的预算、决算资料和价格变动编制而成的。但是由于在实际情况中，新材料、新工艺、新技术不断出现，若定额不能及时更新，将使得所计算结果缺乏时效性。这就要求造价主管部门定期及时地更新定额数据，使得估算指标与实际情况紧密结合，从而提高估算的准确性。

2．类似工程的工程造价资料

类似工程的工程造价资料包括前期的技术经济指标、设计阶段的概预算资料、施工阶段的承发包合同价资料、竣工阶段的结算资料等。由于在工程中缺乏统一的管理，使得这些资料失真，最终影响了估算结果。针对这个缺口，一方面要求造价的审核和管理要统一、规范；另一方面则要求技术人员在收集类似工程造价资料时，要严格谨慎，在有选择的情况下，选用规范的类似工程资料。

3．设备、材料价格的时效性

设备、材料的费用在项目投资中占很大的比例，有时这个比例甚至高达50%，因此它的时效性也是影响投资估算准确性的重要影响因素。目前的估算、概预算编制主要依靠造价主管部门发布的指导价，而指导价的发布周期往往是一个月或一个季度，这就使得设备及材料的价格时效性不足，数据滞后。因此，针对这一点，一方面要求造价主管部门定期及时发布材料指导价，并缩短发布周期；另一方面要求技术人员在编制估算时，要做好市场调查，保证设备市场价格的可靠性，从而保证数据的时效性及估算的准确性。

4．可行性研究周期

目前项目用于进行可行性研究的时间普遍偏短，在可研阶段，一般只采用一个案例，没有比较案例说明投资效益比对，所采用效益指标采用静态指标，很可能造成可研数据失真，有时会使得前期决策失误而导致不可弥补的损失。因此应该重视可研阶段，在合理充足的时间内，用科学的方法对待可研数据。

5．前期投资决策阶段的客观性、科学性

可行性研究报告是项目前期投资决策分析结果的反映，然而目前普遍存在先有决策结果，再有可研，或者高估效益、低估投资的现象，把可研阶段当成形式，从而造成投资估算结果失真。因此在前期阶段应该让投资者了解决策阶段的重要性，保持客观的态度，用科学的方法论证项目的可行性。

第四节 前期决策投资风险管控

一、前期决策风险因素

前期决策阶段是开展和决定设计施工总承包项目投资行动的重要过程，在这一阶段需要对拟建设计施工总承包项目进行建设必要性和经济可行性的科学论证，通过分析提出各种不同的可能拟建方案，采用技术经济比较最终做出判断和决定。设计施工总承包项目投资决策的正确与否将直接决定着项目建设的成败，关系到项目的投资效果好坏。

（一）决策深度不足风险

由于立项决策阶段设计深度不足、急于上马项目考虑不周等因素，在可行性报告的审查上仓促通过，对于项目的选址、投资、方案等可行性条件尚未深思便急于立项，容易为项目的后期实施产生决定性制约，甚至错误立项导致项目失败。

（二）投资估算合理性风险

广州地铁18号、22号线项目投资规模大，准确地进行投资估算是前期可研工作的重要一环，它不但是前期决策中投资估算的补充，而且又对设计阶段的设计概算有限制作用，因此，合理地进行投资估算意义重大。投资估算往往受到当地经济条件与建设管理水平的影响，如果业主没有依据国家或行业标准合理地进行投资估算，工程总造价与投资估算的误差过大，将可能导致设计阶段的设计概算不足，施工阶段发生重大工程变更，前期决策阶段的投资估算合理性风险对概算与预算阶段的工程造价控制影响巨大。因此，应该采取必要措施降低投资估算合理性风险，提高投资估算准确性。

（三）建设标准合理性风险

1. 客流量预测

广州地铁18号、22号线项目是具有社会公益性特点的建筑产品，目的是缓解城市日益严峻的交通压力，方便人民群众日益迫切的交通出行需求。因此，项目建设要从广州实际情况出发，满足经济性与实用性的原则。客流量的准确预测是前期决策中最重要的任务之一，对广州地铁18号、22号线项目的投资规模具有决定性作用，也是工程设计的基础工作。客流量预测不准确将严重影响此项目建设标准的制定，从而对投资控制造成不利影响。

2. 建设标准的制定

制定广州地铁18号、22号线项目的建设标准是前期决策阶段的重要一环，建设标准决定着项目的建设规模、车辆与机电设备技术水平、车站标准等。在制定建设标准过程中存在以下几个风险因素：①建设规模与客流量不匹配。②车辆与机电设备选择不合理。③车站装修水平过高；如果工程建设标准制定得过高，实际投资将超出业主的承受范围，造成社会资源的浪费；反之，如果工程建设标准制定得过低，虽然能节约项目成本，但项目的安全、质量、进度目标会受到很大影响，项目的基本使用功能无法保证，使后期的工程造价难以控制。因此，为了避免社会资源的浪费，保证基本使用功能及控制投资，业主必须科学地制定工程建设标准。

（四）场地选址与线路规划风险

1. 场地选址

广州是由各种功能建筑、城市道路系统、城市轨道交通系统组成的有机系统，我国城市土地资源贫瘠，而城市系统中的每项工程都要占用城市的土地，为了提高土地资源的利用率，减少土地资源的浪费，必须加强广州地铁18号、22号线项目用地规划。另外，在项目前期决策阶段，建设场地的总体规划项目产生的社会影响是巨大的。建设场地规划会引起搬迁，产生搬迁补偿费用，由于我国城市化在最近几年经历了突飞猛进的发展，拆迁成本逐渐增加，拆迁费是建设项目影响投资管控的重要风险因素之一。

2. 线路规划

轨道交通有多种敷设方式，其中应用最为广泛的包括高架、地面及地下三种敷设方式，分别对应三种不同的施工方法，因此，工程造价差异巨大；另外，线路的规划对项目拆迁费用影响很大，因此，在前期决策阶段必须重视18号、22号线的线路规划，合理确定敷设方法、车站分布、线路的埋深与线形等。

二、前期决策风险应对

在前期决策阶段，结合城市轨道交通工程特点与投资管控风险因素，通过对广州经济状况、土地开发利用、自然条件、城市的总体规划及交通现状与需求的深入研究，以保障安全与交通使用功能为前提，进行客流量预测；通过对不同方案的综合比选与论证，合理确定与城市发展相匹配的建设规模与标准；根据城市规划要求，合理规划项目用地与路线方案，科学编制工程项目投资估算，发挥项目业主方与工程造价咨询机构优势，进行综合决策，降低前期费用。前期决策阶段投资估算风险主要应对措施有以下几点：

（一）科学编制投资估算

项目投资估算的编制应以城市经济情况与建设水平为基础，科学运用项目采用的投资估算指标，使投资估算既满足建设规范标准要求，又与实际情况相适应。广州地铁18号、22号线项目在详细可行性研究阶段，投资估算偏差不能超过10%，以免造成过多的设计变更。科学编制投资估算应注意以下几点：

1）在编制估算前，技术人员应主动深入施工现场进行调研，认真搜集投资估算相关参考资料。

2）编制估算过程中，科学选择投资估算指标，结合建设项目特点正确计算各项费用。

3）投资估算编制后，通过分析项目的经济指标，确保所采用的设计方案在经济的角度上是合理的。

（二）客流量预测

目前，我国城市轨道交通客流量预测模式主要有三种：

1）基于现状起点的模式。
2）非基于现状起点的模式。
3）基于非集聚模型的模式。

广州地铁公司采用经典的"四阶段法"为基础，建立客流量预测体系，构建分配组合与方式划分模型，结合城市规划进一步提高本项目客流量预测的准确性。

（三）合理确定建设标准

在前期决策阶段确定建设标准的目的是降低项目生命周期成本，在保证实现基本使用功能的前提下，剔除不必要功能，降低工程造价，获得最优综合效益。为了确保建设标准选择的合理性，进而控制建设项目投资，应重点关注如下几个方面：

1. 运用价值工程理论

利用价值工程理论，综合考虑使用功能和项目成本之间关系，根据准确预测的近远期客流量，在满足核心功能需求的前提下，合理确定站间距离和车站长度。有效控制车站间距、层数与面积，避免由于站间距离与规模造成项目投资的提高；价值管理理念中的功能指的是产品能够满足用户需求的程度，进行功能评价时对评价指标进行量化。价值管理公式可表示为：

$$C=F/V \qquad (2-1)$$

式中：C——全过程投资；
$\quad\quad V$——价值；
$\quad\quad F$——功能。

2. 重视施工性应用

重视施工性应用，在前期决策阶段提前组织设计方与施工方合作，使设计方提前考虑可施工性问题，不断深化设计与施工的集成。如在前期决策阶段组织一部分施工人员参与到工程埋深与线路决策中，利用施工方丰富的施工经验，为项目前期的决策提供借鉴，减少设计变更，有效控制投资。

3. 场地选址与线路规划

1）控制拆迁量

拆迁工作量是选择项目场地时所要考虑的重要因素之一，妥善解决项目拆迁问题，减少拆迁量能有效降低投资。因此，应结合轨道交通线路敷设方案与车站的布置，综合考虑轨道交通规划用地控制要素，控制项目拆迁工作量。

2）规划轨道交通线网

建立轨道交通综合规划系统，综合分析并规划与城市轨道交通建设项目相关的社会、经济及环境之间的复杂关系。参与建设项目决策的政府方、业主方、工程咨询机构、设计方和总承包商是建设项目的决策主体。基于对各种信息数据的深入分析，充分发挥决策主体的积极性，利用科学的决策系统与方法，最终确定最优线路方案。

（四）构建多级风险防控体系

构建集团/分子公司/项目三级投资风险管理体系，对风险进行识别、分析和评估，全面落实风险控制点，强化跟踪分析和过程监督检查，实现对业务过程的风险控制。采用多维度、多视角统计分析，为投资风险管控提供数据支撑，实现投资管理风险全方位、全过程监管。多级风险防控体系如图2-6所示。

根据图2-6可知，本项目的多级风险防控体系是在已经明确了设计-施工管控流程的基础上建立的。通过植入管理模型，可分析每个关键节点可能会产生的风险，及时做出偏差预警，同时要做好重大事项的检测，从而实现对投资项目风险的全过程监控。

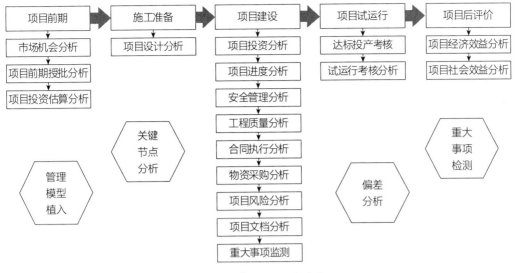

图2-6 多级风险防控体系

（五）构建投资综合效益评价体系

在前期决策阶段就要评估投资回报，构建投资综合效益评价体系，优选投资项目，优化资本配置。项目实施中，通过对投资项目全程跟踪，实时掌控各前期投资项目实际运作的情况和整体进展状况，确保前期投资项目收益顺利实现。在投资项目后期，通过对前期投资项目建设目的、执行实施过程、效益和成本等影响因素全面、系统的评估和分析后进行评价，从投资的项目中吸取经验和教训，科学合理地制定和做出前期投资决策，从而有限度地提高前期投资管理水平和改进前期投资的效益。

| 第三章 |

设计阶段投资管控

工程总承包项目设计的进度、质量和投资目标三者之间是辩证统一的。图3-1为工程总承包项目中项目实施的各个阶段对工程总承包投资目标的影响分析。由图可知，设计对工程总承包项目总投资的影响最大。把造价融入设计的项目策划是工程总承包项目的重中之重，并且设计方案的可施工性分析对项目施工过程成本控制发挥着重要的作用。因此，工程总承包项目将设计与采购、施工等阶段深度融合，选择最经济可行的设计方案，是业主进行投资总控目标控制的关键。

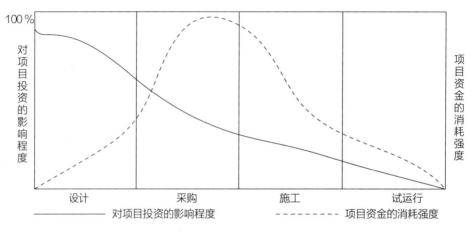

图3-1　工程总承包项目实施各阶段对投资目标的影响分析

设计贯穿工程总承包项目的全生命周期，如图3-2所示。工程总承包项目投资规模大、专业技术复杂等特征决定了其设计工作的工程量较大且难度较高，导致设计周期在总工期中占比较高。工程总承包项目由于设计方案中的关键设备和材料的确定，可以加快采购的进度并实现设计与采购、施工的深度交叉，实现设计、采购和施工等工作融合并行，缩短总工期进而实现业主的投资目标控制。

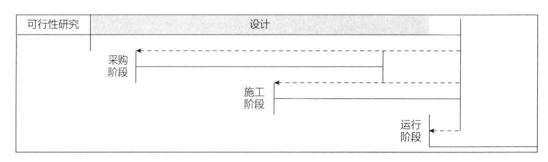

图3-2　工程总承包项目设计工期占比示意图

设计质量是工程总承包项目质量目标保证的基础。在实施过程中，设计是带动整个项目顺利进行的驱动力，是关系到整个项目的投资、工期和质量目标能否实现的关键工作。设计质量的高低不仅决定着项目设备、材料的采购质量，设计缺陷还可能会造成施工过程中的返工和变更等事件发生而导致项目投资的增加，影响业主投资总控目标的完成，进而影响到项目价值的实现。因此，业主和总承包商相互合作提高初步设计质量，为工程总承包项目的目标控制奠定坚实的基础。

设计施工总承包模式的优势之一是能够充分发挥总承包商的综合能力，利用类似工程的丰富经验准确理解业主要求，进行设计、采购和施工的深度融合，达到成本节约、工期缩短和质量提高的目标，进而实现项目价值。在项目定义明确的前提下业主给总承包商较大的自主空间，也意味着将项目的控制权相应转移，由此可能造成总承包商未按业主要求完成设计而无法实现项目预期价值的风险。因此，业主抓住工程总承包项目的审图权是保证实现业主要求转化的重要手段，有利于业主在设计阶段实现投资总控的目标。

第一节 设计管理理论基础

一、价值共创理论

（一）价值共创理论的发展

早期的价值创造认为企业是商品价值的唯一创造者。随着社会的发展，消费者的地位逐渐提高，伴随着相关理论不断深入研究发现企业是商品唯一创造者的价值创造逻辑与实际情况并不吻合，价值共创理论应运而生。

最早的价值共创理念是从服务经济学领域发掘出来的，Storch在对服务业进行研究时发现了服务的本质，指出服务过程实质就是生产者和消费者之间的相互合作。随后消费者生产理论将消费者创造价值的这一理念从服务经济学中提取了出来。该理论认为消费者无法直接从生产者提供的商品中获得满足，要通过消费商品来得到满足，这一过程消费者创造了满足自己需求的价值。

2004年价值共创（Value Co-creation）理论首次被提出，发展过程中最终形成两种主要的观点，一种是由Prahalad和Ramaswamy提出的基于消费者体验的价值共创理论。另一种是由Varge和Lusch提出的基于服务主导逻辑的价值共创理论。

1. 基于消费者体验的价值共创理论

在基于消费者体验的价值共创理念下，Prahalad和Ramaswamy提出了DART模型（图3-3）。他们认为，共同创造价值的基本构成要素包括四个方面，分别是对话（Dialogue）、获取（Access）、风险评估（Risk Assessment）和透明性（Transparency）。其中对话是指在顾客与企业双方之间彼此拥有想要从对方身上投资资源、精力和时间的冲动与想法，并实质上采取行动，双方的互动促使顾客将其价值理念灌入到产品创造过程中，同时也使企业不断更新优化设计生产顾客满意的产品。获取意味着顾客通过随处可见的工具或方式譬如从社区和公司以最有效率的速度获取所需的信息。风险评估是当顾客与企业一起成

图3-3 DART模型

为价值的共同创造者的情况下，双方各自承担风险以及共担风险的能力并对可能面临的风险进行评估。透明性反映了顾客与企业即价值共创双方在解决信息不对称基础上所建立起来的信任。将这四项要素结合在一起，可以使企业更好地把顾客当作合作者。

2. 基于服务为主导的价值共创理论

2004年Varge和Lusch提出以服务为主导逻辑的价值共创理论。这一视角下指出在企业创造价值的过程中客户占有非常大的比重，企业提出价值主张是专门为潜在客户定制的，由此能够促进双方共同完成对目标价值的创造。在这一逻辑中的服务被重新定义，这里的服务是指企业实体利用自己所具有的技能为自身或者利用其他整合的资源去谋取利益的过程。接下来的四年发展中Varge和lusch对服务业和市场大多数营销案例总结之后提炼出关于服务主导逻辑的几个命题。基于服务为主导的价值共创理论基本命题如表3-1所示。

基于服务为主导的价值共创理论基本命题　　　　表3-1

假设	基本内容
1	服务是一切经济交换的根本基础
2	间接交换掩盖了交换的根本基础
3	产品是提供服务的分销机制
4	操纵性资源是竞争优势的根本来源
5	一切经济都是服务经济
6	消费者是价值的共同创造者
7	生产者不能传递价值，只能提出价值主张
8	以服务为中心的观点是以消费者为导向并且关注关系重要性
9	一切经济和社会行为主体都是资源整合者

在服务主导逻辑下共创价值并不是"交换价值"，而是消费者在消费过程中实现的

"使用价值"（Value-in-use）。消费者和生产者的交易互动活动是使用价值产生的前提。在以服务主导逻辑下的价值共创体系中，生产者的主要活动就是转换角度即站在消费者的视角下以便为其提供更加舒适的消费环境和更优质的产品，而消费者主要是通过市场消费行为去形成价值。

（二）DART模型在工程设计管理中的应用

工程总承包项目设计过程的价值共创，是指业主和总承包商之间通过有效的沟通与互动共同参与项目的设计过程，双方在公平公开透明的基础上开展设计工作，一方面增强业主参与度，另一方面使总承包商充分掌握了解业主需求，根据业主反馈意见修正原有的设计内容，最终形成符合规范、满足需求的设计成果。

建筑业中工程总承包项目的建设过程也是由业主与总承包商以及相关专业部门共同配合完成，而且总承包项目具有投资资金额大、过程设备材料等资源消耗量大、项目单件性、建设周期长、地域差异性以及外部约束等特点，从而对建设项目各参与方提出高标准高要求。胡彪等人（2014）首次将价值创造引入建筑业，通过具体运用DART模型，深入探讨业主与承包商之间对EPC建设工程项目中存在的问题。在设计阶段予以解决的具体实现步骤，为建设工程项目在已有文献研究及相关合同约束下，尚不能完全消除模式中存在难题的现状增加了新的解决思路。在工程总承包项目设计阶段价值共创理论的应用如表3-2所示。

DTRA模型在建设工程设计阶段的应用　　　　表3-2

D（加强具有特定内涵的对话沟通）	T（设计出实现双方共享信息透明的制度）
D1：加强有关专业知识的对话沟通 D2：关于准确预测数据的对话 D3：有关业主详细指导意见的对话 D4：关于设计文件标准的对话 D5：关于不可预测事件的对话	在设计阶段就预先制定出能够实现双方信息透明化行为方式的制度安排，以增强双方之间的信任，摆脱以往相互对抗而形成实质性的伙伴关系，以降低甚至避免逆向选择和道德风险的发生。业主更加透彻地了解了承包商运行机制，以便于在恰当的时机提出设计建议，EPC项目承包商能够通过准确定位业主的价值目标而更高效地完成建设任务
R（规避风险、确保收益）	A（建设通畅的信息获取渠道）
除了将风险转移给保险公司以外，EPC项目双方应在设计阶段通过对各自遇到的和可能遇到的风险进行风险收益分析；充分运用定性或定量的分析方法，制定出设计初始阶段的预解决措施，以避免风险发生后对纠纷的相互推诿，影响施工方案的进一步进行	信息获取方式的选取要注意综合运用正式和非正式渠道，选取双方共同关注的焦点问题。要注重现场考察和市场调查，通过宣传或参与回报等措施，促进双方共享价值共创所需信息的积极性

价值共创理论中DART模型的应用，为工程总承包模式下业主与总承包商合作沟通奠定了理论基础，也为双方互利共赢搭建了平台，在这一理论框架下，业主与总承包商可实现信息资源共享，二者作为"命运共同体"共同完成工程总承包项目的建设，这一理念为

业主与总承包商构建了信任的环境基础。可是固有的信任不足仅仅依靠价值共创是不能彻底打通的，因此考虑在总承包商完成设计任务过程中，业主对其中关键性的工作即初步设计文件和施工图设计文件要按照国家、地方规范以及合同约定进行成果文件审查，提高设计准确性。于晓田的研究中指出，可采用PDCA多层次审查制度加强设计文件经济性及可施工性的审查，并在此基础上，构建了基于DART+PDCA的"信任+监管"的模型（图3-4），使得工程总承包项目在设计过程中价值得以增值，最终实现物有所值。

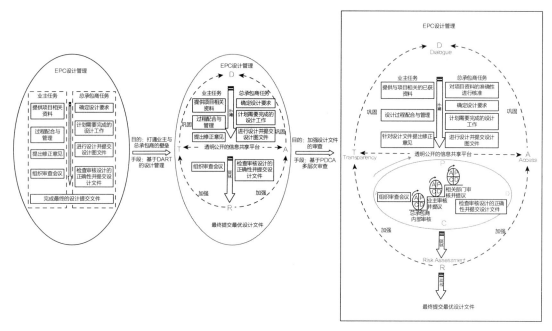

图3-4　基于DART+PDCA的工程总承包项目的设计管理研究模型

DART模型中的四个元素不是孤立存在的而是相互关联的一个有机整体。业主与总承包商的对话沟通必须以透明公开的信息共享和开明的信息获取渠道为基础保障；业主与总承包商的沟通对话、信息获取、资源共享的目标在于项目风险的有效控制与分配，而风险促进前三者的优化互动形成良性循环。

二、价值工程与限额设计

（一）理论发展

价值工程最早出现于20世纪40年代，美国设计工程师麦尔斯在管理实践过程中建立了一种用最少成本提供最有效功能并让产品得到最高使用价值的分析技术。麦尔斯的研究发现，顾客购买的不是产品实体本身，而是产品的功能。因此，价值工程的本质不是以产品为中心，而是以功能为中心。价值工程主要由三个方面组成：一是以业主的功能需求为出发点，保证产品质量的前提下，追求价值最大化；二是对特定的研究对象进行功能分析，并系统分析功能和成本两者的关系；三是价值工程是一个有计划的按规范程序开展的系统活动，致力于提高产品的最终价值。价值工程强调产品的功能必须满足业主的要求，包括满足业主的某种用途、适合业主的使用环境和匹配业主的支付能力，在工程项目产品中应用价值工程的最终目标是消除功能过剩和功能不足，最终正确地实现业主要求。

限额设计的研究方法开始于20世纪70年代的美国，它的前身是"按费用设计"（Design to Cost，DTC），最初是军事上的一种强制性命令。起因是在美国军事工业系统研发中，科研人员过度片面地追求系统性能的最优，但忽略了经济适用性，导致研发的系统虽然功能强大但成本过高，严重影响其使用和推广。鉴于此，1975年5月，美国国防部颁布了DTC相关的指令，明确要求将造价作为设计参数，并在设计过程中权衡质量、进度和成本之间的联系，对最终的成本费用进行严格审核。DTC提出的最终目标是能够开发出既符合业主要求的功能又经济适用的系统。因此，在工程总承包建设工程项目中，可将限额设计定义为根据可行性研究阶段所批准的业主要求和设计任务书，以可行性研究阶段确定的投资估算为限额目标，设计团队（业主聘请的设计团队或总承包商的设计团队）进行初步设计，并以被批准的初步设计方案为依据编制工程概算，作为工程总承包投资总控的控制目标基础。

限额设计重点在两方面：一是项目的下一阶段按照上一阶段的投资限额实现设计技术要求，二是项目的局部依据分配的投资限额完成业主的设计要求。限额设计通常应用在两类项目中，一类是运用成熟的施工方法能够完成的工程项目，其使用的材料和产品具有普遍性和常规性；另一类是工程项目的前期工作比较充分，业主要求和功能目标较为明确，拥有更完善的管理条件。因此，在工程总承包项目中业主招标寻找总承包商时，详细明确的业主要求是实行限额设计及审查的重要依据。

（二）价值工程与限额设计的结合

价值工程和限额设计结合使用，为工程总承包建设工程项目的设计优化成本控制提供一种较优的理念和思路，不仅可以把项目开发成本控制在投资限额之内，还可以实现项目价值的最大化。两种方法结合意义如图3-5所示。

价值工程理论与限额设计方法结合，即从设计阶段开始，利用限额设计方法控制工程成本的限额，以发挥价值工程的作用，使工程项目的价值达到最大化。控制成本的有效措施是在设计阶段开始即应用限额设计手段，限额设计主要通过控制工程量以达到控制成本的目的，在建设工程各阶段即采用相应措施以及方法将工程造价控制在合理限额与范围内。业主在设计阶段利用投资造价控制指标和经济性技术指标对工程总承包项目实行纵向控制和横向控制，是促使总承包设计团队优化组织结构、提高设计水平的重要方式，以最小的投资获得最大的效益。

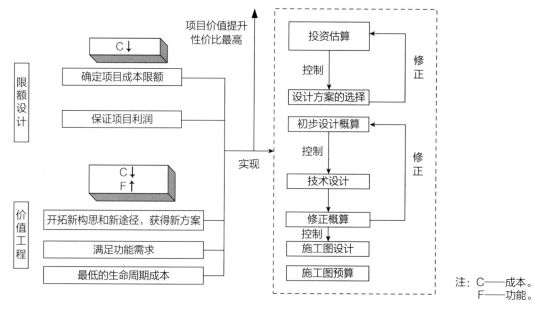

图3-5 价值工程理论与限额设计共同作用下的控制效果

第二节 设计投资管理工作概述

针对广州地铁18号、22号线项目,首先由业主组织各方完成总体设计阶段、初步设计阶段的相关工作和政府对于初步设计成果的审查。总承包商从初步设计阶段之后介入本项目,按照合同及规范完成施工图设计,并经过设计总体总包单位、设计咨询单位审核,再由政府核准的施工图审查机构对施工图进行审查,并由施工图审查机构出具施工图审查意见及报告。后续项目施工前,需开展施工图会审及交底工作。针对初步设计的改变,按照合同约定,总承包单位应报请业主进行审批。图3-6为广州地铁18号、22号线项目中,业主与总承包商参与的设计过程。

一、设计投资管控理念

广州地铁18号、22号线项目中,广州地铁公司确立了设计投资前置管控的理念,严格推行限额设计。传统建设项目中往往是先将图纸画好,然后再来对应计算其概预算指标,但是这种方式会造成概算超估算、预算超概算的情形发生。设计投资前置管控即事前控制,在开展施工图设计之前确定设计限额指标,再根据限额指标实施施工图设计环节,在保证设计质量的前提下,遵循功能适用、标准合理、经济合理原则,按投资限额进行设计。在投资限额目标基础上结合设计内容进一步分解投资,明确投资控制主要指标,在编制设计预算时逐步细化落实。

在切实落实初步设计审批方案基础上,广州地铁公司通过定期根据设计工作进展情况

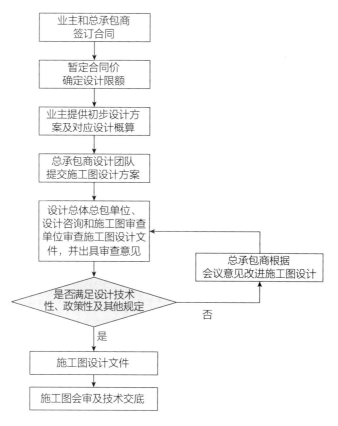

图3-6 工程总承包模式下业主与总承包商参与的设计过程

检查限额设计目标执行情况,及时对影响投资控制的因素进行分析,采取有效措施保证工程投资在预定目标范围内。

二、设计投资管控原则

(一)动态控制原则

在广州地铁18号、22号线项目的设计投资管控过程中遵循了动态控制的原则,采用动态控制方法,建立动态汇总数据台账,定期分析、预测,动态掌握概算执行情况,随时掌握投资资金动向;依据概算执行情况及时客观地分析相关资料及信息,使项目在人力、物力、财力方面实现最合理的调配,通过比较发现并找出实际支出额与投资控制目标值之间的偏差,分析偏差产生的原因,并采取措施使项目投资处于受控状态。纠偏过程中,如采取一般措施能够纠偏,则及时纠正偏差,如一般措施不能纠偏,则需要及时修正目标值。严格按照批复的初步设计开展施工图设计工作,并按照规范编制施工图预算。开展施工图投资控制管理,在切实落实初步设计批复方案的基础上,将预算投资控制在合同要求的设计限额范围内。根据设计工作进展情况,检查限额设计目标执行情况,及时对影响投资控制的因素进行分析，采取有效措施，保证工程投资控制在预定目标范围内。

（二）有侧重点、有次序

在设计投资管控工作中，广州地铁公司运用了风险管理方法，有重点、有次序地进行投资控制，尽量在投资控制过程中将风险合理规避、转移，使其对项目影响降至最低。

（三）技术与经济相结合

项目开展的不同阶段也具有不同的侧重点。例如在决策和设计阶段，影响项目投资的因素主要是技术类因素，这两个阶段主要通过技术方案的比选来管控项目投资，在招投标及施工竣工阶段影响项目投资的因素主要为经济类因素，可通过招投标、合同及施工过程中的造价管理等经济手段来实现投资控制。因此，在广州地铁18号、22号线项目的设计管控过程中，应以技术合理为基础，以经济优化为辅助实现对项目投资的强力管控。

（四）保证项目设计质量

设计投资管控的管控目标应以保证项目的设计质量及使用功能为前提，不能一味地为节省投资而降低项目建设标准。广州地铁18号、22号线项目建设过程中，广州地铁公司通过加强初步设计单位与工程总承包单位之间的协调配合，以避免因专业接口存在问题而变更增加项目投资，并通过设计咨询单位对项目的关键技术、关键节点以及重大问题进行过程管控，及时发现并纠正设计失误，从源头上避免设计失误带来的投资超支。

三、设计投资管控工具

（一）功能需求分析

在分析功能需求时往往会更多地考虑城市的象征性建筑，而忽略城市建筑的基本功能。大规模城市建筑与单个城市建筑一样。有时城市规划可能把广场做得很好，即象征性的建筑，但是忽略城市建设的基本功能。例如在建设地铁车站时，往往会出现这种情况。

以车站为例，按照功能价值法的思路，车站的基本功能就是上下车，所以它的基本构成要素比较简单。一个公共汽车站就是一个最简单的车站。车站最基本的功能和要求就是要最便捷地集散。地铁车站建设过程中经常会出现投资失控的现象，车站越大，成本越高。究其原因主要是车站的附加功能越来越多。这就需要对车站功能进行分析，主要分析车站的基本必需功能和非必需功能，对于非必需功能可以利用其他的方式去融资。如车站附加的商业设施（场站综合体上盖开发等）就不一定要由政府来投资，可以利用其他的方式进行融资。以满足基本功能为目标，就有可能做到最有利于便捷集散。

（二）模块化设计

模块化是在对一定范围内的产品进行功能分析的基础上，划分出一系列的功能模块，并通过模块的选择和组合构成不同的产品，以满足市场不同需求。

模块化设计已经从一种理念转变为一种较成熟的设计方法，模块化产品方便拆卸和再组装，可以增加产品系列，缩短产品研发和制造周期，节约成本，快速应对市场变化。随着模块化设计的逐渐成熟，该设计方法已经被运用到建筑、家居、电子产品、服装等各个领域。

目前的地铁设备已经实现模块化管理，某个模块出现问题，不需要将列车拉到车辆基地去，只需要把这个出问题的模块拿去检修，这些充分说明车辆已经实现模块化。因此管理人员的维护也需要模块化，如果按照这种思维进行建设，基地的建设将会发生改变。而且这种模块和以往的专业模块是不一样的。可能一个模块有很多专业，也可能是一个专业修理很多不同的模块。这样就不能按照一个模块一个专业的方式去建设。

（三）技术审查

根据相关学术研究及政策文件规定，并结合《建筑工程设计文件编制深度规定（2016年版）》可得知，目前施工图审查要点包括：安全可靠性审查、经济性审查、适用性审查、建筑施工图审查、结构施工图审查、水电施工图审查、建筑设备审查、节能设计审查、消防设计审查、建筑平面图审查等。

广州地铁18号、22号线项目的总承包商在初步设计之后介入，广州地铁公司对本项目施工图设计的审查直接关系到整个工程项目能否顺利有效实施。因此，必须要对项目施工图设计与审查方面问题有清楚全面的认识和了解，通过采取有针对性的优化策略，为工程项目建设质量的提高打下良好基础，保证工程项目顺利有效完成。广州地铁公司十分重视对于施工图的审查以及管理工作，从而确保拟建项目的设计质量在施工前能够得到保障，减少后期变更所带来的不利影响。

（四）大数据平台保驾护航

加快推进大数据、云计算等新技术与建设行业的融合发展是建设科技强国、质量强国、网络强国、数字中国、智慧社会的有力支撑。"工程造价大数据云平台"立足于互联网+建设行业，基于大数据、云计算、人工智能等在建设工程投资→设计→招投标→施工→竣工→审计全过程的应用研究，从海量的项目数据中发现规则和规律，有助于地铁建设工程的投资决策和成本管控。

广州地铁公司在18号、22号线项目的建设过程中使用了广州地铁轨道交通工程造价及投资决策大数据平台。这种"工程造价+大数据"的创新管理模式将为全国范围内的政府主管部门及企事业单位提供重要的借鉴意义，打造全国建设行业工程造价管理大数据创新示范项目，在全国范围内形成引领带动作用，助推我国工程造价管理水平的全面提升。

第三节　设计投资管控措施

一、优选设计施工方案

设计是工程总承包项目的龙头和核心，具有全过程控制的策划作用，设计方案是否合理直接影响到工程总承包项目的采购、施工等工作，最终影响到项目的整体功能和实际价值的实现。从工程总承包项目的整体目标策划来看，初步设计方案质量的高低对工程总承包项目的成本、工期和质量等策划目标都发挥着至关重要的控制作用，设计方案的优选是进行投资控制的根本保证。设计方案优选与否，直接影响整个工程的综合效益，不仅影响一次性投资，还会对使用阶段经常性费用产生影响。广州地铁18号、22号线工程项目为了有效控制投资，在设计阶段将"通过科技创新，解决关键技术难题"作为工程导向，广泛开展价值工程活动，采用设计方案技术经济比较，进行优化设计，在满足必要功能的同时，有效降低全寿命周期成本，寻求节约投资的可能。

广州地铁18号、22号线工程项目将科研与设计方案优选紧密结合在一起，一方面通过实践创新不断改善项目采用的设计和施工技术方案，深化了行业创新技术在实际工程中的应用，为理论研究积累了大量的数据素材；另一方面又依靠科研成果持续优化设计方案，建立科研先行的创新理念，根据遇到的重大难题，创造条件实施科研项目，对设计方案进行多方案比选，达到解决问题、优化设计的目的。科研作为设计工作中的一部分，其在前期工作中的结论将直接作为下一阶段工作的基础和依据，通过实现设计方案的层层优化，才能最终达到控制投资的目的。

（一）设计方案的评价原则

1. 设计方案必须要处理好经济合理性与技术先进性之间的关系

经济合理性要求项目投资额尽可能低，但如果一味地追求经济效果，可能会导致项目的功能水平偏低，无法满足使用者的要求；技术先进性追求项目技术的尽善尽美，功能水平先进，但可能会导致投资额偏高。因此，技术先进性与经济合理性存在一定程度上的矛盾关系，轨道交通项目的设计方案应妥善处理好二者的关系：一方面，要在满足社会使用要求的前提下尽可能降低项目投资；另一方面，在资金限制范围内，设计方案应尽可能提高项目功能水平。

2. 设计方案必须兼顾建设与使用，考虑项目全寿命费用

工程在建设过程中，控制投资是一个非常重要的目标。但是项目造价水平的变化，又会影响到项目将来的使用成本。如果单纯降低造价，偷工减料，建造质量得不到保障，就会导致使用过程中的维修费用很高，甚至有可能发生重大事故，给社会财产和人民安全带来严重损害。因此在设计过程中应兼顾建设过程和使用过程，力求项目全寿命费用最低。

3. 设计必须兼顾近期与远期的要求

轨道交通工程建成后，往往会在很长的时间内发挥作用。如果按照目前的要求设计工程，在不远的将来，可能会出现由于项目功能水平无法满足需要而重新建造的情况。但是如果仅考虑项目建成之后的功能水平忽略项目投资管控目标，又会出现由于功能水平过高而资源闲置浪费的现象。所以轨道交通项目的设计要兼顾近期和远期的要求，选择项目合理的功能水平。

（二）工程设计优选途径

以上从工程设计组成的角度分别介绍了工程设计优选的具体措施。但是工程设计的整体性原则要求：不仅要追求工程设计各个部分的优选，还要注意各个部分的协调配套。因此，还必须从整体上优选设计方案。

1. 运用价值工程优选设计方案

在研究对象寿命周期的各个阶段都可以实施价值工程，但是在设计阶段实施价值工程意义重大。通过实施价值工程，不仅可以保证各专业工种的设计符合国家和用户的要求，而且可以解决各专业工种设计的协调问题，得到全局合理优良的方案。建筑产品具有单件性的特点，工程设计往往也是一次性的，设计过程中可以借鉴的经验较少，利用价值工程可以发挥集体智慧，群策群力，得到最佳设计方案。

2. 通过投资监理做方案成本测算

广州地铁公司在广州地铁18号、22号线项目中聘请了三家投资监理公司辅助业主对项目的投资进行过程管控。投资监理公司的主要工作内容之一就是对总承包商提出的设计进行优化。

二、加强工程概算审查

（一）工程概算审查程序

工程总承包项目初步工程概算作为预先计算过程从筹建至竣工验收交付使用全过程建设费用的经济文件，是编制建设项目投资计划、确定和控制建设项目投资额、签订贷款合同、控制施工图设计和施工图预算的依据，更是衡量设计方案经济合理性和选择最佳设计方案、考核建设项目投资效果的依据。概算编审人员要充分认识到初步工程概算在建设项目实施过程中的重要作用，把初步工程概算编制工作作为总承包项目造价确定与控制工作的龙头，作为费用控制的重中之重。广州地铁公司统一了初步工程概算编制办法和编制原则，统一采用定额和取费标准，审查全线初步设计总概算和工点/系统概算文件，组织初步工程概算财评报审和过程的统筹协调，获取政府部门的概算批复。图3-7为广州地铁公司的工程概算审查程序。

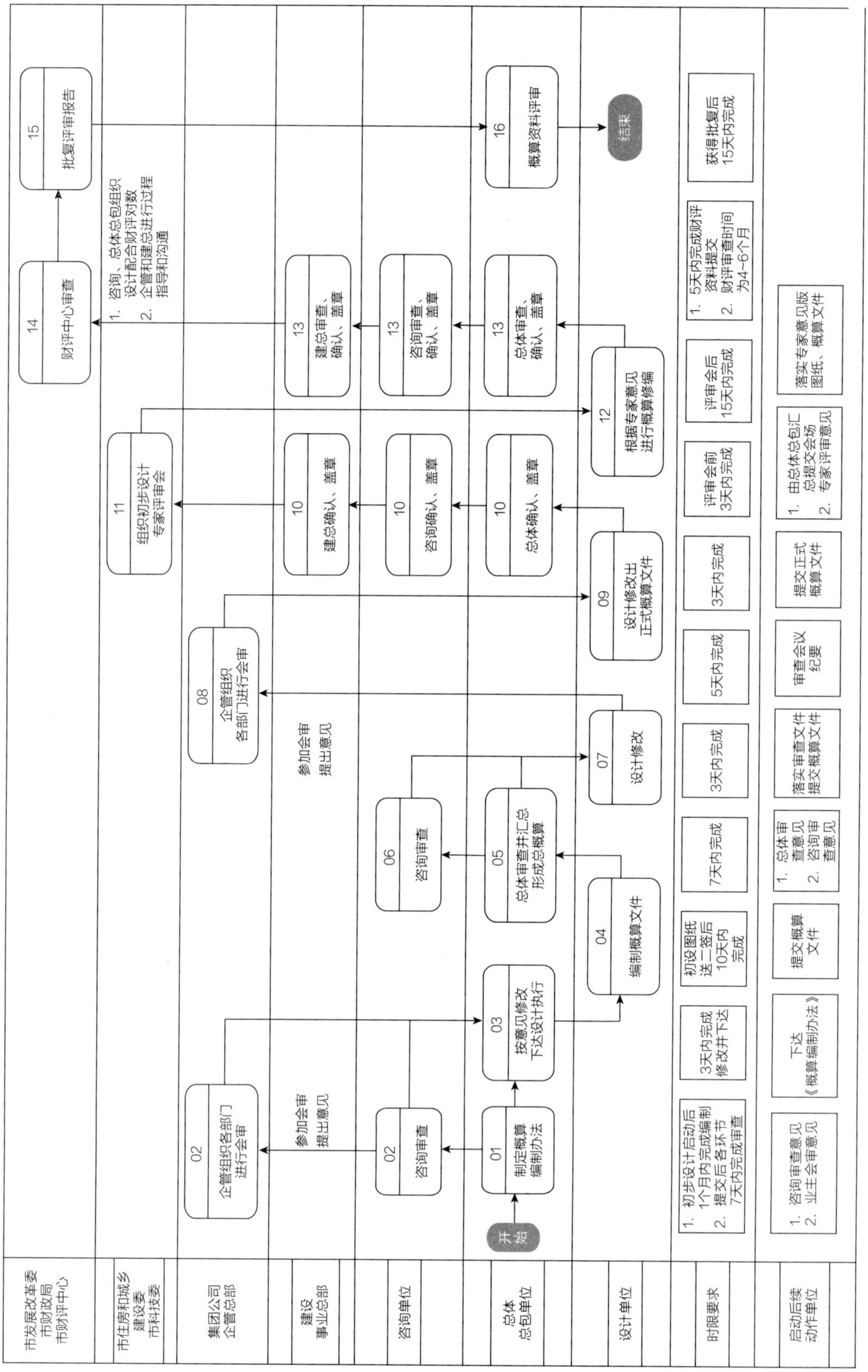

图 3-7 工程概算审查程序

（二）工程概算审查方法

工程概算审查方法一般以对比分析法为主，结合主要问题复合法、查询核实法、分类法等方法对工程概算进行审查。对比分析法是将建设规模、标准与立项批文对比，工程量与图纸对比，综合范围、内容与编制方法、规定对比，各项取费与规定标准对比；材料、人工单价与统一信息价对比，引进投资与报价进行对比，技术经济指标与同类工程对比等。大型项目的概算需要采取联合审查，层层审查进行把关。

（三）工程概算审查重点

工程概算审查内容应包括：工程概算编制依据的合规性、时效性和适用范围；审查工程概算编制的深度；审查概算编制范围和内容与主管部门批准的建设项目范围和具体工程内容是否一致；如采用分期建设，应审查分期建设项目的建设范围及具体工程内容有无重复交叉，是否重复计算和漏算；审查单位工程的工程量、套用定额、取费是否正确；审查其他费用应列的项目是否符合规定；审查技术经济指标能否符合本工程设计阶段的相关造价水平等。

1. 工程量的审核

工程量是一切费用计算的基础，工程量的真实性和准确性对工程投资的影响较大。因此，初步工程概算审查的重点应首先核算工程量是否合理准确，审核概算中的工程量有无多计或者重复计算，同时应注意概算定额中的工程量计算规则与工程量清单计算规则的差别性，要注意概算的特点，对概算中考虑不完善或者费用预留不足的子目进行调整和补充。

2. 定额子目的套取审核

工程概算审查应审查定额选用、项目套用是否正确合理，应审查在定额套用中是否忽略定额的综合解释以及发生重复计取等问题，定额套用应与设计图纸一致，材料设备价格是否与市场价一致价格水平应合理、客观。取费应按照工程类型分专业确定，研究费用定额及取费文件审核费用计算基数、税金费率是否套用合理。

3. 工程建设其他费用的审核

对工程建设其他费用在审查阶段已经签订合同的，应要求项目单位提供合同，并参照规定的取费标准进行审核，对于已签订且合同额高于费用标准的，要有合理理由。工程其他费用总体的审核应全面，不漏项、不多计，做到客观合理。

三、限额设计动态管理

在设计的各个阶段中，按照估算控制概算。概算控制预算的程序，通过分析和审核各阶段投资限额，将不同阶段的投资限定值和实际值进行比较，使设计在确保质量的前提下充分考虑经济性，以将总投资控制在限额范围内，提高投资效益。广州地铁公司遵循功能适用、标准合理、经济合理原则进行设计，在投资限额目标的基础上结合项目设计内容进一步分解投资，明确投资控制主要指标，在编制设计预算时逐步细化落实。

（一）设立投资和设计目标

广州地铁公司将车站、线路、牵引供电、信息与控制系统等投资按等级进行分解，并要求设计单位按照分解出来的投资标准开展设计，同时还对其他一些子项多的投资做出重大调整。设计单位不能简单套用过去数据和标准来设计图纸，比如一般的车站乘客量较小，可以设计成一个出入口，投资将大大减少。这说明即使这么大一套系统，只要有完整的法规和标准体系，就应要求设计院采用目标价值法。

（二）对标类似项目

截至2020年5月，广州地铁公司已建成开通14条、514.8km的地铁线路，以及海珠区环岛新型有轨电车试验段（7.7km），正同步推进12条、308km地铁新线建设，统筹负责27个国铁、城际、综合交通枢纽、市政道路项目投资建设。公司利用大数据平台录入已完工程和在建工程的技术经济指标，将在建项目的技术经济指标与已完工程的技术经济指标进行横向与纵向对标分析，实时分析技术经济指标的高低偏差原因，使项目的投资管控得到保障。

（三）专业审查

广州地铁公司的两方面设计审查重点：①是否满足使用要求；②投资是否控制得住。那么对照可行性研究的要求审查，组织对设计进行详细的专业审查就是设计管理的核心工作内容之一，也就是对整个项目实施过程的目标价值进行管理。

在广州地铁18号、22号线项目中，广州地铁公司聘请了设计咨询公司对工程设计进行审图。特别是没有提出详细设计要求任务书的项目，更是审查重点。对于这种按投资总额或者单价进行造价控制的项目，都要请专家来审查。这个审查和政府审查不一样，政府偏重程序的审查，专家和专业人员偏重技术上的审查、可用性的审查和经济性的审查，审查在这个项目上的投资可行性以及合理性。

四、强化施工图设计审查

广州地铁18号、22号线项目建设过程中，广州地铁公司首先对总承包商的施工图设计工作提出了明确的要求，包括前后相符、满足规范和标准及程序合规等原则，并通过严格的施工图审查程序控制项目施工图设计的质量、进度和投资。其次，广州地铁公司制定了对施工图审查单位的考核制度，明确施工图审查单位的工作职责及工作态度。明确的考核制度既保障了业主对施工图设计的控制权，又能够推动广州地铁18号、22号线项目施工图设计的质量、进度和投资目标顺利实现。

（一）施工图设计工作要求

1. 前后相符原则

施工图设计必须在已批准前一阶段（由政府部门组织的初步设计外部专家审查、修改初步设计外部专家审查）的设计方案上进行深化设计，对已批准的设计方案进行调整、优化及变更，必须满足运营功能不降低、质量技术标准不降低、确保工程安全并按业主相关变更设计管理办法进行审查通过后，才可进行施工图设计出图。

2. 满足规范和标准原则

施工图设计必须符合国家、地方、行业相关的法律、法规、规范要求，并执行总体总包单位下发的施工图阶段《总体技术要求》《文件组成与内容》《文件编制统一规定》，以及各类技术标准和通用图。

3. 程序合规原则

设计单位必须严格按照ISO质量体系要求完成内部校审后，发送总承包单位确认，再按顺序提交总体总包单位、咨询单位、强审单位审查，按审查意见修改落实和回复后，方可正式出图。

4. 按期完成原则

设计单位必须按照总承包部下达的经业主、总体总包单位批准的设计计划完成施工图设计和出图工作。

（二）施工图审查程序

工程总承包项目中，总承包商承担了本项目的施工图设计的工作，业主对于项目设计的把控程度较DBB项目大幅下降。若要防止总承包商在施工图设计阶段通过设计优化等手段虚化项目资产，损害社会或公众利益，业主要加强对于设计的审查权。通过对总承包商所提交的施工图设计方案及对应预算进行关键点审查，使最终建成的工程总承包项目能够满足业主需求、项目功能要求、投资管控要求以及可施工性要求，从而实现项目的使用功能目标、业主投资管控目标，最终实现项目增值。因此，开展设计文件审查是保证广州地铁18号、22号线项目满足业主要求、确定管控目标和项目顺利实施的重要实现路径。本项目的总承包商从施工图设计阶段介入，因此以下将重点阐述业主对于施工图设计的审查。图3-8为施工图设计审查的程序图。

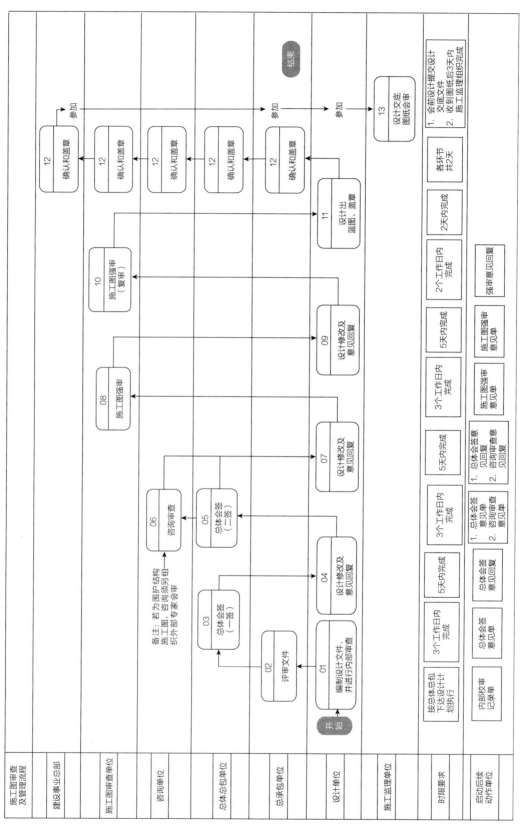

图3-8 施工图审查及管理程序

（三）施工图设计初审管理

1. 初审应提交的文件

1）相关行政资料：主要包括建设工程规划许可证、建设工程用地许可证、环评批复等资料。

2）总体设计文件、统一技术原则、技术标准、技术规定、施工图设计文件编制统一规定、各专业通用设计图（含电子文件）等。

3）施工图阶段勘察成果2份，施工图阶段设计文件2份（含图纸和计算书），勘察设计成果电子文件1份（CAD和PDF格式）。

4）送审文件应是按照咨询和总体意见修改完善后并经总体、咨询确认的施工图阶段勘察设计成果；所有施工图阶段勘察设计成果应签字齐全（含总体单位的签字），同时提供对咨询和总体会签意见的执行情况。

5）送审的施工图阶段勘察成果须装订成册；送审的图纸、计算书封面应与图纸、计算的内容对应；各专业计算书应含详细的工程概况、边界条件、参数（含荷载）选取的说明，以及施工图设计计算汇总的成果和结论。

6）初次送审时，勘察设计单位应向审查单位提供各专业设计人的联系方式（电话、邮箱、QQ号等），审查单位应将各专业审查师的联系方式（电话、邮箱、QQ号等）告知勘察设计单位。

2. 初审的主要内容

1）程序性审查：图纸是否完备，图纸目录和签字及盖章是否完备有效，各专业是否有计算书；是否有初步设计审批文件，是否有工程立项批复文件；是否有建设工程规划许可证。

2）技术性审查：是否符合工程建设强制性标准；地基基础和主体结构是否符合安全标准；是否符合公众利益；是否符合民用建筑节能强制性标准，对执行绿色建筑标准的项目，还应当审查是否符合绿色建筑标准；勘察设计企业和注册执业人员以及相关人员是否按规定在施工图上加盖相应的图章和签字；法律、法规、规章规定必须审查的其他内容；其他设计文件审查要点。

3）程序性审查由审查服务人员具体执行，项目负责人签字确认；程序性审查通过后方可转入技术性审查环节；技术性审查由专业审查师负责。

4）审查应按《城市轨道交通工程施工图设计文件技术审查要点》《建筑工程施工图设计文件技术审查要点》《市政公用工程施工图设计文件技术审查要点》进行具体审查。

5）审查师在审查过程中应及时与设计人联系并指导修改工作；应在计划的时间内完成初审，并将初审结果（主要包括《建设工程施工图设计文件程序性审查表》《施工图设计文件审查意见单》《施工图审查意见告知书》等内容）反馈给勘察设计单位，同时抄送业主。

（四）文件复审的管理

1．复审应提交的文件

1）纸质施工图设计图纸1份，各专业计算书1份，施工图阶段勘察设计成果的电子文件（CAD文件、PDF文件各1份）。

2）《施工图设计文件审查意见单》回复5份。

3）送审文件应是初审意见逐条回复并修改完善后的施工图阶段勘察设计成果；所有施工图阶段勘察设计成果应签字齐全（含总体单位的签字）。

4）再次送审的施工图阶段勘察设计成果与初次送审的有较大变化时，设计人员应主动联系审查师说明变化情况，并书面说明变更内容、变更范围。

2．复审的主要内容

1）对照初审意见，逐条复审设计是否整改到位（包括设计成果和意见回复）。原则上设计人员应按审查意见逐条整改到位。若审查师、设计人员对审查意见及回复不能达成一致时，应提请技术委员会评审决定。

2）审查师在复审过程中发现新问题，应及时与设计人联系并指导修改工作。

3）复审应在计划的工期内完成。

3．复审结论

1）复审合格

审查师在施工图审查意见回复单上签字确认，勘察设计单位按照规定的份数提供签字盖章齐全的图纸，审查单位在图纸上加盖施工图审查章，出具该工程的施工图审查合格书。为配合施工进度，对于审查合格的部分工程或部分专业，审查单位仅提供该部分的《建设工程施工图技术性审查合格书》。

2）复审不合格

对于复审仍不合格且勘察设计单位拒绝修改的，审查单位应将施工图退回建设单位重审，并出具审查意见告知书，说明不合格原因。退回重审按照初审流程执行。

（五）施工图审查单位考核

为加强对广州地铁18号、22号线项目建设中审查单位的工作管理，提高审查单位工作成果质量水平，控制工作进度，建管部负责审查单位考核工作的全过程管理并对审查单位进行考核评价，以保证施工图设置的质量能够达到项目建设的要求，并达到有效控制项目投资的目的。

1．考核依据

1）施工图审查合同。

2）《房屋建筑和市政基础设施工程施工图设计文件审查管理办法》（中华人民共和国住房和城乡建设部令第13号）相关条文。

3)《住房城乡建设部办公厅关于加强城市轨道交通工程施工图设计文件审查管理工作的通知》(建办质〔2012〕25号)相关条文。

2. 考核内容

1)审查单位人员的配备与到位情况。

2)审查进度是否满足业主的工期计划。

3)图纸交底会审中发现的未审查出的涉及公共安全和强制性条文的有关内容。

3. 考核评分

业主考核评分的权重分配为：建管部占权重的90%，总工室占权重的10%。

1)考核总分为100分，按照考核内容进行分数扣减。

2)考核实行清单制，由各考核单位依据扣分事项进行综合评分，同一扣分事项只扣一次，不予重复扣分，总得分=100-扣分数（第1大项至第6大项扣分数）+加分数（第7大项加分数）。

3)考核中若第1大项至第6大项汇总计分低于65分，则第7大项加分数不计分，本次季度考核得分只计算第1大项至第6大项汇总计分。如表3-3为详细的施工图设计审查单位考核评分表。

施工图设计审查单位考核评分表　　　　　表3-3

序号	考核内容	考核标准	计分
1	审查单位人员的配备	人员配置与合同不符或人员变更未按程序上报审批，项目负责人扣5分/人次，其他人员扣3分/人次，并按合同违约责任相关条款扣罚	
2	审查进度是否满足业主的工期计划	无外界控制条件情况下，不按规定时间完成设计图纸文件审查，影响出图或相关单位设计进度的，每次扣2分；情节严重，影响招标时间节点现场施工进度的，本季度考核得分低于70分	
3	业主组织的专家对审查单位的检查；	发现未查出的违反国家强制性条文和公共安全的内容，每条扣4分	
4	图纸交底会审中发现的有关涉及公共安全和强制性条文的内容	发现未查出的违反国家强制性条文和公共安全的内容，每条扣3分	
5	合同签订及结算配合	对业主的合同签订、结算配合工作不到位，每次扣5分	
6	政府主管部门对审查单位的抽检	政府主管部门抽检发现问题的，本季考核分低于60分	
7	加分项：考核项目质量	工作成果获得业主书面表扬，监管部表扬每次加3分，建设总部表扬每次加5分，集团公司或政府主管部门表扬每次加10分	

五、设计变更管理

(一)设计变更定义

广州地铁18号、22号线项目中的工程设计变更是指变更经政府有关部门组织审查并批准的初步设计方案,或变更已经审定有效的施工图(即已经设计单位、设计总体单位、设计咨询单位及业主各方同时盖章通过的施工图纸,以下简称施工图)。以下为在地铁项目中土建及装修工程、机电系统及车辆工程等的设计变更具体定义:

1)土建及装修工程:对经审定的土建工程初步设计、施工图设计(含车站、区间、车辆段、控制中心、装修等)所进行的改变。

2)机电系统及车辆工程:①指对经审定的机电系统及车辆初步设计进行的改变;②设备(系统)合同签订后,技术要求(含规格型号、品牌、数量、系统功能、相关接口)与合同技术规格书的改变;③对已审定有效的施工图(即已经设计单位、设计总体单位、设计咨询单位及业主各方同时盖章通过的施工图纸,以下简称施工图)所提出的改变。

3)交通疏解(含交通设施)工程:对已经审定的初步设计交通疏解方案、有效的施工图(即已经交警部门批准且交通疏解设计单位、设计总体单位、设计咨询单位、业主各方同时盖章通过的施工图纸)的变更。

4)管线迁改(含箱渠迁改)工程:指对已经审定的初步设计管线迁改方案、经规划部门批复的管线综合平衡图、有效的施工图(即已经管线设计单位、设计总体单位、设计咨询单位、业主各方同时盖章通过的施工图纸)的变更。

(二)设计变更分类

广州地铁公司对于地铁线路的土建工程和机电系统工程设计变更分为了Ⅰ、Ⅱ、Ⅲ类。表3-4为广州地铁公司的设计变更分类标准。

广州地铁公司地铁线路设计变更分类　　　　表3-4

工程分类	Ⅰ类设计变更	Ⅱ类设计变更	Ⅲ类设计变更
土建工程	1)改变机电系统设备技术规格书的主要技术参数,由此引起系统功能、运营条件的改变。 2)设计联络后,变更供货合同确定的主要机电设备类型(指影响系统功能的部分)及重要系统功能。 3)改变单体设备价值在100万元(含100万元)以上的设备品牌、供应厂商。 4)机电系统设备采购、机电安装工程概算增加或减少100万元(含100万元)以上或导致其合同变更增加100万元(含100万元)以上	1)线路平面、纵断面的局部变化。 2)由于地质条件变化或实施条件变化等原因引起的围护结构或支撑体系变化。 3)涉及不同工程建设管理部管辖线路的跨部门设计变更。 4)单项工程量变化导致土建(含轨道、装修、绿化、车辆段土建、市政接驳土建)设计概算增加或减少500万元(不含500万元)~300万元,或导致其预估合同价增加或减少500万元(不含500万元)~300万元	不属于Ⅰ、Ⅱ类的土建工程设计变更

续表

工程分类	Ⅰ类设计变更	Ⅱ类设计变更	Ⅲ类设计变更
机电系统设备工程	1）改变机电系统设备技术规格书的主要技术参数，由此引起系统功能、运营条件的改变。 2）设计联络后，变更供货合同确定的主要机电设备类型（指影响系统功能的部分）及重要系统功能。 3）改变单体设备价值在100万元（含100万元）以上的设备品牌、供应厂商。 4）机电系统设备采购、机电安装工程概算增加或减少100万元（含100万元）以上或导致其合同变更增加100万元（含100万元）以上	1）改变单体设备价值在100万元（不含100万元）~50万元的设备品牌、供应厂商； 2）机电系统设备采购、机电安装工程概算增加或减少100万元（不含100万元）~50万元的变更，或导致其预估合同价增加100万元（不含100万元）~50万元或减少50万元以上。 3）涉及不同工程建设管理部管辖线路的跨部门设计变更	不属于Ⅰ、Ⅱ类的机电系统设备工程设计变更

（三）设计变更审核程序

工程建设过程中因各种因素可能导致工程变更，不论设计方案和图纸的变更是否产生合同变更，设计文件与初步设计阶段批复内容不一致的地方，均需提交业主单位及相关管理方审批。对变更方案和变更文件开展技术审查，对变更的必要性、技术合理性、变更范围、工程量及投资变化和引起的连带变更内容进行全面审查，并从管理上保障变更程序的合规性和及时性。图3-9为广州地铁18号、22号线项目的设计变更审核程序。

（四）设计变更审核内容

设计变更不仅严重影响工程建设标准和施工质量，引起投资大幅增加，也加大了投资控制的难度。在项目实施过程中，因为设计资料不准确、业主对使用功能的调整、外界环境变化等原因，不可避免地会导致对原设计的变更。因此，广州地铁公司制定了严格的变更审批流程，加强设计变更管理。设计变更之前，要展开深入调查和分析论证，对变更产生原因、可能造成的影响进行分析，按审批流程决定是否变更。若决定变更，则一次变更到位，避免"反复变更"，并在变更实施过程中，进行动态跟踪和管理。实施后，应及时确认和调整受影响的合同价款，解决争议，确保后续工程顺利实施。业主根据实际需要进行适当的设计变更，对设计方案进行灵活调整，使其更加符合建设条件和使用功能的需要，从某种程度上来讲，这是节约投资的重要举措。广州地铁18号、22号线项目实施过程中发生的设计变更均经过以下环节以保障项目投资控制在合理范围内：

1．实行变更合理性审查

对于设计单位报送的设计变更，均要通过设计总体单位和设计咨询单位签署意见之后报广州地铁公司业务主管部门进行再次审核。审核的重点可总结为以下五点（以下简称"五点说明"），其中涉及新增项目的工程量及投资变化需由业务部门的投资管理人员审核确认，并从工程实施的角度提出审查意见后签署。

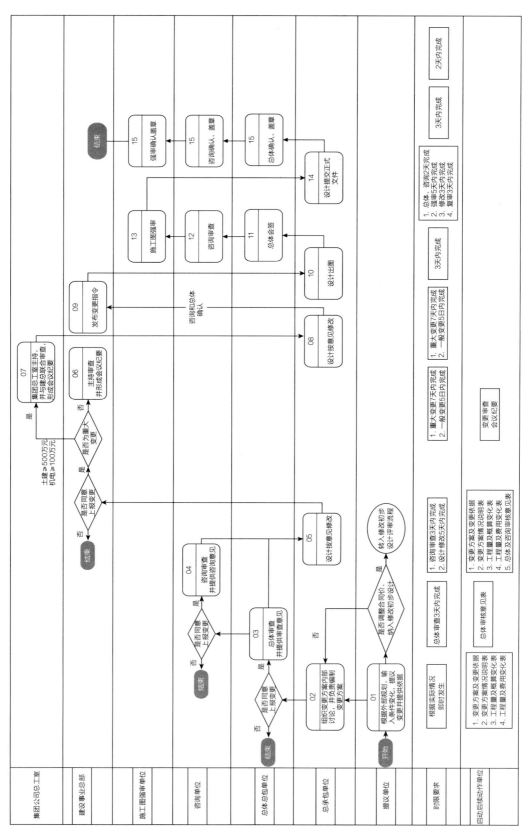

图3-9 广州地铁18号、22号线项目设计变更审核程序

1）设计变更的必要性；

2）技术合理性；

3）变更范围；

4）工程量及投资变化；

5）引起的连带变更等内容。

此外，设计变更审查还包括但不限于以下内容：

检查是否存在对同一专业、同一内容、同一类型、同一地点等发生的设计变更拆分现象；检查申请变更的依据是否充分；检查是否有相关政府文件（会议纪要）、公司内会议纪要、地质勘查报告等文件作为变更的依据；检查上述变更依据文件内容是否与具体变更内容保持一致。

2. 变更预估价审查

根据广州地铁18号、22号线项目设计施工总承包合同及集团内部的总承包合同管理办法，项目实施过程中发生的设计变更都要经过投资监理对变更的预估价进行审查。

3. 单价包干和总价包干分开进行审核

根据广州地铁18号、22号线设计施工总承包合同，项目建设过程中发生的设计变更可分为单价包干项目的设计变更和总价包干的项目的设计变更，这两种项目的设计变更在发生后的处理方式有所区别。对于单价包干项目的设计变更，主要审核工程量的变化，业主相关业务主管部门据实调整项目的工程概算；对于总价包干项目的设计变更，为避免项目总承包商承担过多的风险，业主制定了总价包干项目工程概算调整细则，并对总价包干项目的设计变更进行严格的审核。在总价包干项目工程概算调整细则范围内的变更可调整概算，在概算调整细则范围外的总价包干项目的变更不调整概算。

（五）设计变更抽查

广州地铁公司设置有完善的设计变更管理体系，对土建及装修工程、机电系统及车辆工程、交通疏解（含交通设施）工程和管线迁改（含箱渠迁改）工程等专业工程进行分类别的管理，不同工程类别中的设计变更按照方案改变程度、工程概算或预估合同价增减程度对设计变更进行分级管理，分为Ⅰ类、Ⅱ类、Ⅲ类等设计变更。不同类别的变更对应不同的审批审核程序，且集团总工程师室及建设事业总部总工程师室应对这些设计变更进行定期的设计变更抽查，以规范设计变更管理。

1. 抽查内容

1）检查重点项目：对于重大技术方案或一般技术方案引起的设计变更是设计变更抽查的重点内容。

2）检查变更台账：公司内部有专人负责对地铁项目的设计变更台账进行管理，设计变更台账按照线路、专业类别和机电与土建等专业分立。每季度的设计变更台账均上报集团总工程师室进行备案管理。

3）检查文件材料的完备性：设计院变更申请和变更情况说明（五点说明）；设计总体、设计咨询、各相关主办部门的审核意见；详细的工程变更方案；工程量变化及合同预估价变化情况等。

4）检查文件格式的规范性：检查重大技术方案与一般技术方案引起的设计变更中设计单位变更申请和变更情况说明表（五点说明）；设计总体、设计咨询、各相关主办部门的审核意见表；工程量变化及合同预估价变化情况表等文件格式填写的规范性。

5）检查重大技术方案、一般技术方案引起的设计变更的变更程序的规范性，主要包含以下内容的审查：

（1）审查设计变更是否按相关规定的流程、规定的时间内进行。

（2）检查是否存在先施工后补设计变更的情况。

（3）检查标准参照各业务技术管理部门组织发布的实施相关流程与规定执行。

6）检查设计变更结果的有效性：

（1）检查变更指令的有效性：相关变更指令及变更材料中的批准人是否正确。

（2）检查变更批准人是否正确：相关变更指令的批准人是否正确。

7）检查设计变更的执行情况：收到业主批准的变更申请报告后，相关单位应在规定时间内完成相关变更。

8）检查一体化项目管理平台的设计管理系统中变更录入资料的及时性。

2．变更抽查方法

集团内部应根据设计变更的等级确定不同等级设计变更的抽查频率和抽查数量。表3-5为不同等级设计变更的抽查方法。

广州地铁公司设计变更抽查方法　　　　　　　表3-5

序号	变更类别	抽查次数
1	建设事业总部授权范围内的土建工程工程概算或合同预估价变化在100万元及以上	集团公司每季度抽查一次
2	工程建设管理部授权范围内的土建工程工程概算或合同预估价变化在100万元及以上	建设事业总部每季度抽查一次
3	工程建设管理部授权范围内的土建工程工程概算或合同预估价变化在100万元以下	集团公司与建设事业总部均为每半年抽查一次
4	建设事业总部授权范围内的机电工程（含机电设备采购、机电安装）	集团公司每半年抽查一次
5	工程建设管理部授权范围内的机电工程（含机电设备采购、机电安装）工程概算或合同预估价变化在50万元及以上	建设事业总部每季度抽查一次
6	工程概算或合同预估价变化在50万元以下	建设事业总部每半年抽查一次

3．设计变更抽查数量

对于Ⅱ类及以下设计变更抽查数量不低于抽查时段、抽查范围内台账总数的15%；重大技术方案引起的Ⅰ类设计变更、一般技术方案引起的Ⅱ类设计变更的抽查数量不低于抽查时段、抽查范围内台账总数的30%。

六、设计可施工性应用

（一）设计的简化

设计的简化有利于提高施工效率，将改善项目的可施工性。安全性、可操作性、可维护性和美学功能等目标通常会限制可施工性研究。但是，适当地修改设计可以提高施工效率、改善项目的可施工性而不牺牲其他的项目目标配合价值工程的使用。有丰富经验的施工人员审查设计方案有助于确定设计方案是否过度复杂、是否有利于提高施工效率。

（二）施工方法

1. 施工人员可以提供建议以帮助设计方考虑施工的需求

虽然施工方案的选择通常要在认真熟悉施工图纸、明确工程特点和施工任务、充分研究施工条件、正确进行技术经济比较的基础上做出决定。但是，在施工图纸完成以前，有丰富施工经验的施工人员可以利用过去项目中的经验，尽早判断未来可能发生的问题，确定合适的施工方案。

施工方可以在设计阶段尽早熟悉技术条件，了解工艺生产的要求和设计意图，并把一些主体结构和重要的分部工程的主要施工方案的设想介绍给设计方。

2. 先进施工方法的实施需要设计方的配合

合理地选择设计方案及施工材料可以为选择有价值的施工方法如预制、滑模、预拼装提供有利条件。理想的施工方法往往可以带来成本和进度上的节约。在设计准备阶段，缺乏施工经验和知识的输入，设计方案往往对施工方法的选用欠考虑，因而就会失去这些机会。

（三）重复和标准化

在地铁设备系统、材料类型、施工细部构造、尺寸和标高等方面都可以标准化，以提高现场施工的效率，改善项目的可施工性。其次，标准设计是经过国家和有关部门组织专家们经过反复研究、试验、制定的，并且是经过多次实践考验过的设计产品。只要设计人员应用合理，设计质量是没有问题的，又因为它是标准化图纸，可以大批量生产。这样既可以提高工程速度，保证生产质量，同时又可以节约大量原材料。因此，采用标准设计是控制设计工程造价的有效途径之一。

（四）预制、预拼装

预先确定预拼装的工作范围、设计方充分考虑预拼装的需要，有利于制作、运输和安装，可以改善项目的可施工性。预拼装的工作必须在设计阶段尽早确定范围。预拼装工作范围是指可以在工地现场外更经济地制作的构件的种类和数量。确定范围时需要进行成本和效益的研究分析。

典型的预拼装的效益包括现场劳动生产率提高、可以同时进行多项施工工作，施工安全性提高、容易控制质量以及对脚手架需求降低。但是，预拼装需要采取不同的管理方法，需要支持预拼装的设施，需要解决由于误差积累导致的偏位问题。因此，除尽早决定预拼装的范围外，预拼装的程度也需要尽早定义。

一旦预拼装工作的范围被确定，设计方必须提供设计支持。组合件设计必须有利于制作、运输和安装。在这个过程中，设计方和施工人员必须共同工作以顺利完成任务。

（五）可操作性

提高劳动力、材料和设备的可操作性的设计可以改善项目的可施工性。

缺乏可操作性将严重影响项目的可施工性。进度的拖延、生产率降低以及后续施工活动对已完工部分的破坏，经常是由于设计方案对可操作性问题考虑不周而引起的。

（六）降低不利天气对设计和施工的影响

保证恶劣天气条件下的施工质量对设计者和承包商来说都是很大的挑战，温差、降雨以及因此而造成的场地泥泞都会对施工造成影响。设计者必须了解这些因素对施工的不利影响，并采用合适的设计方案来减少这些影响。此外，在室外进行的质量敏感的工作必须减少到最低限度。改善不利天气下项目可施工性的建议有如下几点：

1）尽早完成某些场地的铺面工程，减少场地泥泞对施工活动造成的影响。

2）对于现场以外的工作，应该要求工厂在系统运输之前进行质量保证审核，这样在现场仅仅需要审核连接件。

3）尽可能减少工地油漆的工作量，将模块预先油漆好。

第四节　设计阶段风险因素管控

一、设计风险因素

（一）客观环境风险

1. 政府设计审批管理

涉及相关文件需要依据法律法规规定范围交由政府部门审批。在向政府部门提交设计文件审批的过程中，一方面，由于审批意见以及据此进行的设计调整很可能造成设计的延误，工程不能按照预期的计划进行；另一方面，根据政府部门的审批意见，业主或总承包商可能需要修改设计方案，甚至提高后期项目施工费用。可见，政府部门设计审批能力直接影响着轨道交通工程项目的设计工期、设计费用。

2. 法律法规及政策变化风险

轨道交通工程项目一般工期较长，在项目设计施工的过程中，法律政策变化的风险发生概率相对较大，一旦发生，必然带来设计变更，可能增加项目成本或延长项目工期。业主及总承包商对此风险并不能在项目投标前期合理地预见并防范，因此法律政策的变化风险，业主与总承包商应在合同中进行明确的分担。

3. 外部的经济环境变化风险

轨道交通工程设计施工总承包项目对业主的融资能力有较高的要求，国家宏观经济发展局势、政策及产业结构的调整等各种经济相关因素的变化，很可能会造成物价上涨、通货膨胀、项目融资困难等问题，项目的投资估算、工程概算等就会发生偏差。且项目实施过程中，很可能出现工程材料、设备等的价格涨跌，劳动力的匮乏，劳动力成本的上升等现象，业主和承包商错误估计市场变化将会给项目的整体带来较大的风险。

4. 项目所在区域自然条件

在项目具体设计时需要结合项目所在的区域的自然条件，如气候条件、地理位置、地质水文等多个方面。所在区域的降水量、地下水位以及是否在地震带上都对建设项目设计产生影响。

5. 地质条件的变化

不可预见的地质水文条件，指在地质勘查文件中未有体现的地质水文、管线等因素。一旦发生，必然导致设计变更。设计施工总承包模式中，地质勘查文件以业主提供的原始设计基础资料和总承包商的现场勘查为依据，同时总承包商承担项目设计任务，因此地址水文条件发生变化而导致工程变更的风险分担应在合同中予以明确。

（二）总承包商能力风险

1. 设计工作管理机制

总承包商的设计工作管理制度及管理流程等方面不健全的问题会在一定程度上给轨道交通工程项目带来风险。总承包商设计工作管理机制主要体现在各种设计业务操作流程及审批流程的规范性、设计薪酬体系设置的合理性等方面。机制风险是人为因素之外的管理方面的风险，其科学性对项目设计工作日常运作有着事半功倍的效用。总承包商良好的设计工作管理机制，不仅易于理解和操作，指明和规范设计工作的方式方法，提高工作效率，并在一定程度上规避人为管理存在的风险。

2. 设计组织协调能力

1）对业主要求的理解程度

总承包商设计组织协调能力主要表现在对业主要求理解程度上。总承包商的设计人员在招投标阶段必须认真研究业主要求，尤其是有关工程范围、功能要求、设计标准与规范等实质性内容。针对业主要求中的模糊不清地带或不理解部分，总承包商应及时与业主进行沟通，深入理解业主的设计意图和设计要求。一旦缺乏与业主的沟通，总承包商极易造成项目设计缺陷，导致实施期间大范围的设计变更。

2）外部设计协调

"边设计边施工"是设计施工总承包模式的一大特点，这里的"设计"指施工图设计。施工图设计阶段是施工图设计图纸转化为建造实体的一个过程，业主、监理方、政府部门等多方参与其中，但总承包商才是这个阶段的重要实施者，即重要参与方。因此，总承包商在这个过程的设计组织协调能力显得尤为重要。实现与业主方、监理方的不断沟通，总承包商的设计工作方可更加满足业主的设计意图，满足监理方的监督检查要求。实现与政府部门的交流，总承包商的设计才可符合国家及地方政府的设计规范、设计标准，顺利通过政府部门的设计审批。

3）组织内部设计协调

轨道交通工程项目的设计中通常有建筑、结构、建筑电气、给水排水、采暖通风、热能动力、工程概算等专业分工协作完成，同时设计工作开展过程中还往往涉及与内部施工力量的沟通交流。如果总承包商组织内部各专业设计部门及施工人员的组织协调工作做不好，就极有可能影响设计可建造性及设计质量。

4）内部设计交底

设计交底是项目设计与施工的纽带，总承包商组织内部交底质量的高低直接影响着这两大要点的实施，影响项目整体的质量。项目施工之前，施工图纸、会审纪要、设计变更均有总承包商设计人员以设计交底的形式，将设计意图、技术要求、施工工艺和安全事项等传达给现场施工人员。如果设计交底过程中，交底内容不能满足清晰详细、通俗易懂、针对性强、实施性强等要求，很难保证项目质量。

3．设计职业能力

1）设计人员的专业素质、经验、责任程度

设计与施工技术、经验的搭接和融合是设计施工总模式的显著优势。总承包商设计人员不仅要有良好的专业素质及较强的责任心，同时设计人员的设计经验也将直接影响设计质量。总承包商组织中从事工程设计工作的人员应转变传统模式下仅仅进行单纯设计的观念，而是站在统筹建设项目设计和施工一体化的高度和对设计施工同时负责的角度对项目开展高度综合的设计工作。此外，DB承包商在进行设计时还要考虑绿色建筑、节能减排等方面国家做出的强制性规定，对自己的设计成果应负一定的社会责任。

2）总承包商及其设计人员不规范行为

总承包商及其设计人员的不规范行为不仅容易导致责任风险，而且一旦被查出，将面临经济处罚、行政处罚和法律制裁的风险。目前，建筑市场比较混乱，总承包商及其设计人员的不规范行为主要表现在：转让资质、出让图签、超资质设计、设计转包等；设计中不执行国家的规范和强制性标准、业余或兼职设计、在设计文件中指定或推荐供应商；注册人员不按注册条例规定执行等。上述不规范行为一旦发生，必然给设计质量带来风险。

4．设计技术能力

总承包商的设计技术能力主要表现在以下几个方面：

1）现场考察

通过现场考察获取项目周围环境详细信息，仔细对照业主招标文件中的要求，有利于总承包商编制的设计方案更加符合项目实际情况及业主要求。总承包商现场考察出现错误，或设备不先进、技术达不到，或现场勘查程度不足，很可能导致项目设计方案不符合现场实际及业主的要求，影响项目设计质量。

2）设计深度

施工图设计文件是设备材料采购、非标准设备制作和现场施工的重要依据。建筑、结构、建筑电气、给水排水等各专业相互关联处的施工图设计深度应能满足各个专业的设计需要。如果施工图设计深度不足，如未对建筑物的坐标位置、设备的相对尺寸、墙壁上洞口尺寸等进行详细的描述，将很难对项目施工起到良好的指导作用，影响项目的设计质量。

3）设计施工技术搭接

设计人员常常不愿下工地，不了解轨道交通工程项目的施工工艺和现场需求，因此在设计过程中会出现设计与施工技术搭接不当，进而带来大量的设计变更和浪费。总承包商同时承担建设项目的设计和施工工作，如果设计人员在设计时不能充分考虑项目施工操作，将施工经验融合在设计图纸中，导致设计施工技术不能实现有利的衔接，则会发生较多的设计错误、设计变更、设计延迟，造成工程返工或延误，导致项目设计工期目标、质量目标、成本目标均不能按要求实现。

4）优化设计

总承包商可以采用价值工程的手段对轨道交通工程项目的设计方案进行优化，充分发挥设计施工一体化的优势。但总承包商在利用优化设计提高自身经济效益的同时，也给DB承包商带来了以下设计风险：

（1）优化设计分包范围的不确定性。优化设计分包的设计费用是根据优化节约工程量进行取费，容易造成优化分包"抓大放小"，只对能节约较大工程量部位进行优化。

（2）优化设计提出的设计方案，往往注重技术的可行性而忽视施工的可操作性，施工难度大，无形中增加施工成本。

（3）采用新工艺和新材料时，没有成熟经验和技术，工艺无法达到要求的性能指标，造成设计质量的不确定性。

5．设计进度管理能力

设计施工总承包模式中设计与施工充分搭接，有效地缩短项目工期的优势能否被充分发掘利用，取决于总承包商的设计进度管理能力。设计进度与施工进度实现有效的搭接，才能更好地满足工程设计和工程总进度目标的要求，这无疑对总承包商的设计进度管理能力提出了更高的要求。此外部分由专业设计分包商承担的设计工作进度也具有一定程度的不可控性，影响着项目的设计进展，具有造成设计工期延长的潜在可能。

二、设计风险应对

一般来说工程总承包模式下,业主对于设计的管控范围及管控深度理应大幅度减小,但广州地铁18号、22号线项目建设里程接近100km,对于广州市的发展意义不言而喻,且类似工程经验较少,易出现偏差,所以即使采用工程总承包模式,广州地铁公司仍对总承包单位实行严格的设计管控。

(一)提高总承包商自主管理意识和能力

在总承包建设模式下,国内总承包商对于设计的自主管理能力参差不齐,施工单位为主体的总承包商往往受到人力资源获取条件的限制难以提高自主管理能力,从而限制了总承包商对工程设计的自主管理能力的提升。

因此,在国内成熟工程总承包商为数不多的情况下,广州地铁公司重视运用合同管理等手段提高总承包商自主管理意识和自主管理能力。例如,由于设计接口管理对设计输入的正确性和及时性非常重要,总承包合同中明确要求总承包商的项目管理团队设置"设计接口工程师"岗位。

在努力提高总承包商设计自主管理能力的基础上,广州地铁公司仍在以下几方面加强对项目设计的管控:

1)积极参与设计阶段的策划和重要成果的中间评审,加强过程管控。例如参与设计阶段的设计联络会、专业方案评审会和综合方案评审会等。

2)引导总承包商做好合同签订后的"设计优化",一方面要防止总承包商"过度优化",避免以牺牲性能、工程质量和运行维护来降低成本;另一方面支持总承包商根据有益于工程全寿命期、共赢的原则提出科学合理的设计优化。

(二)实施清晰的设计责任划分

广州地铁公司的主要责任是提供已知的有关项目所有前期资料,在设计过程中业主具有提出提议、修改以及变更权利,组织工程项目的设计审查工作并参与设计管理。设计施工总承包商的主要任务就是依据业主提供的资料审核资料准确性并据此开始设计,形成满足标准规定和业主需求的设计文件,参与设计文件审查。工程总承包模式下设计管理的工作责任划分如图3-10所示。

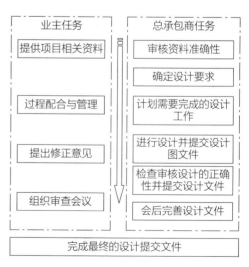

图3-10 工程总承包模式下设计管理的工作责任划分

(三)提出明确的设计成果要求

工程总承包模式下总承包商完成的设计成

果,其中设计文件要满足项目本身功能需要、符合国家及地方法规规定和设计规范;设计意图要满足业主对拟建项目的需求;设计档次要吻合业主前期所设定的投资管控目标;设计形式要注重城市整体规划。设计过程总承包商要将合同履约情况和现阶段项目的进展情况以及所遇到问题及时反馈给业主以使业主实时掌握项目信息,为业主做决策提供依据。对于业主而言,设计过程是实现前期设想的重要过程。

1. 深度要求

1)执行住建部颁布的《建设工程设计文件编制深度规定》(2016年版)。

2)设计图须通过政府、相关部门的审查、审核。

3)各专业设计图及专项设计、深化设计图面表达清晰、大样详图完整、满足建筑功能和结构安全、满足现场施工需要。

4)图纸设计满足业主各项相关要求与标准。

5)根据设计图编制的工程造价,满足工程总造价控制的要求。

2. 设计成果的提交要求

技术设计最终完成后应向业主提交经业主认可,政府及相关部门审查、审批通过的本项目的施工图设计、专项设计文件、设计概预算及其他相关资料,份数见合同相关约定,并提供电子文档及光盘。

(四)加强业主与总承包商的沟通与协调

广州地铁公司与总承包商在设计过程中坚持"尽早沟通"和"主动沟通"两个原则。"尽早沟通"将有关问题扼杀在前期,"主动沟通"加强对项目的重视度和参与度。

业主与总承包商保持密切的沟通,在完成设计任务的过程中妥善处理、协调与总承包商的关系。沟通的方式可以采用开会方式,如设计总体例会、总承包总工例会、六方设计变更联合审查会(业主、设计总体、设计咨询、监理、总承包商、工点设计)、专题研讨会、电话会议甚至可以采用视频等方式。

1)通过强化双方沟通交流手段可以有效解决业主在设计过程中参与度低的现况,业主虽不能过多介入总承包商承担的项目设计、采购、施工的全过程,但可以通过及时对话沟通的方式提供给总承包商在设计过程关于详细设计所需的指导意见,还能在一定程度上增强业主对总承包商的控制影响力,同时确保以不影响总承包商正常行使权力和工作灵活性为前提,使业主的设计意愿在设计过程中很好地实现。

2)总承包商可通过及时的沟通更清晰地了解业主的需求与期望,减少项目后期实施过程中可能出现的变更与索赔等不利情况。另外,业主与总承包商还可以充分利用各自拥有的专业技术知识将设计过程可能存在问题在前期设计过程予以解决,并对设计中所涉及的技术经济指标进行明确,从而实现业主与总承包商站在全局视角下提供全方位、全过程和多角度设计服务。

（五）构建业主与总承包商信息获取渠道

在工程总承包模式下，在业主与总承包商之间存在一个现象，即各自对有关于自身所涉及领域的信息更感兴趣更愿意花费时间成本去掌握，而对提供给另一方信息缺乏积极性，由此造成在建筑业中部分业主对项目具体的运行规则了解不够、总承包商存在潜在的运作不规范，导致双方处于不信任的工作环境。

通过在业主与总承包商之间建立通畅的信息获取渠道，有利于双方站在各自专业角度提出针对具体问题的专业见解，双方所拥有的资源可以以开放、公开的方式实现共享，业主与总承包商之间相互认可、相互信任、相互合作共同完成建设项目。

信息获取的方式包括正式渠道和非正式渠道。通过官方网站平台以及定期的交流会进行正式的信息获取，例如公司通过盾构施工监控信息管理平台实时获取盾构施工进度，通过轨道交通工程安全风险预控系统实时监测施工过程中可能存在的安全风险；通过搜集以往类似案例以及与往期合作者沟通交流，促进业主与总承包商双方进行信息分享的积极性。

| 第四章 |

招标及合同管理

第一节　项目招标文件分析

在广州地铁18号、22号线项目招标的过程中，招标文件作为招标投标活动中最重要的文件之一，既是招标人进行招标活动的行动指南，也是投标人编制投标文件的重要依据，其质量的高低对招标结果的影响极大。招标文件的编制，应该符合国家有关法规和政策，应该公正地处理发包人与承包人、供应商的利益，尽可能清楚、准确地反映招标项目的客观情况，以减少履约中的争议。

一、招标文件编制背景

广州地铁公司对《广州市城市轨道交通第三期建设规划》（2017—2023年）中的18号线和22号线工程部分采用设计施工总承包模式，其余线路采取施工总承包模式；对于机电设备采购划分为车站、电扶梯、车辆、供电、通号、安检特种设备6个子包，实行采购和运维大标段集中采购的新模式。其后，广州地铁公司陆续完成轨道交通"十三五"规划的9条线路的部分车站施工，以及18号线和22号线的车辆、供电、通号设备采购子包的招标，为广州市地铁建设项目大规模建设奠定基础。

广州地铁18号、22号线设计施工总承包招标文件的编制，面临几大难题：

1）广州地铁18号、22号线的项目类型不同于以往城市地铁工程。广州地铁18号、22号线的项目类型虽然是典型的城市地铁工程，但是本工程项目的建设条件及特点不同于以往城市地铁工程，具体表现为：①两条线共计94.3km，线路全走地下；②线路条件和地下结构工程控制因素复杂。

2）设计施工总承包模式的应用提出了新的要求，即合理控制投资、减少变更。广州地铁18号、22号线建设任务重、工期要求紧，同时需要统筹规划和协同运作整个项目，通过建设模式的创新提高施工组织和投资效率。

3）整个工程范围内无适用的合同范本。广州地铁18号、22号线摒弃了以往采用的DBB模式，转而选择了设计施工总承包模式，其目的在于通过总承包人的力量来加强对于工区承建商的管控。

二、招标条件要求

为顺利推进广州市轨道交通18号线和22号线及同步实施场站综合体设计施工总承包项目建设，提出此次总承包投标人须在广州地铁公司公布的最新的"广州地铁工程总承包类投标人企业库"名单内，允许联合体投标，联合体牵头人须在"广州地铁工程总承包类投标人企业库"名单内；联合体其他成员须在"广州地铁工程总承包类投标人企业库"名单内,或为牵头人存在控股、管理关系的下属单位。该工程勘察设计范围为详细勘察,编制施工图设计和预算并报审等;工程施工范围为:包括但不限于土建工程、轨道工程、机电设备安装工程、系统集成工程、装饰装修工程、场地准备及临时设施、主体工程引起的管线改移及保护、绿化迁移、交通疏解、道路恢复等(不含临时用电和征地拆迁)。采用国内公开招投标方式,选择设计施工总承包。

第二节 项目招标时点选择

一、不同招标时点的对比分析

不同招标时点意味着业主对项目不同程度的控制权,可行性研究之后招标也就是业主对项目控制权最弱的时候,此时业主提出项目要求后进行总承包商招标,由总承包商完成项目,因此为了使总承包商能按照业主需求以及项目要求完成项目,业主须加强对项目的管控。随着招标时点的后移,业主前期所明确的项目信息越来越清晰,此时业主对项目控制权逐步变大,有利于业主对承包商的管控。

本书通过对全国不同地方EPC总承包政策文件的梳理,归纳整理出各省市地区对于工程总承包项目招标的前期准备工作的规定,具体内容如表4-1所示。

国家及部分省市工程总承包政策文件招标介入时点的分类　　　　表4-1

序号	部门省市	政策文件	项目前期准备
1	建设部	《房屋建筑和市政基础设施工程总承包招标投标管理办法》(建市招函〔2004〕45号)	第十四条(工程总承包招标应具备的条件)工程总承包招标应当具备下列条件: (一)按照国家有关规定需要向有关部门履行立项审批手续或者备案手续的,已经履行审批手续或者备案手续。 (二)工程资金或者资金来源已经落实,并具有第三方担保或者金融业银行机构保证证明。 (三)工程项目已经完成可行性研究报告、项目建议书或者初步设计等,并与总承包方式和工作内容要求相适应的有关基础工作。 (四)法律、法规、规章规定的其他条件
2	交通运输部	《公路工程设计施工总承包管理办法》(中华人民共和国交通运输部令2015年第10号)	第五条 总承包单位由项目法人依法通过招标方式确定。项目法人负责组织公路工程总承包招标。 公路工程总承包招标应当在初步设计文件获得批准并落实建设资金后进行
3	上海	《上海市工程总承包试点项目管理办法》	第六条(发包条件)采用工程总承包方式招标的,应具备下列条件: (一)按照国家及本市有关规定,已完成项目审批、核准或者备案手续。 (二)建设资金来源已经落实。 (三)有招标所需的基础资料。 (四)满足法律、法规及本市其他相关规定

续表

序号	部门省市	政策文件	项目前期准备
4	深圳	《EPC工程总承包招标工作指导规则（试行）》	EPC总承包招标可以在完成概念方案设计之后进行，也可以在完成方案设计之后进行，即方案未定的EPC总承包招标和方案已定的EPC总承包招标。无论哪种方式，一般应至少明确以下招标需求： （一）细化建设规模：房屋建筑工程包括地上建筑面积、地下建筑面积、层高、户型及户数、开间大小与比例、停车位数量或比例等；市政工程包括道路宽度、河道宽度、污水处理能力等。 （二）细化建设标准：房屋建筑工程包括天、地、墙各种装饰面材的材质种类、规格和品牌档次，机电系统包含的类别、机电设备材料的主要参数、指标和品牌档次，各区域末端设施的密度，家具配置数量和标准，以及室外工程、园林绿化的标准；市政工程包括各种结构层、面层的构造方式、材质、厚度等。 （三）划分工作责任：除设计施工以外的其他服务工作的内容、分工与责任。 （四）房屋建筑工程还应明确是否采取工业化建造方式，是否采用BIM技术等
5	湖南	《湖南省房屋建筑和市政基础设施工程总承包招标投标活动管理暂行规定》	第七条（招标条件）工程总承包建设项目招标，应当符合下列条件： （一）项目建议书、可行性研究报告和投资计划已取得国家有关部门批复、核准或备案文件。 （二）建设项目的资金或者资金来源已经落实。 （三）水电、燃气、供热、通信、环保、市政道路、绿化、交通及地下障碍物，气象和水文观测等方面基础资料收集完成。 （四）规划管理部门确定的项目建设地点、规划控制条件和用地红线图。 （五）招标人对项目有明确的建设规模、建设标准、投资限额、工程质量和进度等要求。 （六）法律、法规规定的其他条件
6	四川	《成华区政府投资工程建设项目采取EPC总承包模式的管理办法》（暂行）	（一）项目论证。采取EPC总承包模式的项目，项目业主应根据拟建设项目特点、投资规模、建设工期要求等，拟定EPC总承包模式与常规分阶段工程承发包组织实施方式的对比分析方案说明，并征求区发改局、区监察局、区建设局、区审计局、区法制办等部门的评估意见，编制《项目实施EPC总承包模式发包方式的论证报告》。 （二）立项审批。项目业主将《项目实施EPC总承包模式发包方式的论证报告》报请区政府常务会审定。经区政府同意后，区发改局方能办理立项手续。 （三）项目报批。经区政府同意按EPC总承包模式发包的项目，项目业主应将项目初步设计文件报行业主管部门审批，项目可行性研究报告和初步设计概算报区发改局审批。（四）合同审查。项目业主应根据可研批复和设计概算批复，参照EPC项目周边同期类似项目工程造价，结合拟建设项目实际，编制项目功能及品质需求书（即技术标准），拟定EPC总承包最高限价合同，报区发改局、区建设局审查；区法制办对合同进行合法性审查
7	浙江	《浙江省关于深化建设工程实施方式改革积极推进工程总承包发展的指导意见》（浙建〔2016〕5号）	建设单位可以依据经审批同意的方案设计（或初步设计），以工程估算（或工程概算）为经济控制指标，以限额设计为控制手段，以相关技术规范、标准和确定的建设规模、建设标准、功能需求及工程质量、工期进度要求为标的，开展工程总承包的招标工作

续表

序号	部门省市	政策文件	项目前期准备
8	湖南	《关于印发〈长沙市政府投资房屋建筑和市政基础设施工程总承包管理办法〉(试行)的通知》(长住建发〔2018〕51号)	(一)项目可行性研究报告已获得批复(或取得企业投资项目备案证),项目范围、建设规模、建设标准、功能需求、设计方案、投资限额、工程质量和进度要求已确定的,进行工程总承包发包。 (二)项目完成了初步设计批复,建设单位已委托相关单位完成地质勘探的,进行工程总承包发包

二、本项目招标时点的确定

不同的招标介入时点的项目前期准备也是不一样的,广州地铁18号、22号线项目前期准备工作是业主把投资计划从设想到顺利实施开展的第一步工作,也是业主通过招标方式选择总承包商的重要前提依据。不同招标时点意味着业主对项目不同程度的控制权,可行性研究之后招标也就是业主对项目控制权最弱的时候,此时业主提出项目要求后进行总承包商招标,由总承包商完成项目,因此为了使总承包商能按照业主需求以及项目要求完成项目,业主须加强对项目的管控。随着招标时点的后移,业主前期所明确的项目信息越来越清晰,此时业主对项目控制权逐步变大。本书通过对全国不同地方工程总承包政策文件的梳理,归纳整理出各省市地区对于工程总承包项目招标的前期准备工作的规定。不同的招标介入时点下广州地铁18号、22号线项目的准备工作是有差距的,在可行性研究之后进行总承包商的招标相较于其他两个招标时点而言准备工作较少,前期需要通过项目论证、按规定获得相关审批手续、资金落实到位、细化项目标准规模、编制招标文件等工作,具体如图4-1所示。

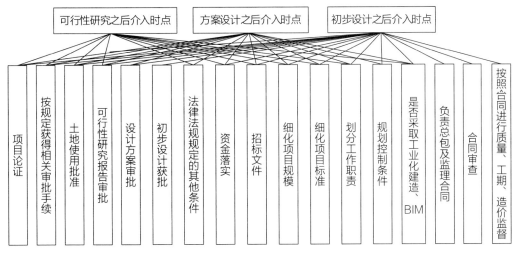

图4-1 不同的招标介入点对建设项目的不同要求

从图4-1可以看出，工程总承包项目的控制权和工程建设程序关系密切，通常来说工程总承包项目的基本建设程序有机会研究、可行性研究、评估立项、实施准备、设计、施工与设备安装、试车验收投产、后评价等阶段，那么参与方对项目的控制权是在所有阶段任务的参与、管理和决策的程度，与工程总承包项目业主选择开始招标介入时点有着重要关系。而招标介入时点又与业主的初始信任水平有很大的关系，如果业主的初始信任水平较高，就会选择在没有工程量清单的情况下采用功能清单、费率下浮或模拟工程量清单等方式进行招标；如果业主的初始信任水平较低，就会选择在初步设计之后有比较详细的设计图纸后采用工程量清单进行招标。

按照工程总承包项目招标介入时点的不同、业主和承包商对项目控制权的不同以及业主初始信任水平不同，本书将工程总承包项目划分为强工程总承包模式和弱工程总承包模式，如图4-2所示。

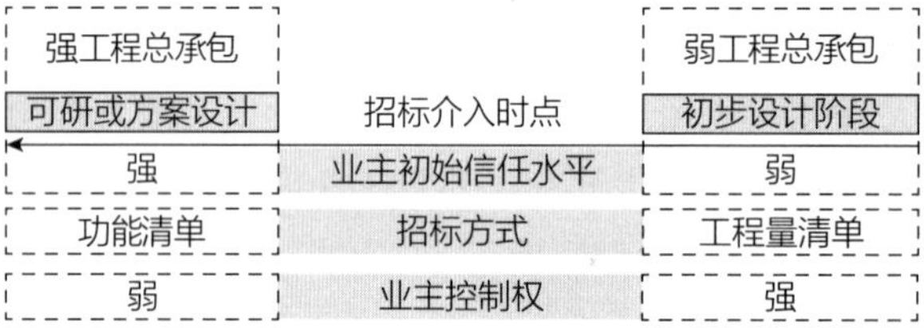

强工程总承包		弱工程总承包
可研或方案设计	招标介入时点	初步设计阶段
强	业主初始信任水平	弱
功能清单	招标方式	工程量清单
弱	业主控制权	强

图4-2　基于介入时点和初始信任水平的工程总承包分类

其中，强工程总承包模式是指在可行性研究或方案设计后进行招标，业主按照详细的功能清单将项目从设计开始交由总承包商负责，从而保证工程总承包项目设计、采购、施工等工作最大程度上的协调，此时业主对工程总承包项目的控制权较小而且投资控制难度较大。弱工程总承包模式是指在初步设计完成后进行招标，业主根据初步设计及其要求选择综合能力较强的总承包商，承包商只需按照初步设计方案思路完成施工图设计、采购与施工等工作。因此广州地铁公司在此时点进行招标，此时业主对工程总承包项目的控制权较大，投资控制较为容易。

第三节　项目招标资格预审

一、资格预审初始指标的选取

广州地铁18号、22号线项目的资格预审是招标人为了确认投标人是否具备足够的能力为其完成拟建项目而进行的，是投标人通过信号传递使招标人建立对自己的信任的过程。项目前期通过整理分析大量文献得出广州地铁18号、22号线项目招投标中资格预审指标，如表4-2所示。

广州地铁18号、22号线项目资格预审指标汇总表　　表4-2

序号	文献	财务能力	公司的组织结构	信誉	业绩	技术能力	采购能力	设计能力	管理能力	项目经理	施工能力	质量控制	工程经验	健康安全和环境	现有承接工作	违约情况	履约情况	资信水平	诉讼与不良记录	企业管理体系	资质	人力资源水平	机械设备	以往获得奖励与处罚
1	赵启（2005）	●			●	●			●				●											
2	陈爽（2012）	●			●														●	●		●	●	
3	柴毓谦（2009）	●		●	●								●					●	●				●	●
4	关夏（2010）	●		●	●			●	●		●		●											
5	马婧溪（2013）												●						●					
6	位珍等（2012）	●		●		●							●											
7	刘亮晴（2005）	●		●		●			●				●											
8	陈杨杨（2015）	●	●	●	●				●				●	●	●									
9	王闻多（2004）	●			●				●															
10	孟卫军（2007）	●			●								●					●			●		●	
11	张连营（2003）	●			●				●				●	●										
12	位珍（2015）	●	●	●		●			●															
13	胡兵（2005）	●					●						●		●								●	●
14	邹喻（2006）	●	●	●	●																●		●	●
15	侯泽涯（2016）	●		●	●								●									●		
16	曹丰（2002）	●		●	●				●	●			●								●			
17	樊烨（2010）	●											●		●								●	
18	杨亚卿（2011）	●	●	●	●				●						●				●			●		●
19	宋媛媛（2016）	●		●	●	●			●				●											

续表

序号	文献	财务能力	公司的组织结构	信誉	业绩	技术能力	采购能力	设计能力	管理能力	项目经理	施工能力	质量控制	工程经验	健康安全和环境	现有承接工作	违约情况	履约情况	资信水平	诉讼与不良记录	资质	企业管理体系	人力资源水平	机械设备	以往获得奖励与处罚
20	马增文（2015）	●										●	●		●								●	
21	杨晓辉（2011）	●		●	●	●			●				●											
22	王显鹏（2011）	●		●	●	●			●				●											
23	柯世禹（2011）	●		●	●	●			●				●											
24	刘倩（2011）	●		●	●	●			●											●				
25	邵军义（2016）	●		●	●	●			●											●				
26	刘晶（2008）	●		●	●								●											
27	胡续梅（2004）	●			●								●									●	●	
28	张玉萍（2006）	●				●	●													●				
29	傅瞿鸥（2011）	●		●							●									●	●			
合计	29	27	4	20	13	19	2	1	14	2	1	2	20	2	4	1	1	2	5	9	1	6	10	2

由表4-2可知，资格预审评审指标应用最为普遍常见的是总承包人资质，信誉，财务、管理、技术能力，诉讼与不良纪律，人力资源水平，机械设备等。此外，综合现有学者分析及尽职调查研究发现，近年来服务承诺（包含沟通方案）等也是初始信任型资格预审的重要因素。

二、资格预审指标体系的建立

与传统的DBB项目相比，设计施工总承包项目中总承包人拥有更强的控制权，相应地对其能力、诚实和直觉信任要求也会有所不同。结合以上分析，本书创建基于计算型、关系型及制度型三大信任维度的初始信任型资格预审指标体系，具体如图4-3所示。

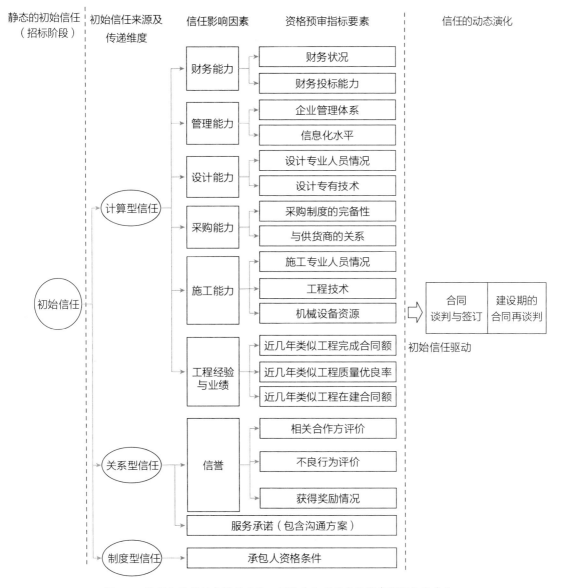

图4-3 基于初始信任来源维度的工程总承包项目资格预审指标体系建立

资格预审指标在设置上要遵循科学性和合理性的原则，并且要尽可能地精简，不能过于烦琐，要最大限度地提高指标的筛选效率。工程总承包项目的复杂性要远远高于传统项目，不能再像传统工程项目一样设置资格预审指标，并且要尽可能避免传统模式中"最低价中标"现象出现，价格在大型复杂的项目中，不能再作为唯一的评选标准，要考虑初始信任影响因素、初始信任传递来源维度以及资格预审要素。同时考虑综合潜在投标人的设计、施工、采购以及资源整合等各方面的综合能力，进而设置资格预审指标。以保证最终筛选出的投标人具有满足发包人项目需求的能力，从而达到遴选信任水平高的总承包人的目的。

三、资格预审指标权重的确定

（一）建立各层指标判断矩阵并进行检验分析

基于上文信任影响因素、信任维度以及资格预审指标要素分析，对信任型资格预审指标体系进行编码，如图4-4所示。

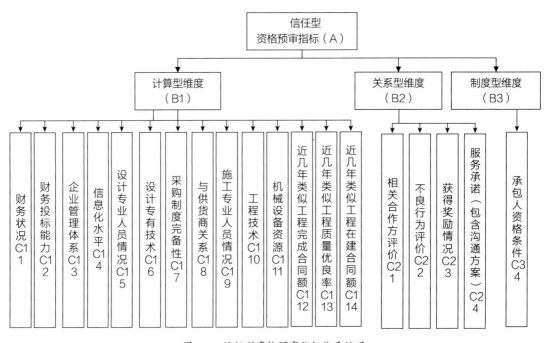

图4-4 信任型资格预审指标体系编码

本研究共有63位受邀业内专家判断各级指标的相对的重要程度并对其评分，按照专家打分情况构造出各级判断矩阵。此处以创建B2-Ci判断矩阵为例（A-B、B1-Ci、B3-Ci矩阵同），一致性检验显示结果良好（随机一致性占比均小于0.1），如表4-3所示。

建立B2-Ci判断矩阵　　　　表4-3

B2	C21	C22	C23	C24	Wi
C21	1	4	3	4	0.5155
C22	1/4	1	1/2	3	0.1454
C23	1/3	2	1	6	0.2704
C24	1/4	1/3	1/6	1	0.0687

λ_{max} = 4.2354　　CI = 0.080　　RI = 0.89　　CR = 0.0882

（二）各指标权重确定

基于上述步骤结果计算每一项指标权重 W_i 如表4-4所示。

信任型资格预审指标权重 表4-4

维度	资格预审指标	编号	权重 W_i
计算型维度	财务状况	C11	0.0329
	财务投标能力	C12	0.0156
	企业管理体系	C13	0.0673
	信息化水平	C14	0.0083
	设计专业人员情况	C15	0.0085
	设计专有技术	C16	0.0453
	工程技术	C110	0.0303
	采购制度完备性	C17	0.0234
	机械设备资源	C111	0.0148
	与供货商关系	C18	0.0134
	施工专业人员情况	C19	0.0085
	近年类似工程在建合同额	C112	0.055
	近年类似工程质量优良率	C113	0.176
	近年类似工程完成合同额	C114	0.1357
关系型维度	相关合作方评价	C21	0.0604
	不良行为评价	C22	0.0317
	获得奖励情况	C23	0.0081
	服务承诺（包含沟通方案）	C24	0.017
制度型维度	承包人资格条件	C34	0.2477

通过AHP分析可知，在选择可信任型的总承包人的时候，发包人对于承包人可信任的要素重要度排序为，计算型维度＞关系型维度＞制度型维度。此外可见，在广州地铁18号、22号线项目承包人选择的过程中，从总承包人是否值得信赖的角度出发去筛选指标，近年来总承包人能力、类似工程业绩经验、服务承诺（包含沟通方案）以及承包人资格条件等指标较为重要。

四、资格预审指标设置的应用

研究表明,广州地铁18号、22号线项目业主对于总承包商初始信任的影响因素可以划分为计算型、关系型、制度型三个来源维度,并且与之匹配的资格预审指标已通过AHP进行了权重确定。那么,根据上述研究成果,将从基于计算型、基于关系型、基于制度型三个维度尝试给出资格预审指标设置,如表4-5所示,从而达到遴选信任水平高的承包人的目的。广州地铁18号、22号线设计施工总承包项目从这三个维度进行初始信任型资格预审指标设置应用。

广州地铁18号、22号线设计施工总承包项目资格预审指标设置   表4-5

序号	初始信任来源维度	资格预审条款设置	合格要求
1	基于计算型信任的资格预审指标设置	近×年财务报告应当经具有法定资格的中介机构审计	提供经具有法定资格的中介机构审计近三年财务报告
2		企业总资产××亿元人民币或以上(或等值货币)、净资产××亿元人民币或以上(或等值货币)	提供具有法定资格的中介机构审计的××××年度财务报告
3		投标人按规定的格式及内容要求签署了《投标申请人声明》	提供《投标申请人声明》
4	基于关系型信任的资格预审指标设置	自××××年×月×日以来至少在国内承揽过(含在建)不低于××km的城市轨道交通工程(含地下车站和盾构区间)1项(根据项目类型)	提供合同协议书或竣工验收证明,如合同协议书或竣工验收证明不能反映评审指标,须另提供可证明技术指标的其他资料(如发包人证明等)
5		在本公告发布时,投标人未在以往项目中违约,被招标人书面拒绝投标	未在被拒绝单位名称内
6	基于制度型信任的资格预审指标设置	必须是在中华人民共和国注册的合法企业,并持有有效的工商行政管理部门核发的营业执照,依法经营	提供有效的工商行政管理部门核发的营业执照
7		项目经理应具有市政公用或建筑专业(根据项目类型)一级注册建造师执业资格(注册单位为投标人或联合体主办方),持有有效的安全生产考核合格证(B类),或能够提供××省建筑施工企业管理人员安全生产考核信息系统安全生产管理人员证书信息的打印页	提供有效的注册建造师执业资格证书及安全生产考核合格证(B类)或打印页
8		专职安全人员须具有安全生产考核合格证(C证)	提供有效的安全生产考核合格证(C证)或打印页
9		持有建设行政主管部门颁发的安全生产许可证(在有效期内)	提供有效的安全生产许可证
10		具有承接本工程所需的市政公用(根据项目类型)工程总承包壹级(及以上)资质	提供有效的资质证书

广州地铁18号、22号线设计施工总承包项目建设规模大、风险高、项目责任人单一。

项目的招投标程序关乎项目的成败，一旦有不符要求或预见到中标后履约能力不足、对招标项目产生不利影响的承包人进入，广州地铁公司必将承担由此带来的一系列风险。因此，广州地铁公司在招标阶段必须选择一个值得信任的总承包商，即广州地铁公司需要对总承包商设置三大初始信任来源维度下的高水平资格预审指标，为选择值得信任的总承包商提供保障依据，从而确保本项目成功。因此，广州地铁公司建立企业内部"广州地铁工程总承包类投标人企业库"。联合体牵头人须在"广州地铁工程总承包类投标人企业库"名单（表4-6）内进行联合体投标；联合体其他成员须在"广州地铁工程总承包类投标人企业库"名单内，或为牵头人存在控股、管理关系的下属单位。

广州地铁工程总承包类投标人企业库名单　　　　　　　　表4-6

序号	单位名称
1	中国中铁股份有限公司
2	中国交通建设股份有限公司
3	中国电力建设股份有限公司
4	中国铁建股份有限公司
5	中国建筑股份有限公司
6	广州地铁设计研究院有限公司
7	北京建工集团有限责任公司
8	中铁第一勘察设计院集团有限公司
9	广东水电二局股份有限公司
10	北京城建设计发展集团股份有限公司
11	广东华隧建设集团股份有限公司
12	中铁隧道集团有限公司
13	中铁二院工程集团有限责任公司
14	中铁十九局集团有限公司
15	广州建筑股份有限公司

第四节　项目合同优化策略

一、合同管理原则

1）合法合规原则。合同管理各项业务必须遵循国家法律、法规，以及集团公司、建设总部相关管理制度。

2）实事求是、公正合理原则。合同管理各项业务必须实事求是，不得弄虚作假；秉持客观、公正、合理原则。

3）责权明确、流程清晰、管理有效、风险可控原则。

4）合约部下达的第一部分工程费概算控制目标内各自综合平衡，并以最终不突破政府批复概算为原则。

二、合同计价模式影响因素

工程合同类型选择总体上必须匹配发包人选定的承发包模式，并符合项目自身的特点及发包人的特殊要求。在广州地铁18号、22号线工程项目合同计价模式选择或调整过程中，主要影响因素如下所述：

（一）发包人选定的承发包模式

发包人选定的承发包模式从总体上基本确定了项目工作分解（WBS）到合同的工作分解（CWBS）框架，界定了项目参建各方的利益与责任整体架构，并初步界定了项目临时组织的契约框架。如DBB模式下，合同体系基本包括施工合同、监理合同、分包合同、采购合同等，施工合同属于项目组织的主合同；而设计施工总承包模式下，合同体系的主合同为工程总承包合同，其他合同可能包括咨询服务合同、分包合同等。

为解决分标段招标时界面管理复杂造成交易成本较高的问题，广州地铁18号、22号线项目选择了设计施工总承包模式，通过施工总承包商的集团化优势管理各承建工区以防止风险回流。

（二）项目有关的影响因素

项目的特点对于合同选择或调整具有直接影响，其具体因素及其影响机理如表4-7所示。

项目内部因素对合同选择的影响分析 表4-7

序号	影响因素	说明
1	建设项目设计深度	设计资料的完备性影响合同价格的形成：项目达到施工图设计阶段，通常可选择总价合同形式寻求早期造价的确定；项目达到初步设计阶段，则通常选择单价合同形式；如果项目仅达到概念设计阶段，则可考虑成本加酬金合同形式
2	项目准备时间及工期紧迫度	不同的项目准备时间与工期要求对合同选择有直接影响，若准备时间过短、工期紧迫，则通常以成本加本金合同为宜；而如果准备时间充裕、招标时间充分，可采用单价或总价合同形式
3	项目规模及复杂度	若项目大且复杂程度高，则意味着对承包商技术水平要求高、项目风险大，从而业主选择合同的自由度降低，总价合同采用较少；或者造价确定性高的部分采用总价合同形式，不准确部分则可采用其他形式。 若项目复杂度低，规模较小则总价合同、单价合同或成本加本金合同均可考虑

续表

序号	影响因素	说明
4	项目外部环境因素	包括承包商市场竞争态势、项目所在地的政治、经济、劳动力状况等影响合同选择,一般而言,业主相对承包商的议价能力强、项目外部风险小则业主选择合同的自由度更高,多种合同模式可灵活选择

广州地铁18号、22号线项目是初步设计完成并审批后开始进行的招标,采用的是总价合同和部分单价包干相结合的方式。并且广州地铁18号、22号线施工总承包项目作为市政基础设施投资建设项目,具有投资大、技术复杂、建设周期长、工期紧的特点,是一项资金密集、技术密集的系统工程。

(三)发包人的特殊要求

发包人的特殊要求主要包括总承包人的项目管理能力、参与项目管理的意愿、风险态度及其他具体的需求。上述因素不仅影响到发包人对于成熟合同范本的借鉴与选择,更直接决定了发包人对于合同计价方式的调整与修订。因此,广州地铁公司对18号、22号线项目中的特殊要求,包括总承包商的工程范围、施工管理、项目公司等,这不仅决定了广州地铁18号、22号线如何选择合同计价方式,同时影响合同具体专用条款的拟定,以满足发包人对项目的要求。

综上所述,对于广州地铁18号、22号线设计施工总承包项目而言,发包人对于合同范本的选择与策划受到多种因素的综合影响。概括而言,其合同计价方式的选择受到选定的承发包模式、项目特点与发包人特殊要求的直接影响,涉及具体项目时,发包人可根据其侧重的主要因素通过一定的评估方法(如AHP、FAHP、DEA等)予以确定,形成合同策划与调整的总体指导思想。

三、合同计价模式的确定

因广州地铁18号、22号线涉及的投资巨大,建设周期长,专业多而复杂,为有效控制投资,广州地铁公司在上报市政府的实施方案中明确"合同中明确约定施工过程中计量和结算的基数为政府批复的初步设计概算"。对于变化因素多、方案不稳定、投资相对不可控的项目采用单价包干;对于方案相对稳定的项目采用总价包干。

合同计价按照《建设工程工程量清单计价规范》GB 50500—2013要求,结合本工程实际和不同专业的风险管控情况,采用单价包干和总价包干相结合方式。其中:

总价包干项目:本合同工程范围内的施工图设计、绿化迁移、交通疏解、道路恢复、建筑工程[不含端头加固、第三方监测范围内且有保护设计方案的建(构)筑物保护项目、番禺广场站车站主体围护结构]、安装工程、乙供设备及工器具购置、场地准备及建设单位临时设施费、办理临时用地手续相关图件和资料费用、土地复垦费、专项评估费、安全生产保障费。其中：场地准备及建设单位临时设施费、办理临时用地手续相关图件和资料费用、土地复垦费、专项评估费、安全生产保障费在合同执行期间不进行调整。

单价包干项目：岩土勘察、管线迁改、端头加固、第三方监测范围内且有保护设计方案的建（构）筑物保护项目、番禺广场站车站主体围护结构。

以资金补偿形式自行迁改的管线（如军警、国安、铁路等特殊管线），按补偿协议据实结算。

调整项目：规划调整、实施范围变化、重大方案变化、工法变化、地质灾害、政策性调整等属初步设计范围外项目，经完善设计及概算调整手续后，按照合同约定调整费用。

总价包干项目按照合同约定支付，以实际完成工程量占施工图总量的比例折算对应初步设计概算的工程量进行计量。单价包干项目依据经批准的施工图进行计量。

（一）优势分析

总体造价水平可控，利于业主投资控制。通过公开招投标的方式，充分进行市场竞争，确保造价水平在合理区间内，通过总价包干的方式，能够在工程项目早期预计工程的总投资。在总价合同的执行过程中承包商可变更的范围少、结算可控，对实现广州地铁公司线路开通即完成变更和结算的目标要求较有保障，有效减少业主变更和结算的压力。

以管理为导向，充分发挥总包优势。目前广州地铁公司正在深化改革，采用总价包干概算下浮的方式适应广州地铁公司的管理新模式，因此应以管理为导向，在广州地铁18号、22号线设计施工总承包项目上最大限度地发挥总承包商的管理和行政优势，将业主从具体事务中解放出来，更加关注项目实施的重大事项和风险管理，确保目标管理的大方向。

充分调动承包商的积极性，实现项目目标。因为项目总投资已经确定，总体工期较为紧张，且方案也存在一定的不稳定因素，因此在质量、安全可控，确保工期的前提下，总承包商想获取利润，必须发挥自身优势，充分调动自身的积极性，确保项目目标的实现。

设置风险包干费、转移业主风险。考虑到工期紧张和方案较大的不稳定因素，在总价合同中清晰约定承包商的责任界限和风险范围，并将单价包干中无法考虑的费用纳入风险包干费中，最大限度地将建设期间的责任和风险转移到承包商，转移业主风险。如采用单价包干，后续可能会产生大量以工期为由的方案调整，继而可能导致超概；如采用总价包干，则此大部分风险由承包商承担，并可以通过调整初步设计概算（以下简称"调概"）的方式调整合同价款，降低业主的投资管控风险。

这种情况下也对广州地铁设计研究院有限公司提出了更高的要求，要求设计图纸和说明非常详细，施工预算非常精确，签订合同时要全面考虑到除工程主体之外的其他各项费用，如"三通一平"、场内大型临时设施，地铁相关文件中规定的其他配合费的计取等。风险包干费占合同总造价约6%。从已完工或在建工程来看，均未发生重大变更，经济效益良好。

合理设置合同调价机制。业主对设计优化和承包商的合理化建议引起投资减少的，业主与承包商进行一定比例的分成，从而有效进行投资管控，力争达到集团公司利益最大化，规避审计风险。业主与承包商的分成方案将在下一步工作中完善。

有效避免不平衡报价的情况。在合同中，对总价包干项目每个概算单元设置了限价，对单价包干项目设置了区间限价，有效避免了承包商不平衡报价的情况。

（二）后续须考虑和解决的问题

提升设计管理。采用松散式的设计施工总承包合同模式，业主对设计有管控和考核权，促使承包人整合其内部资源提高设计质量。

合理确定设计权限。明确业主与乙方施工图设计的管理界面，广州地铁公司内部对设计进行分级授权管理，划清甲乙双方、集团公司内部各层级的设计管理权限。

打通修初、调概之路。工程建设应回归基本建设程序，实事求是反映造价水平。对合同中约定的因政府或发包人原因引起的可调概的事项，业主须利用好招标前的有利时机，取得政府的信任和理解，打通修初、调概之路。

明确修初、调概的标准和原则。在后续工作中加强与政府的沟通，对修初的标准和原则定量化，力争全线进行一次调概。充分借助驻地监理和投资监理的力量，将业主从日常事务中解放出来，推进项目顺利实施。在合同条款中设置有关设计优化的分成条款，降低业主的投资管控风险。

四、合同条款设计策略

（一）基于风险分担合同条款的设计策略

1. 风险分担原则

在风险分担中，最被广泛接受的原则是谁最有能力谁承担，谁承担的风险最小谁承担。然而，在实际操作中，谁的承担能力强是很难准确识别的。因此，风险分担的结果经常是由业主的主观意识决定的。由此导致的结果是，无论承包商是否有能力承担，也无论其是否愿意承担，业主往往将风险全部转移由承包商承担。但是，承包商承担所有风险并不能提高风险管理的效率，相反承包商会想办法利用隐性手段将风险带来的损失转移给业主，而这种损失可能比业主自己管理风险的费用还要多。如果风险可以在业主与承包商之间合理分配，全局利益则可以最大化。由于受到技术、法律、政策、经济环境等一系列因素的制约，合理风险分担的目标在现实中仍不易实现。决定风险分担的因素众多，包括参与人的风险态度、参与人风险管理的能力和风险管理费用等。

刘新平与王守清认为合理的风险分配需要遵循一定的原则，这些原则必须具备两个功能：

1）分配的结果可以减少风险发生的概率，风险发生后造成的损失以及风险管理成本，使项目对各方都具有吸引力，任何一方都不需要为另一方没解决好他应该承担的风险而付出代价。

2）在项目周期内，分配的结果可以培养各方的理性和谨慎的行为，这意味着各方要有能力控制分配给自己的风险,并为项目的成功而有效地工作。

国内外有众多研究集中于工程项目风险分担的原则和方法,这些学者们普遍认为当按照科学的风险分担原则和方法进行风险分担后,就会得到合理的风险分担结果。通过分析可以得出,国内外学者对于风险分担原则的研究基本一致,都趋同于几条风险分担原则:①最有能力控制风险者承担风险;②控制风险成本最低者承担风险;③风险与收益相匹配。

广州地铁18号、22号线项目合同条款的制定中注重以下原则:

1)注重风险分配的框架性方案,加强风险因素的综合性、概括性识别,以设计施工总承包模式下的工作界面划分拟定风险分担方案。

2)注重风险转移与权力、利益让渡的平衡性,合理考虑承办人的风险收益,避免风险的单边转移倾向。

3)业主应集中于重大问题的监管,如项目运营功能实现、重大里程碑工期控制、重大变更、资金账户监管、移交与试通车等,对于施工环节的过程监管应更侧重于宏观层面、脱离更多的事务性监管,相应地,规避了施工管理中的众多项目风险等。

2. 风险分担影响因素

工程项目风险分担决策的复杂性使得风险分担影响因素具有多样性,Vega主张工程项目风险分担要达到多赢的局面,应该结合具体项目类型及特征予以分担。Lucy指出对于基础设施项目,其项目融资方式的不同将影响政府与私人部门之间的风险分担量。而Hartman与Arndt则认为风险分担是一个动态的过程,能够随着外部条件与合同各方情况的变化而改变,即风险分担的机制或程序成为风险分担的影响因素。徐勇戈给出了代建制项目的风险分担影响因素,主要包括风险类型、风险态度、项目特点、风险激励机制、国际经验等。更多的研究则是通过风险分担原则的提炼来概括风险分担时应考虑的影响因素,如张水波、何伯森通过全面归纳风险分担原则指出工程项目风险分担并没有绝对的原则问题,应该根据基本原则结合项目实际情况及合同双方的风险态度进行分配;朱宗乾等将ERP项目风险分担效果的影响因素,主要从承担者的角度归为三类并进一步细化为风险承担者的控制能力、承担损失能力、风险管理成本、承担意愿、预期收益与损失六个因素。此外,郑宪强认为通过合同分配建设工程风险时需要考虑风险是否可预见、风险预防的成本与收益、合同效率下的风险归属(Risk Ownership)等参数。上述影响因素概括为表4-8。

工程项目风险分担影响因素描述及其来源　　　　表4-8

维度	影响因素	影响因素描述
项目	项目类型	不同类型项目的风险及其损失存在差异,影响风险分担格局
	承包商市场结构	承包商之间的竞争不仅可激励其加强风险管理意识,还能加强其承担风险的意愿

续表

维度	影响因素	影响因素描述
开发策略	发包/融资方式	发包/融资方式决定了承包商介入项目的时点、职责与管理范围，相应地成为风险分担的基本依据
	承发包合同类型	主要表现在不同的合同计价方式对风险分担的影响，如单价合同方式下往往要求业主承担工程量的风险
风险分担机制	业主风险分担理念	业主在风险分配中处于较主动地位，其基本理念是合理地分担风险或是转移风险，直接影响风险合理分担
	风险分担激励机制	风险分担的激励机制主要表现为承担的风险与预期的损失、预期收益及其项目控制权等之间的匹配性
	风险分担程序设计	风险分担具有动态性与阶段性，合约订立与执行过程中对于风险分担程序的设计能够影响风险分担效率
承担者意愿/能力	承担者的控制力	"把风险分配给最有控制力一方"是公认的风险分担原则，承担风险与其控制能力匹配可减少风险管理成本
	承担者的风险偏好	风险承担者对风险的偏好系数大意味着其最适合承担该风险，风险分担结果的满意度更大

由此可见，现阶段的风险分担过于集中于技术层面，倾向于把风险分担视为风险管理的一部分，从而忽视了风险分担是项目治理的核心要素这一重要事实，因而也就忽略了通过风险分担来向项目交易过程注入项目治理因素这一工程项目管理绩效改善的重要途径，这样的研究范式对于承发包双方的很多利益冲突无能为力，亟须从制度层面基于项目治理理论来重新审视风险分担以及风险分担与合同之间的关系。

3．风险分担过程设计

合理的风险分担是承发包双方博弈所达成的一个相对稳定状态，也可将其视为承包人向发包人索要价格与其所承担风险之间的一种权衡结果，它能够大幅度降低项目的交易成本，提高项目治理水平进而促使项目成功。根据以上分析，得出风险分担过程设计路线图，如图4-5所示。

1）初始风险分担过程。合同签订之前风险分配的过程称为初始风险分担过程。发包人确定中标人以后，双方根据招标文件和中标人的投标文件对部分风险因素进行谈判形成新的风险分配方案，并在招标文件的合同中重新约定形成初始合同文件。从招标文件到最终合同的签订过程形成初始合同的风险分担。

2）风险再分担过程。合同签订以后，在实施过程中发生变化引起风险的重新分配是风险再分担过程。实施环境的变化会导致风险因素与初始合同文件的差异，因此需要承发包双方对这些风险因素进行重新分配，即风险再分担的过程。风险再分担主要通过变更、调价、索赔等方式实现。

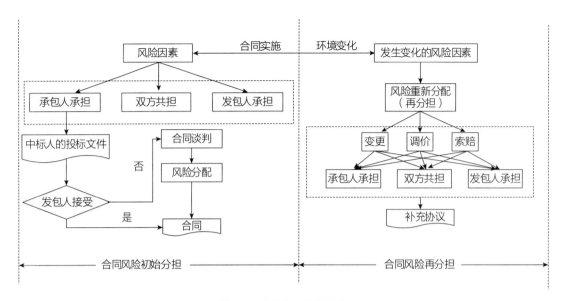

图4-5 风险分担过程设计

4．风险分担整体框架

契约合同可以理解为节约交易成本的协调形式，其详细地规定了支付、权利和责任，而责任即意味着承担一定的风险，风险分担是工程合同的重要组成部分。由于工程项目风险分担依托于工程项目合同，而工程合同具有不完全性，并且工程建设项目风险众多，因此在签约阶段初始合同形成过程中进行的风险分担并不能包含所有的风险；此外由于签约双方地位不同并且都以自己利益出发，因此所有已分配的风险并不都是合理、合适的；再者工程项目建设周期长、项目建设复杂，这就导致项目建设期间会产生新的风险，而这些风险也需要进行分担。所以，工程项目在合同签约阶段的风险分担也是"不完全"的。这些没有分担或没有合理分担的风险，需要在项目实施阶段进行再分担，而风险的再分担则需要再谈判这一载体实施，这也体现出风险分担是工程合同的重要组成部分。所以，工程项目风险在工程合同初始约定阶段进行风险的初始分担，而在项目的实施阶段以再谈判为载体进行风险的再分担，具体内容如图4-6所示。

鉴于合同机制是工程项目风险分担（配）的主要途径，建设工程合同履行中核心的经济学问题即是工程风险的有效分配问题。那么，识别风险分担对项目管理绩效的影响机理有必要深入剖析以合同为纽带的工程项目风险分担的内涵。由于建设工程合同缔结与履行过程中的各种成本的存在，工程项目合同必然只能是不完全契约，相应地，工程项目的风险分担格局及其分担方案均基于这种不完全合同予以实现。因此，基于不完全契约理论视角下的交易实现分析框架，可以将初始契约、再谈判以及交易效率分别映射为初始风险分担、风险再分担与项目管理绩效，得出风险分担与项目管理绩效的关联理论模型，如图4-7所示。

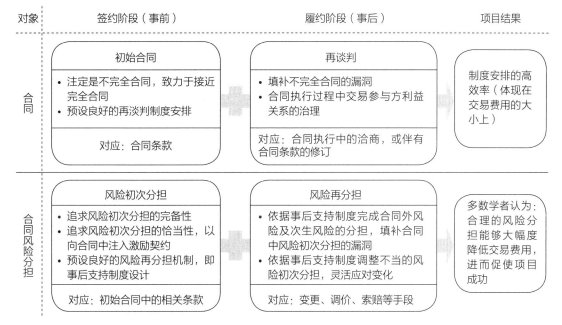

图4-6 工程项目风险分担与契约关系图

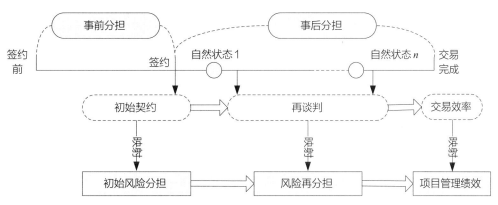

图4-7 工程项目风险分担与项目管理绩效的关联作用理论模型

5. 风险分担优化方案

鉴于上述风险分担的案例对比广州地铁18号、22号线的特点分析,地铁项目的风险分担及其控制措施并非仅仅取决于合同谈判及其执行过程,而且与广州地铁公司在招标策划阶段的方案选择具有相当大的关系,广州地铁公司倾向于选择何种承发包模式、采用哪一种合同方式等均影响到项目的风险分担及其相应的风险控制措施的形成。本书通过对比分析工程项目风险分担的基本原则总结广州地铁18号、22号线项目风险分担方案,如表4-9所示。

广州地铁18号、22号线项目风险分担方案　　　　表4-9

风险分类	序号	风险事项	《广州市轨道交通18号线和22号线及同步实施场站综合体设计施工总承包项目招标文件》专用合同条款		
			条款	承担方	风险后果
法律风险	1	标准和规范	1.15.1 发包人对工程的技术标准、功能要求高于或严于现行国家、行业或地方标准的，应当执行发包人要求，承包人在签订合同前已充分预见前述技术标准和功能要求的复杂程度，签约合同价中已包含由此产生的费用	发包人	T+C
	2	法律、政策变化	5.1.2 法律和标准的变化 除合同另有约定外，承包人完成设计工作所应遵守的法律规定，以及国家、行业和地方的规范和标准，均应视为在基准日适用的版本。基准日之后，前述版本发生重大变化，或者有新的法律，以及国家、行业和地方的规范和标准实施的，承包人应向发包人或发包人委托的监理人提出遵守新规定的建议。发包人或其委托的监理人应在收到建议后7天内发出是否遵守新规定的指示。发包人或其委托的监理人指示遵守新规定的，按照第15条或第16.2款约定执行	发包人	C+P
经济风险	3	物价波动	16.1 物价波动引起的调整（承包人）：人工、乙供主要材料按季度进行调差。构成永久工程或设计施工工艺所必需的工程和所需要的人工及乙供主要工程材料可进行调差。 16.1.2 调差方式：仅当实施期人工、材料信息价格涨落幅度超过合同工程基准期（概算编制期）材料信息价格5%时，方对超过5%部分价差进行调整	发包人+承包人	C+P
自然环境风险	4	化石、文物	1.10.1 在施工场地发掘的所有文物、古迹以及具有地质研究或考古价值的其他遗迹、化石、钱币或物品属于国家所有。一旦发现上述文物，承包人应采取有效合理的保护措施，防止任何人员移动或损坏上述物品，并立即报告当地文物行政部门，同时通知监理人和发包人。发包人、监理人和承包人应按文物行政部门要求采取妥善保护措施，由此导致费用增加和（或）工期延误由发包人承担	发包人	T+C
	5	环境保护	10.4.5 承包人应当承担因其原因引起的环境污染侵权损害赔偿责任，因上述环境污染引起纠纷而导致暂停施工的，由此增加的费用和（或）延误的工期由承包人承担。 10.4.10 承包人必须按照《广东省排污许可证管理办法》及《广州市环境保护局关于开展建筑施工扬尘排污费征收工作的通知》（穗环〔2015〕114号）等政府相关部门要求（有新的要求时按照新的要求办理）办理排污申报。排污申报包含范围：施工扬尘、污水、噪声污染等。排污申报在市、区环保局办理，并缴纳相关费用，费用包含在合同报价中。不及时办理排污许可证造成的一切后果由承包人承担	承包人	C

续表

风险分类	序号	风险事项	《广州市轨道交通18号线和22号线及同步实施场站综合体设计施工总承包项目招标文件》专用合同条款		
			条款	承担方	风险后果
不可抗力风险	6	不可预见物质条件（承包人）	4.11.2 承包人遇到不可预见物质条件时，应采取适应不利物质条件的合理措施继续设计和（或）施工，并及时通知监理人，通知应载明不利物质条件的内容以及承包人认为不可预见的理由。监理人应当及时发出指示，指示构成变更的，按第15条约定执行。监理人没有发出指示的，承包人因采取合理措施而增加的费用和（或）工期延误，由发包人与承包人双方合理分担	发包人+承包人	T+C
	7	洪水、地震、台风等	21.1.1 不可抗力的其他情形：敌对行动（无论是否宣战）、入侵、外敌行为、军事政变、恐怖主义、空中飞行物坠落或其他非合同双方当事人责任或原因造成的罢工、停工、爆炸、火灾等，以及：(1) 当地气象部门规定的情形；(2) 当地地震部门规定的情形；(3) 当地卫生部门规定的情形。 21.1.2 不可抗力发生后，发包人和承包人应及时认真统计所造成的损失，收集不可抗力造成损失的证据。合同双方对是否属于不可抗力或其损失的意见不一致的，由监理人按第3.5款商定或确定。发生争议时，按第24条的约定执行	发包人+承包人	T+C
	8	异常恶劣的气候条件			
	9	自然灾害			
	10	战争、禁运、罢工、社会动乱			
履约风险	11	发包人提供的材料和工程设备	6.2.7 发包人供应的材料、器材和设备价格调整与承包人无关	发包人	T+C
	12	基准资料准确性	9.3 基准资料错误的责任：发包人应对其提供的首级控制网——GPS点、精密导线点、水准点点位和书面资料的真实性、准确性和完整性负责。承包人发现发包人提供的测量基准点、基准线和水准点及其书面资料存在错误或疏漏的，应及时通知监理工程师。监理工程师应及时报告发包人，并会同发包人和承包人予以核实。发包人应就如何处理和是否继续施工作出决定，并通知监理工程师和承包人	发包人+承包人	T+C
	13	现场地质、水文气象资料的准确性	4.10.1 发包人应向承包人提供施工场地及毗邻区域内的供水、排水、供电、供气、供热、通信、广播电视等地下管线资料、气象和水文观测资料，相邻建筑物和构筑物、地下工程的有关资料，以及其他与建设工程有关的原始资料，承包人应对发包人提供的资料查勘核实，并对有关资料核实后的情况所作出的解释和推断负责	承包人	C

第四章　招标及合同管理・111

续表

风险分类	序号	风险事项	《广州市轨道交通18号线和22号线及同步实施场站综合体设计施工总承包项目招标文件》专用合同条款		
			条款	承担方	风险后果
履约风险	14	图纸延误	5.1.1.1 本工程的初步设计（含修改初步设计）管理由发包人负责，并承担相应的责任与风险。本工程的初步设计（含修改初步设计）文件由发包人组织完成，并通过专家评审；承包人负责勘察、施工图设计、编制机电设备用户需求书工作，并服从发包人、发包人委托的相关单位的管理，并承担本项目勘察、施工图设计管理过程中的相应责任和风险。 5.1.1.4 由于施工图设计错漏及返工，或由于承包人施工错漏及延误工期等原因引起的工程变更属于承包人应承担的风险，以上费用已包含在合同报价中，同时还应对发包人承担相应的赔偿责任	发包人+承包人	T
	15	工程暂停的保护	12.3 暂停工作后的照管：不论由于何种原因引起暂停工作的，暂停工作期间，承包人应负责妥善保护工程并提供安全保障，由此增加的费用由责任方承担	发包人+承包人	T+C
	16	设计缺陷	5.1.1.4 由于施工图设计错漏及返工，或由于承包人施工错漏及延误工期等原因引起的工程变更属于承包人应承担的风险，以上费用已包含在合同报价中，同时还应对发包人承担相应的赔偿责任	承包人	C
	17	承包人提供的材料和工程设备	6.1.1 除专用合同条款另有约定外，承包人提供的材料和工程设备均由承包人负责采购、运输和保管。承包人应对其采购的材料和工程设备负责	承包人	C
	18	承包人文件错误	5.7 承包人文件错误 承包人文件存在错误、遗漏、含混、矛盾、不充分之处或其他缺陷，无论承包人是否根据本款获得了批准，承包人均应自费对前述问题带来的缺陷和工程问题进行改正。第1.13款发包人要求的错误导致承包人文件错误、遗漏、含混、矛盾、不充分或其他缺陷的除外	承包人	C
	19	预付款、进度款支付延误	12.2 由承包人暂停工作： 合同履行过程中发生发包人未能按合同约定支付价款，或拖延、拒绝批准付款申请和支付证书，导致付款延误的，承包人可向发包人发出通知，要求发包人采取有效措施予以纠正。发包人收到承包人通知后的28天内仍不履行合同义务，承包人有权暂停施工，并通知监理人，发包人应承担由此增加的费用和（或）工期延误责任	发包人	T
	20	未能按照合同进度完成工作	12.2.3 因承包人原因引起的暂停施工，承包人应承担由此增加的费用和（或）延误的工期，且承包人在收到监理人复工指示后84天内仍未复工的，视为第22.1项（承包人违约）约定的承包人无法继续履行合同的情形。承包人不得以与发包人有争议或争议未解决为由而单方面停工。否则，工期不顺延；造成工期延误的，承包人承担责任	承包人	T+C

续表

风险分类	序号	风险事项	《广州市轨道交通18号线和22号线及同步实施场站综合体设计施工总承包项目招标文件》专用合同条款		
			条款	承担方	风险后果
履约风险	21	承包人引起质量问题	13.1.2 因承包人原因造成工程质量不符合法律的规定和合同约定的，监理人有权要求承包人返工直至符合合同要求为止，由此造成的费用增加和（或）工期延误由承包人承担	承包人	T+C
	22	发包人引起质量问题	13.1.3 因发包人原因造成工程质量达不到合同约定验收标准的，发包人应承担由于承包人返工造成的费用增加和（或）工期延误	发包人	T+C
	23	发包人原因导致暂停施工	12.1.1 发包人认为必要时，可通过监理人向承包人发出暂停工作的指示，承包人应按监理人指示暂停工作。由于发包人原因引起的暂停工作造成工期延误的，承包人有权要求发包人延长工期和（或）增加费用，并支付合理利润	发包人	T+C
	24	承包商原因导致暂停施工	12.1.2 由于承包人下列原因造成发包人暂停工作的，由此造成费用的增加和（或）工期延误由承包人承担： （1）承包人违约； （2）承包人擅自暂停工作； （3）合同约定由承包人承担责任的其他暂停工作	承包人	T+C
	25	承包商违约	12.1.2 由于承包人下列原因造成发包人暂停工作的，由此造成费用的增加和（或）工期延误由承包人承担： （1）承包人违约； （2）承包人擅自暂停工作； （3）合同约定由承包人承担责任的其他暂停工作	承包人	T+C
	26	发包人违约	12.2.1 合同履行过程中发生下列情形之一的，承包人可向发包人发出通知，要求发包人采取有效措施予以纠正。发包人收到承包人通知后的28天内仍不履行合同义务，承包人有权暂停施工，并通知监理人，发包人应承担由此增加的费用和（或）工期延误责任，并支付承包人合理利润。 （1）发包人未能按合同约定支付价款，或拖延、拒绝批准付款申请和支付证书，导致付款延误的； （2）监理人无正当理由没有在约定期限内发出复工指示，导致承包人无法复工的； （3）发包人无法继续履行或明确表示不履行或实质上已停止履行合同的； （4）发包人不履行合同约定其他义务的	发包人	T+C
	27	知识产权	1.11.2 合同当事人保证在履行合同过程中不侵犯对方及第三方的知识产权。承包人在使用材料、施工设备、工程设备或采用施工工艺时，因侵犯他人的专利权或其他知识产权所引起的责任，由承包人自行承担。发包人因此而遭受损失的，承包人应当向发包人承担损失赔偿责任	承包人	C

续表

风险分类	序号	风险事项	《广州市轨道交通18号线和22号线及同步实施场站综合体设计施工总承包项目招标文件》专用合同条款		
			条款	承担方	风险后果
工程技术和施工方法风险	28	施工作业和施工方法完备性	4.1 承包人的一般义务： 4.1.4 对设计、施工作业和施工方法，以及工程的完备性负责。承包人应按合同约定的工作内容和进度要求，编制设计、施工的组织和实施计划，并对所有设计、施工作业和施工方法，以及全部工程的完备性和安全可靠性负责	承包人	C
	29	资料移交	承包人应同时向发包人移交本工程完整的竣工档案（含电子文件、软件、程序及脚本、管理密码）、设备维修操作手册（该手册应能满足发包人操作、维修、保养的需要）、质量保证书和其他资料，以使发包人能够直接或通过其指定机构继续项目设施的维护和运营。 若发包人提出要求，承包人应按发包人要求先期向发包人移交设备维修操作手册，该手册应能满足发包人操作、维修、保养的需要	承包人	C
	30	施工安全责任	12.1.2 为了保证工程质量安全，凡出现下列情况之一（不限于此）的，监理工程师有权下达停工令，责令承包人停工整改，由此造成的损失由承包人自行负责，造成工期延误的，承包人应承担责任：……（2）安全生产事故……	承包人	C
	31	发包人原因导致试运行失败	19.4 进一步试验和试运行：任何一项缺陷或损坏修复后，经检查证明其影响了工程或工程设备的使用性能，承包人应重新进行合同约定的试验和试运行，试验和试运行的全部费用应由责任方承担	发包人	T+C
	32	承包人原因导致试运行失败	19.4 进一步试验和试运行：任何一项缺陷或损坏修复后，经检查证明其影响了工程或工程设备的使用性能，承包人应重新进行合同约定的试验和试运行，试验和试运行的全部费用应由责任方承担	承包人	T+C
	33	承包商人员安全	《广州市轨道交通十八号线和二十二号线及同步实施场站综合体设计施工总承包项目合同澄清会议纪要》（穗铁建〔2017〕441号）修改为：由于承包人管理或施工引起的在施工场地内及其毗邻地带造成的第三者人员伤亡和财产损失，由承包人负责赔偿。如法院判决发包人承担管理责任或连带责任，发包人因此承担的诉讼费、律师费以及对第三者的赔偿责任，有权向承包人进行追偿，承包人不主动履行给付义务的，发包人可直接在支付款中予以扣除	承包人	C

注：表中T表示时间，C表示费用，P表示利润。

(二) 基于柔性合同条款的设计策略

1. 柔性合同概念界定

理想情况下，建设项目合同当事人通常倾向于签订"完备合同"，在合同中明确规定各方的权责利，以减少双方纠纷，降低后期再谈判的交易成本。但随着工程愈来愈复杂，巨型投资、新型技术的不断涌现，加之发承包人的有限理性，发承包双方已逐渐认识到合同的天然不完备性。在这种情况下，向合同注入柔性，减少前期缔约成本，降低后期谈判成本，成为合同的一种必然选择。根据大量文献研究，大部分研究者对柔性概念的看法基本一致，它表征了两个关键词，一是"不确定性"，二是"应变能力"。

合同柔性是用来处理突发事件的工具。刚性条款与柔性条款相比，合同采用柔性条款增强了适应变化的能力，尽可能减少工期、造价和质量等变化的影响。且从风险分担的视角出发，合同柔性就是合理风险分担一个重要组成部分（维度），从缔约阶段嵌入合同柔性条款实现合同状态变化下承包人获得相应补偿的基础。

合同柔性体现在多方面，均是为了应对不确定因素，使合同具备激励性，来实现项目成功，其激励元素表现于方方面面，例如：项目实施中的质量，工期、价格调整、再谈判的分析，考虑风险偏好、收益共享、控制权让渡柔性等内容。因此可以看出，合同柔性体现是在利益相关者之间通过合同建立一个"弹簧"。当发生不确定风险事件时，承受能力强的那一利益相关方可以有"弹性空间"来帮助承受能力弱的一方，继而将风险控制在可掌握之内，同时承受能力较弱的那一方应补偿牺牲自身利益的对方。

基于上述概念，合同柔性即为应对合同状态的不确定性，发承包双方在合同所预留的空间中经济而又快速地响应不确定性的能力。它表征为发承包双方在合同条款中约定快速、经济、有效地调整合同价格（款）的能力。

2. 柔性合同核心要素及维度构成

与合同刚性的控制功能不同，合同柔性主要通过适应功能促进合作。最早是Harris（1998）提出合同柔性元素包括再谈判条款柔性、价格浮动条款柔性、时间柔性、终止条款柔性和激励柔性。后续，大量的文献在讨论合同柔性内涵的同时，提出了各自的合同柔性要素。从文献来看，现有研究成果大多支持了合同柔性对项目管理绩效的积极影响，但对合同柔性的状态刻画仍比较模糊，缺乏可操作性；而且大多数学者描述合同柔性的核心要素时，将之聚焦于合同柔性条款的核心要素。

也有学者用相机合同等概念描述合同的柔性，建设项目的合同适应性可理解为，交易双方在订立合同时多大程度上考虑到合同履行过程中可能会发生的意外事件，并对这些可能出现的意外事件制定应对措施的相关条款。例如合同价款调整程序就是一个典型的能够表现合同柔性的适应性条款，合同柔性建立于项目缔约阶段，而功效显现则发生在项目履约阶段对不确定性的应对过程中，以确保内部合同价格与外部经济状况的一致。表4-10将文献中关于对合同柔性的认知、合同柔性的核心要素和维度划分研究进行了归纳。

合同柔性的分类　　　　　　表4-10

文献	研究视角	定义或描述	核心要素	维度划分
Harris, 1998	外包合同	应对合同控制之外存在着的可能会引起合同状态发生变化的不确定因素	再谈判条款柔性、价格浮动条款柔性、时间柔性、终止条款柔性和激励柔性	合同条款的柔性
Tsay, 1999	供应链契约	交易双方通过在契约中规定每期订货计划的最大波动率，规定供应商应满足契约中规定的最高上限供应量的义务，从而抑制采购商高估市场需求、供应链过多的现象	数量柔性契约	合同条款的柔性
Schuster, 2002	供应链契约	在契约中采购商承诺在未来各期向供应商购买定量的产品和一个期权，购买的这个期权赋予采购商在未来调整订单的权利	带期权的数量柔性契约	合同条款的柔性
刘茂松、陈柏福, 2006	供应链契约	契约柔性实质上是具体交易契约的柔性条款	数量柔性契约、质量柔性契约、时间柔性契约	合同条款的柔性
怀劲梅, 2006	外包合同	设计柔性外包合同的基本方法是在合同中写入允许对合同进行修改的内容	不完全合同、激励型合同，签订合同变更程序协议，分阶段执行的系列合同	合同条款的柔性
梁永宽, 2008	项目管理	在合同中设定一个能够允许偏差的容忍区间或宽恕原则，描述在突发事件发生时的可能解决方案，可以有效地预防突发性事件带来的损失	设定允许偏差的容忍区间和宽恕原则	合同条款的柔性
Athias、Saussier, 2007	PPP项目	将价格的调整分为基于事先约定调值公式的自动调整过程和基于重新谈判的协商调整过程	价格柔性条款	合同价格柔性
Haarala、Nari, 2010	缔约过程	合同柔性条款则提供了一个非刚性特征的风险与收益分配的合作框架，而不是仅仅试图把风险分配给对立的另一方	风险与收益分配的合作条款	合同缔约全过程的柔性
Dong、Chiara, 2010	PPP项目	为了使基建项目更具有经济效益，长期不可逆转的合同必须独创性的加入柔性设计。通过将柔性注入合同结构中，来提升PPP项目的经济效益	给利益相关者提供相机索取权来调整整个项目周期中的风险分配	时间柔性维度和权利柔性维度
Levin, 2010	PPP项目	可调价柔性形成了对承包人的动态激励	价格补偿机制	价款调整条款
吕文学、花园园, 2010	工程项目	工程争端的事前预防比目前常见的事后解决更具优越性	设置争端早期警告制度	合同条款的柔性
石莎莎、杨明亮, 2011	PPP项目	激励要素可以促使合同参与方向实现预期目标、提高绩效水平的方向努力，从而提高合同的柔性	激励要素	合同条款的柔性
骆亚卓, 2011	建设项目	交易双方在订立合同时多大程度上考虑到合同履行过程中可能会发生的意外事件，并对这些可能出现的意外制定应对措施的相关条款	合同价格调整程序	价格调整条款

续表

文献	研究视角	定义或描述	核心要素	维度划分
Anjana、Susarla，2012	信息及技术外包合同	合同柔性条款设计可以减少对再谈判的依赖，减少再谈判的租金	合同柔性是指事前决定权，包括：提供一个调整事后贸易条款结构的柔性条款，终止在再谈判期间授予顾客议价能力的方便权利，允许供应商运用合同关系外知识的运用能力权利	合同条款的柔性
谭志加，2012	BOT公路特许经营合同	BOT柔性合同的问题是选择一个BOT变量组合使预期的社会福利最大化，在私人公司的参与约束下，把事后调整策略考虑进去	BOT公路特许经营合同中的特许期、费用、补贴规格、通行容量	完全柔性合同、局部柔性合同和刚性合同
Cruz、Marques，2013	PPP项目	合同条款中柔性反应机制的注入对风险不确定性的应对及项目价值的维持具有重要作用	嵌入项目的实物期权，给予特许经营方依据项目情景进行调整的权利	战略期权、战术期权和操作期权
娄黎星，2014	建设工程	柔性合同支持下的项目风险在参与方之间的有效转移可以提升合同行为效率	合同条款中设计调价、变更、索赔以及合理化建议、节约成本的分享、工期的提前、质量提高、安全以及环境的改善等激励条款	合同柔性分为合同条款的柔性和合同治理柔性
杜亚灵，2014	工程项目合同	柔性可以注入工程项目合同的权利配置、风险分担、价格、工期甚至质量等方方面面	价格调整条款、价格补偿机制，重新谈判机制，纠纷预防与解决机制，合同激励要素	合同条款的柔性
柯洪，2014	工程项目合同	合同柔性本质是价格柔性，是指在确保合同风险控制的前提下，为应对项目不确定性，承发包双方根据价格形式与合同条款的约定快速、经济、有效地调整合同价款的能力	合同价款调整事项：变更、索赔、市场价格波动与法律变化	合同价款柔性

因此可以得出，在供应链领域，合同柔性的研究相对成熟，但是一般以"契约柔性"的概念代之。他们所研究的契约柔性实质上是具体交易契约的柔性条款。对于建设项目合同柔性的研究一般都是从应对不确定性的能力出发，但是对合同柔性的核心要素的描述与维度划分尚未达成一致，实证研究较少。合同柔性状态与项目关系治理情景密切关联，合同双方彼此关系程度与合同柔性程度的均衡态势是其最佳状态的客观描述。因此，合同柔性核心要素的识别以及合同柔性的维度是实现对工程项目合同柔性的测度的基础。本书针对以下三个维度进行柔性合同的核心要素分析：

1)权利维度合同条款柔性要素

权利维度的条款设计是预先在合同条款中设置一定的规则,在条款设计中赋予承包人价款调整的权利和索赔的权利。当交易的外部环境发生变化时,交易双方依据合同中制定的规则,在合同所预留的空间中经济而又快速地响应变化。

(1)合同价款调整的权利

在建设工程施工合同中,赋予承包人合同价款调整的权力大小意味着承发包双方责任与权力分担的不同,也体现了不同的柔性程度。这种柔性条款的设置通过工程变更、物价波动和法律变化等调整事项来体现。

①变更是在合同履行过程中,当合同状态发生变化时,为保证工程顺利实施所采取的对原合同文件进行修改和补充的一种措施。初始合同中承发包双方的责任与权利分担的格局被打破,而必须在新的条件下建立新的平衡,追求新的公平合同。因工程变更引起的价款调整权利作为合同条款柔性的重点内容,通过在合同条款中赋予承包人价款调整的权利,已实现承发包双方责任与权利的再次均衡,从而提高项目管理绩效。

②法律变化引起的调整属于发包人风险,此风险应由发包人承担,因此应赋予承包人因法律变化引起的价款调整的权利。关于市场价格波动是否是合同价款调整的原因之一,要根据发包人、承包人在工程合同中约定。如果在合同中规定合同价款不因成本因素的影响而调整,对成本改变的风险承包人需要承担全部责任,合同的柔性程度将降低。

(2)索赔的权利

在工程建设过程中,索赔通过承发包之间工程责任的再分配维护了承发包双方,特别是承包人的利益。通过合同条款的设计赋予承包人索赔的权利。双方在合同签订时明确约定承包人可向发包人进行索赔的范围,同时也就明确了承发包之间的责任划分。合同条款赋予承包人索赔的权利越多,表明合同的柔性程度越大。

2)关系维度合同条款柔性要素

由于环境的复杂性和交易成本的存在,交易各方签订的合同往往只是提供一个比较灵活的治理框架,无法在合同条款中对各种风险规定完全。因此,建设工程项目的合同治理必须通过其他机制加以补充,比如关系元素的注入。麦克尼尔提出将关系型合同理论看作是一种研究合同问题的视角和方法论,他认为理解关系合同必须将交易放到关系的"情境"中去考虑。从这个意义上来讲,一切合同都是关系型合同。关系维度的条款设计是以合同各方对相互之间利益目标的认识和共赢愿景为基础的,在条款设计时只是为缔约双方设定一种共同预期和重新谈判的框架,而不对具体行动计划做出详细规定。关系维度的合同柔性条款核心要素包括共同协商和利益共享。

(1)共同协商

Turne(2003)认为合同治理不仅需要提供激励和保障措施来处理提前预想到的风险,还必须有足够的柔性来处理没有预测到的情况,这种柔性是通过相互的协商来实现的。交易双方对不确定的未来情况都希望保持弹性和灵活反应,共同协商提倡合同各方的权利与义务处于一种开放式的修正状态中。当不确定事件发生时，如果交易双方的权利和责任仍然在最初的契约要求下进行，就会对双方造成不利的影响，此时沟通就成为必要的手段。交易双方在兼顾各方利益的前提下，建立项目共同目标，完善协调沟通机制，共同面对项目中面临的困难和承担项目风险。

（2）利益共享

合同柔性条款为交易双方提供了一个风险与收益分配的合作框架，强调风险共担利益共享，而不是仅仅试图把风险分配给对立的另一方。大型复杂建设项目涉及多个利益相关者，由于各方商业目标的不同往往会引发冲突，破坏项目双方的关系，阻碍项目的顺利实施。交易各方以整体利益最大化作为决策出发点，在互动的利益中实现利益整体化，这种整体化是利益分担而非简单的分配。利益共享的目的是创造、维护和促进伙伴之间交易的和谐，使得所有成员或参与方都从内心自发地为项目目标而努力。合同条款中的利益共享机制，通过质量提高、成本节约或工期提前带来的收益共享，给承包商一定的奖励，以应对合同持续期间的不确定性，实现交易双方合理的风险分担和利益共享。

3）争端处理维度合同条款柔性要素

争端处理维度，即在合同条款中预先设计的争端早期预警和第三方治理机制。与争端事后解决方式相比，争端早期预防机制能尽早发现问题，有效避免工程项目争端的发生，降低争端交易成本。合同执行过程中如果各方发生分歧，除了设计良好的协商机制之外，第三方治理机制的引入比设计面面俱到的条款更为重要。

（1）争端早期预警

早期预警是指合同任何一方一旦发现可能会影响工程质量、成本、工期的潜在事件存在，或有可能导致争端纠纷的事件存在时，各方均有义务尽快及时向对方发出警告，并通过共同协商和采取措施来减少损失的发生。这些合同条款中主要对不可抗力、文物化石、地下障碍物和安全事故等不确定事件设置早期预警机制，主要涉及应急事件的范围、应遵循的原则和处理程序等。利用早期预警思想，可以及时发现问题，尽早找到适合争端的最佳解决方案，从而减少争端的发生，减轻争端对项目的影响。

（2）第三方治理

争议发生时优先采用友好协商，协商或调解不成时可通过调解、诉讼和仲裁等手段解决。柔性条款设计允许事后的再谈判，但是再谈判会引起"折减效应"，带给交易双方一种折减的心理效应，此时引进第三方的调停作用来减少这种心理感受就显得尤为关键，也是保护各参与方利益的重要手段。争端解决机制的设计在减少交易成本的同时，增加了合同的灵活性，进而提高了合同的履行效率。

基于此，项目所采用的交易模式不完全相同，合同文本的选择也不尽相同，但是合同柔性条款的核心要素却呈现出基本一致的结论。合同柔性条款核心要素的基本框架如图4-8所示。

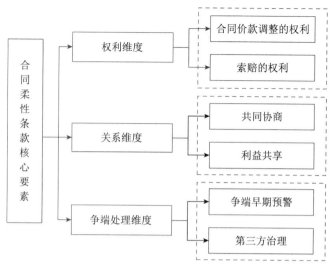

图4-8 合同柔性条款核心要素的基本框架

3. 柔性合同作用机理

1）风险视角下的合同柔性条款作用机理

合同条款的柔性通常是以风险分担的视角出现的，柔性合同支持下的项目风险在参与方之间的有效转移可以提升合同行为效率。项目在实施过程中，对合同状态进行补偿的重要前提是在项目发包人与承包人所签订的初始合同中注入一定程度的柔性，将柔性作为应对不确定性风险的重要手段。由于项目所具有的阶段性特征，致使合同履行过程中未明示的风险往往伴随着项目进程呈现出连续性的动态化状态，需要为初始合同赋予一定的柔性，以保证对合同状态的补偿具有可实现性。由于不完全契约，合同状态在实施中存在着动态变化的可能。对这种因为契约不完全所导致的合同状态变化，需要通过事后治理的方式进行补偿，而能否进行补偿的重要前提是合同是否能够注入柔性。

基于项目合理风险分担视角，广州地铁18号、22号线项目基于互惠型社会交换理论的内生相互依赖前提下的"合同柔性分析"，认为为了使项目更具有经济效益，长期不可逆转的合同必须独创性地加入柔性设计，给利益相关者提供相机索取权来调整整个项目周期中的风险分配。通过相互依赖的内生性合同柔性的注入，利益相关者之间通过工程合同建立起一个"弹簧"。当不确定事件发生时，风险承受能力强的利益相关者通过"弹簧"帮助风险承受能力弱的利益相关者把风险降低到一个可接受的水平，但是承受能力弱的利益相关者应该补偿那些通过牺牲自身利益来成全自己的竞争对手。

2）激励视角下的合同柔性条款作用机理

广州地铁公司认为不同利益相关者所持有的柔性观点是和利益相关者面临的激励措施相关的，和项目目标相关的激励措施增强了柔性顺利进行的可能性。广州地铁公司认为合同条款的柔性表现在价格补偿机制上，合同应该具有显著的柔性特征，可调价格柔性能够对承包人形成动态激励。在广州地铁18号、22号线项目合同中注入柔性，通过价格补偿机制能够提高采购效率，形成了对承包商的动态激励，合同柔性提升了承包商应对项目不确定性的执行效率。增加了关系契约这一变量，其研究结果表明，项目参与方之间的关系契约受到合同柔性的影响。

3）项目绩效改善视角下的合同柔性条款作用机理

工程合同柔性作为应对项目不确定性的有效工具，能有效改善项目管理绩效。广州地铁公司基于信任的视角分析了合同柔性对项目管理绩效改善的机理，通过实证检验证明了合同柔性对项目管理绩效的正向作用，以及信任作为关系要素对合同柔性形成的驱动作用。广州地铁18号、22号线项目从合同设计的视角有针对性地注入柔性，以促进管理柔性的实现。当风险发生时承包商无须请示业主而自行采取合理的行动，从而实现对不确定性的快速反应。

合同柔性可以提高项目的净现值，并使用以实物期权著称的金融建模技术，来评估在合同中提前注入柔性对净现值产生的影响。可见，在合同缔约过程中引入合同柔性的主要目标是应对因不完全契约所导致的各种不确定性，它主要通过维护事后价格分配效率的信号作用，实现有效定价和成本恢复；同时也是为了维护合同双方的合作，以提高合同双方的履约效率，即合同柔性是连接合同事前激励与事后效率的纽带。

4．柔性合同条款优化方案

通过对广州地铁18号、22号线项目合同柔性条款设计的分析（表4-11），识别出该合同中柔性条款的核心要素及其维度划分，主要包括权利维度、关系维度和争端处理维度。

广州地铁18号、22号线项目合同柔性条款设计分析　　　表4-11

编号	条款号	条款规定	条款分析	柔性要素	柔性维度
1	1.15.1	1.15.1发包人对工程的技术标准、功能要求高于或严于现行国家、行业或地方标准的，应当执行发包人要求，承包人在签订合同前已充分预见前述技术标准和功能要求的复杂程度，签约合同价中已包含由此产生的费用	在合同条款中赋予承包人因法律变化引起的合同价款调整的权力	价款调整的权力	权力维度
2	4.11.2	4.11.2承包人遇到不可预见物质条件时，应采取适应不利物质条件的合理措施继续设计和（或）施工，并及时通知监理人，通知应载明不利物质条件的内容以及承包人认为不可预见的理由。监理人应当及时发出指示，指示构成变更的，按第15条约定执行。监理人没有发出指示的，承包人因采取合理措施而增加的费用和（或）工期延误，由发包人与承包人双方合理分担	在合同条款中预设了不可抗力发生时的后果与责任	争端早期预警	争端处理维度

续表

编号	条款号	条款规定	条款分析	柔性要素	柔性维度
3	5.1.1.8	《广州市轨道交通十八号线和二十二号线及同步实施场站综合体设计施工总承包项目合同澄清会议纪要》（穗铁建〔2017〕441号）修改为："采用概算下浮方式总价包干项目变更合同价款调整原则：因政府或发包人原因引起的相对于初步设计图纸发生的规划调整、实施范围变化、重大方案变化、工法变化、地质灾害、政策性调整等初步设计范围外项目，经政府（综合体同步实施工程项目经政府或发包人）同意，办理初步设计概算调整程序后，按调整后对应初步设计概算金额和本合同约定的下浮率调整总价包干项目价款。"	在合同条款中赋予承包人因法律变化引起的合同价款调整的权力	价款调整的权力	权力维度
4	10.5	10.5 事故处理：履行承包合同期间，承包人发生亡人事故的，如最终定性为非生产安全事故，发包人有权参考生产安全事故对承包人进行内部处罚	在合同条款中预设了发生死亡伤害事件时的早期预警措施	争端早期预警	争端处理维度
5	11.5	11.5 引起的工期延误： 对于发包人指示完成的关键工期，承包人必须按时完成。由于承包人原因，造成关键线路的关键工期拖延，影响了工程总计划的，按每拖延一天，赔付额度为合同价款的0.01%	在合同条款中赋予发包人因承包人导致的工期延误引起的合同价款调整的权力	价款调整的权力	权力维度
6	12.2.3	12.2.3 因承包人原因引起的暂停施工，承包人应承担由此增加的费用和（或）延误的工期，且承包人在收到监理人复工指示后84天内仍未复工的，视为第22.1项〔承包人违约〕约定的承包人无法继续履行合同的情形。承包人不得以与发包人有争议或争议未解决为由而单方面停工。否则，工期不顺延；造成工期延误的，承包人承担责任	在合同条款中预设了因承包人原因引起的暂停施工发生时的后果与责任	争端早期预警	争端处理维度
7	13.1.3	13.1.3 因发包人原因造成工程质量达不到合同约定验收标准的，发包人应承担由于承包人返工造成的费用增加和（或）工期延误	在合同条款中赋予承包人因发包人导致质量问题引起的合同价款调整的权力	价款调整的权力	权力维度
8	15.2.2	15.2.2 承包人提出的合理化建议降低了合同价格、缩短了工期或者提高了工程经济效益的，发包人可按国家有关规定在专用合同条款中约定给予奖励	合同条款中规定了对承包商的奖励	利益共享	关系维度
9	15.3.2.1	15.3.2.1 采用概算下浮方式总价包干项目变更合同价款调整原则 因政府或发包人原因引起的相对于初步设计图纸发生的规划调整、实施范围变化、重大方案变化、工法变化、地质灾害、政策性调整等属初步设计范围外项目，经政府同意，办理初步设计概算调整程序后，按调整后对应初步设计概算金额和本合同约定的下浮率调整总价包干项目价款	在合同条款中赋予承包人因工程变更引起的合同价款调整的权力	价款调整的权力	权力维度

续表

编号	条款号	条款规定	条款分析	柔性要素	柔性维度
10	15.3.2.2	15.3.2.2 单价包干项目变更合同价款调整原则：因政府或发包人原因引起的相对于招标工程量清单发生的工程量变化和项目增减，按应予计量的实际完成工程量调整合同价款	在合同条款中赋予承包人因单价包干项目工程变更引起的合同价款调整的权力	价款调整的权力	权力维度
11	16.1.1	16.1.1 人工、乙供主要材料按季度进行调差。构成永久工程或设计施工工艺所必需的工程所需要的人工及乙供主要工程材料可进行调差，可调差乙供主要材料范围： 土建：钢筋、钢材（指型材、板材、钢管）、商品混凝土、水泥。 轨道：钢筋、商品混凝土。 供电：接触网铜材类（接触导线、架空地线）、接触网铝材类（汇流排）。 通信、信号：电缆。 机电设备安装：电缆、DN150及以上钢管。 16.1.2 调差方式：仅当实施期人工、材料信息价格涨落幅度超过合同工程基准期（概算编制期）材料信息价格5%时，方对超过5%部分价差进行调整	在合同条款中赋予承包人因物价波动引起的合同价款调整的权力	价款调整的权力	权力维度
12	17.1	17.1（4）合同价格形式 本合同采用总价包干和单价包干相结合的合同价格形式，具体如下： 总价包干项目：本合同工程范围内的施工图设计、绿化迁移、交通疏解、道路恢复、建筑工程[不含端头加固、第三方监测范围内且有保护设计方案的建（构）筑物保护项目、番禺广场站车站主体围护结构]、安装工程、乙供设备及工器具购置、场地准备及建设单位临时设施费、办理临时用地手续相关图件和资料费用、土地复垦费、专项评估费、安全生产保障费。 其中：场地准备及建设单位临时设施费、办理临时用地手续相关图件和资料费用、土地复垦费、专项评估费、安全生产保障费在合同执行期间不作调整。 单价包干项目：岩土勘察、管线迁改、端头加固、第三方监测范围内且有保护设计方案的建（构）筑物保护项目、番禺广场站车站主体围护结构。 以资金补偿形式自行迁改的管线（如军警、国安、铁路等特殊管线），按补偿协议据实结算	合同规定对以资金补偿形式自行迁改的管线（如军警、国安、铁路等特殊管线），按补偿协议据实结算	价款调整的权力	权力维度
13	17.1（3）	合同约定工程的某部分按照实际完成的工程量进行支付的，应按照专用合同条款的约定进行计量和估价，并据此调整合同价格	合同规定对已完工程的价值共同协商	共同协商	关系维度

续表

编号	条款号	条款规定	条款分析	柔性要素	柔性维度
14	19.4	19.4 进一步试验和试运行：任何一项缺陷或损坏修复后，经检查证明其影响了工程或工程设备的使用性能，承包人应重新进行合同约定的试验和试运行，试验和试运行的全部费用应由责任方承担	在合同条款中预设了承发包双方因试运行失败引起的合同价款调整的权力	价款调整的权力	权力维度
15	21.1.2	21.1.2 不可抗力发生后，发包人和承包人应及时认真统计所造成的损失，收集不可抗力造成损失的证据。合同双方对是否属于不可抗力或其损失的意见不一致的，由监理人按第3.5款商定或确定。发生争议时，按第24条的约定执行	在合同条款中预设了不可抗力发生时的后果与责任	争端早期预警	争端处理维度
16	21.3.4	21.3.4 因不可抗力解除合同 合同一方当事人因不可抗力不能履行合同的，应当及时通知对方解除合同。合同解除后，承包人应按照第22.2.4项约定撤离施工场地。已经订货的材料、设备由订货方负责退货或解除订货合同，不能退货的货和因退货、解除订货发生的费用，由发包人承担，因未及时退货造成的损失由责任方承担。合同解除后的付款，参照第22.2.3项约定，由监理人按第3.5款商定或确定	在合同条款中预设了不可抗力发生时的后果与责任	争端早期预警	争端处理维度
17	24.1	24.1 争议的解决方式 因合同及合同有关事项发生争议的，可以友好协商解决，合同当事人友好协商解决不成的，任何一方均可向发包人住所地有管辖权的法院起诉	在合同条款中预设了争议发生时优先采用友好协商，协商不成时任何一方均可向发包人住所地有管辖权的法院起诉	第三方治理	争端处理维度
18	24.2	24.2 友好解决 合同当事人可以就争议自行和解，自行和解达成协议的经双方签字并盖章后作为合同补充文件，双方均应遵照执行	合同规定对已完工程的价值共同协商	共同协商	关系维度

通过对广州地铁18号、22号线项目合同柔性条款设计的分析，识别出该合同中柔性条款的核心要素及其维度划分，主要包括权力维度、关系维度和争端处理维度。

1）本项目中权力维度的柔性要素主要包括赋予甲乙双方由设计变更、工程变更、法律变化及物价波动引起的价款调整的相应权利，以及应得到相应损害赔偿的索赔权利。这些条款设计规定了甲乙双方在某些情况下可以进行价款调整，通过这些条款的预设赋予甲乙双方事后调整的权利，为后期状态补偿留下空间并提供依据。当不确定因素发生时，交易双方可以根据合同中所预留的空间经济而又快速地响应变化。根据《广州地铁集团有限公司建设事业总部新线建设总承包合同管理办法》7.4.3.1中规定的：因总价包干项目中六类重大变化（以下简称"六类重大变化"）导致原批复概算不能满足工程实际需要，需申请调整初步设计概算（以下简称"调概"）和调整合同价款的，应根据《广州地铁集团有限公司新线建设工程总承包模式下合同价款调整管理规范（试行）》报合同价款调整委员会预审后，办理合同变更。根据《广州地铁集团有限公司建设事业总部新线建设总承包合同管理办法》7.4.3.6中：合同价款调整委员会同意纳入调概的事项，对应的调整概算送审金额经合同价款调整委员会审定后，对调整概算中明确归属六类价款调整原则的事项，由建管部负责办理第一次合同变更，并支付至对应合同变更金额的60%。调整概算经政府主管部门核定后，由建管部负责办理第二次合同变更，并根据合同约定支付至对应合同变更金额的90%。

2）本项目中关系维度的条款设计主要以利益共享和共同协商的形式出现。广州地铁18号、22号线合同中共同协商条款设计主要体现在对于奖励管理办法不订立详细的细节，而是给出一个比较灵活的协议，规定具体内容由甲乙双方协商确定；共同协商条款规定了双方对已完工程价值的共同协商；同时还规定了承包人提出的合理化建议降低了合同价格、缩短了工期或者提高了工程经济效益的，发包人可按国家有关规定在专用合同条款中约定给予奖励。利益共享条款主要通过奖励条款的设计将关系元素注入到了合同中，从而对承包人形成激励，利益共享的实现促进了交易双方的关系维护。这种关系维度条款的设计往往是粗线条的，一般不对双方的具体行动计划做出协议，它只为合同当事人设定一种共同的预期和再谈判的机制或程序。这种粗线条的条款可以通过联合办公、共同协商等形式促进合作，减少机会主义行为的发生。

3）本项目中的争端处理维度条款包括预设的争端早期预警和第三方治理。广州地铁18号、22号线合同条款中的争端早期预警主要包括对不可抗力、安全事故等不确定事件设置的处理机制，涉及应急事件的范围、应遵循的原则、程序等。"早期警告"机制的引入帮助合同各方及时发现问题，相关各方可以有更多的时间为问题解决筹划尽可能合适的方法。本合同中的第三方治理机制主要通过诉讼，合同当事人友好协商解决不成的，任何一方均可向发包人住所地有管辖权的法院起诉。

第五节 招标及合同风险管控

一、招标及合同风险因素

（一）招标文件编制偏差风险

由于设计施工总承包项目需要在可行性研究阶段甚至方案阶段就进行发包，尚无法精确定义项目功能等目标，而城市轨道交通工程体系庞大复杂、技术专业性强，容易导致技术要求、功能要求考虑不到位与实际目标出现偏差的问题。

(二) 投标人选择局限性风险

设计施工总承包模式下，总承包商需要具有设计、采购、施工的良好集成能力，需要具备包含专业技术、管理能力、企业信誉、资金实力等方面在内的综合高水平。这导致我国目前在城市轨道交通领域仅有少数几家大型企业有能力承揽设计施工总承包项目，业主只能在有限范围内进行选择。且总承包商主导了后续的项目实施过程，一旦选择不当会对项目整体效益带来严重的影响。

(三) 合同计价方式的选择风险

目前我国对于工程总承包模式没有明确规定的计划方式，但住房和城乡建设部在《关于进一步推进工程总承包发展的若干意见》(建市〔2016〕93号)和《关于印发房屋建筑和市政基础设施项目工程总承包管理办法的通知》(建市规〔2019〕12号)两份文件中均推荐采用固定总价合同形式，但在实际操作中虽多以固定总价合同为主，仍可根据需要结合其他计价方式签订合同，如固定单价、成本加酬金、概算总额承包、项目结余分成等。因此，要根据项目前期工作和设计工作的进展情况、项目的规模和复杂情况来综合选择确定合适的合同计价方式，从而保证业主在获得最大利益的同时还能将风险降到最小。

(四) 合同条款的疏漏风险

城市轨道交通设计施工总承包项目涉及的内容界面复杂，且目前没有规范的合同模板可供参考，因此现阶段业主需要在签订合同时尤为细致，在条款中对于承发包双方的责权利关系、各自的工作范围界定、合同价格和工程结算、违约责任认定及处理、工作过程和后期服务，甚至索赔和解决方案等内容都要在符合相关法律法规、标准的基础上尽可能详细地加以说明和约定清楚，如果出现合同条文表述与措辞不清楚、不细致、不严密，合同内容不全面、不完整等问题，会对业主和项目带来损失。

(五) 合同纠纷处理与索赔风险

由于城市轨道交通工程的特殊性和设计施工总承包的不成熟性，在项目实施过程中难免出现因实际情况与原来预计有出入而不得不变更合同的情况。对于合同纠纷与索赔要求，广州地铁公司需要审慎、妥善地进行处理，以免争端升级对承发包双方造成更大的风险和损失。

二、招标及合同风险应对

(一) 建立招标风险管理团队及配套的风险管理体系

广州地铁18号、22号线项目招标中涉及相关利益方多，关系复杂、招标周期(含准备时间)长,招标结果影响重大,需要从风险防控的角度出发建立招标风险管理团队,并对其赋予风险管理职能,形成一整套风险管理架构和体系。招标风险管理团队的组建要围绕招标人,同时应当涵盖监督单位、上级管理部门、招标代理、专家、设计单位等多方组成,其主要任务包括:负责组织识别招标风险因素,对具体的风险级别进行归类划分并制定风险防范策略;负责制定风险管理操作手册、管理标准和管理措施;负责指导并监督招标工作人员对管理标准和措施的执行。

(二)制定招标组织计划

招标采购工作的过程主要为招标、投标、开标、评标、定标以及签订合同。按照招标采购的程序制定招标组织计划,一方面可以通过其中进度计划安排,对招标全过程进行进度跟踪和把控;另一方面由于招标投标法等法律法规直接对项目招标有严格的程序性规定,可将这些程序性规定融入招标组织计划中,继而通过招标组织计划对这些程序性风险进行有效规避。此外,通过招标组织计划,各招标参与方可结合自身资源配备情况做出各自局部、细部的实施计划,保证整个招标组织活动具有全面性和系统性。

(三)招标前期需求识别

项目需求识别是项目生命周期的最初阶段,是整个招标的基础。由于广州地铁18号、22号线项目招标背景的复杂性,其招标需求除了利益相关方(招标人)明确提出的需求外,还有项目本身很多模糊的和隐含的需求。如果不能识别出所有的需求并对这些需求进行甄别、管理,就可能会导致结果偏差较大,对整个项目的后期工作产生不利的影响。此外,在招标启动后也时刻会面临更多的新情况,接受到来自内部和外部的诉求,不同的诉求间可能是相同的,也可能是相悖矛盾的,应当按照需求的来源和特征进行全面、细致、系统的分类和识别。因此,在需求识别过程中应首先确定以下工作内容:

1)建立需求识别框架,明确识别的范围和流程,以提高效率,降低成本,节约时间。

2)确定合理、恰当的识别方法。依据项目的特点,可采用解析法、专家调查法和组成表法。

3)组建多专业的识别小组。挖掘招标需求需要分析者富有经验、创建性和系统观点,由于单个人知识、经验、视野和专业所限,往往很难达到系统全面。因此,应选择招标、造价、铁路等相关专业领域的专家组成一个需求分析小组进行需求分析。

(四)招标前期市场调查

市场调查是招标前期的另一个重要基础,招标工作及其后期出现的许多问题都是通过完善前期市场调查可以避免的。在采购工作前期,采用科学的研究方法,系统客观地收集、整理、分析和解释有关市场的各方面信息,为招标采购人员制定、评估和改进采购决策提供依据,有利于提高招标采购的工作效率和工作效果。如果没有做好前期市场调查就开始着手招标工作，最终很可能导致采购任务没有达到预期的效果或给后期工作埋下难以挽回的隐患。因此，需要在招标前期围绕项目目标有针对性地对市场进行调查研究，充分了解标的物行情、摸清价格水平、供应商和专家情况等，为后期采购工作的顺利进行打下良好的基础。招标采购前期的市场调查主要包括采购市场环境调查、采购资源调查、物流服务调查、供应商调查、专家调查等几个方面。调查的对象包括招标并实施过类似工程项目的其他采购人、国家行业等公共信息、供应商以及地方各级采购部门等。调查程序为：首先，结合本项目的特点以及性质，对同类招标案例进行搜集和整理，收集该类项目在招标全过程资料，并对其分析研究；其次，对供应商的基本情况进行调研，对标的物在市场当中的供需情况以及所暴露出的问题等进行充分把握；最后，组织专家组进行论证，讨论以及审查与重大业绩和核心成果相关的问题，统筹考虑，将特制性条件排除在外，防止出现投标人投诉的情况。

（五）重视招标文件编制

在招标投标活动实施的过程当中，招标公告和招标文件属于"要约邀请书"。虽然招标文件不是合同的组成部分，但是，要约邀请的科学、规范，关系到合同当事人（即投标人），在招标投标活动中全面、准确地提出要约的质量和水平，从而关系到合同当事人双方的合法权益。广州地铁18号、22号线项目招标文件由八部分内容组成，即招标公告、投标人须知、评标办法、合同条款及格式、发包人要求、发包人提供的资料和条件、投标文件格式、价格清单。其中"招标人须知""评标办法"和"合同条款"是招标文件中重要的组成部分，其中合同条款尤为关键，它是招投标活动行为目标的法律保障。招标文件质量必须要与以下要求相符合，一是招标文件必须要具有较为完整的内容以及明确的条款；二是必须要与相关的法律法规相符合，并且要符合招标人意图；三是采取合理的方法对中标人进行评选，四是能够很好地执行项目合同，且工程执行以及结算阶段的纠纷能够尽可能地减少。

| 第五章 |

实施阶段投资管控

第一节　项目投资管理概述

一、项目实施阶段投资控制原则

（一）成本效益原则

成本效益原则要求企业力争以最小的控制成本取得最大的控制效果，企业在对投资进行控制时所花费的成本与由此而产生的经济效益之间要保持适当的比例，即投资控制所花费的代价不能超过由此获得的效益。因此，企业在对投资进行控制的过程中，树立了成本收益的观念，避免控制的繁琐与复杂。

（二）合理性原则

任何企业的投资控制活动都要有利于提高企业投资业务的效率、效益和安全。因此，在对投资活动进行控制时，既要考虑到控制制度设计的经济性，又要考虑执行时的效益性。控制时要注意节省费用，更要强调控制制度严密性与完善性，应尽量减少过繁的程序和手续，简化书面作业和避免重复劳动，使控制工作简化、效率提高，节省费用、增加收入。

（三）全面投资管理原则

建设项目投资控制是整个项目建设及运行的全过程，而不是单一的一个部分，要从项目前期的决策选址、项目可行性研究、勘察设计、合同签订、施工、竣工验收的全过程入手共同来控制项目的投资。

投资控制的全面控制原则包括两个方面：

1. 对投资活动的全过程进行控制

即对投资建议、可行性论证、投资决策、投资投出与管理、投资记录、投出资产处置、监督评价等每一个环节都实施严格的控制。

2. 全员控制

即对每一位参与投资业务活动的员工都要进行控制。企业员工既是施控的主体，又是受控制的主体，使每一参与投资活动的员工，包括高层管理人员到执行人员都受到相应的控制，才能保证企业的投资活动有序进行。

（四）动态投资控制原则

轨道交通项目建设投资大、建设周期长，在建设过程中不可控因素多，如天气变化、原材料价格上涨、政府政策、地质条件、突发事件、人工费上涨等，这些因素共同使得项目投资处于一个不断变化的过程中。因此，在对项目进行投资控制的过程中，要采用动态的控制方法，制定详细的投资计划，密切掌握工程成本的实际发生值，并把实际值与计划值进行比较，找出两者之间的偏差，及时纠正偏差，实行动态的投资管理。

（五）质量、进度与投资控制相结合原则

施工质量是整个建设项目的根本所在，必须坚持"质量第一"的原则，只有在确保建设项目施工质量的基础上才能够获得良好的经济效益与社会效益。竣工后的建筑项目质量决定着投资项目预期效益的实现，如果质量存在问题将导致项目竣工后不能够正常运行甚至出现事故，所带来的损失是无法估量的。施工进度是建设项目的关键内容，如果出现工期延误将会造成项目投资的增加，但是也不能够盲目地对工期进行压缩，会给施工管理与资源供应等方面造成困难，增加相应的赶工方面的成本，同样会导致项目投资的增加。质量、进度与投资之间存在着辩证关系，只有正确处理好三者之间的关系才能够促进三者共同增长。

二、项目实施阶段投资控制措施

（一）投资控制目标的确定及分解

广州地铁18号、22号线工程项目按项目类别和性质，总体采取总价包干，部分采取单价包干，其中总价包干项目是指除了总承包合同约定的"六类重大变化"可以进行费用调整外，在整个合同执行期间，价格、费用均不作任何调整，即以中标价为基础固定项目总价包干结算。综合单价是包括了该子目的直接费、间接费和所有相关费用，并已得到双方确认的中标单价，在合同执行期内综合单价固定不变，这些项目的计价和结算，以经过监理工程师审核、最后经业主批准后的施工图工程总量为准进行支付计价。因此，广州地铁18号、22号线项目施工阶段的投资控制目标为：将投资控制在设计施工总承包合同条款约定的合同价内，杜绝不符合合同规定的工程造价发生。

为了在项目实施过程中有效地进行投资控制，不仅有总投资控制目标，还需要将总投资控制目标进行适当的分解。分解方式主要采用PBS的方法。PBS（Project Breakdown Structure）即项目结构分解，是把项目（目标、任务、工作范围、合同要求）按照系统原理和要求分解成互相独立、互相影响的项目单元，将它们作为项目的计划、实施、控制和信息传递等一系列项目管理工作对象，通过项目管理将所有的项目单元合并成为一个工作整体，以达到综合的计划和控制要求。

轨道交通建设项目涉及的范围广、时间长、突发因素多，广州地铁18号、22号线总承包项目的合同总价包括总价包干、部分单价包干和风险包干，而投资控制目标的整体实现需要通过上述三部分的分解目标优化控制去实现。因此需要合理确定出工程的投资控制总

额及其分解目标。广州地铁18号、22号线工程各单项工程和单位工程的工作内容及要求都相对明确,采用按子项目分解投资控制目标的方式。但考虑广州地铁18号、22号线工程路线长、功能分区多的特点,可在按子项目分解投资控制目标的基础上进一步按功能分区分解,从而形成投资控制目标分解的矩阵式网络结构,如图5-1所示。

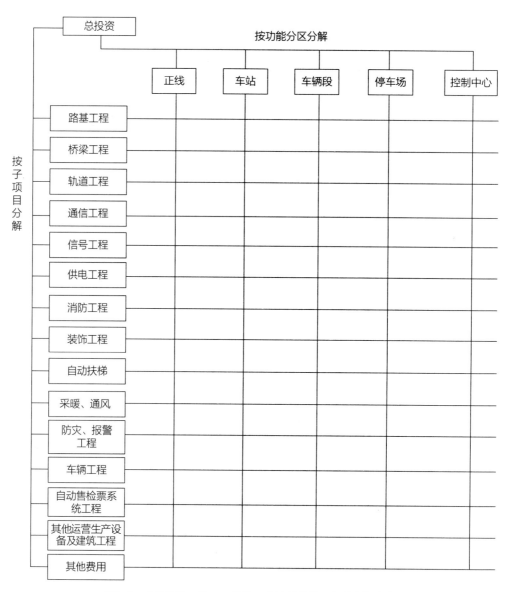

图5-1 广州地铁18号、22号线工程投资控制目标的分解方式

在图5-1所示的矩阵结构中,每一个纵横交错的节点都是一个具体的投资控制目标,是在项目实施过程中具体的控制依据。随着工程的深入,这些节点还可以继续细分,从而得到更加具体的投资控制目标。

（二）目标值跟踪管理

及时跟踪目标值变化情况，重点对变更进行严格控制，规范设计与变更流程审批和系统审核，以联动验收及试运营验收为最终成果。建立月报、年报，对工程实施情况进行分析，必要时可对目标值进行年度微调，使分解目标更加贴近实际。对主要工程如车站与区间，分"对应概算""控制目标""合同金额""可控金额""变更情况"等逐一建立动态跟踪表格，定量分析、定性判断，建立投资监理考核交流机制，不断改进管理水平。

（三）项目投资实际情况和概算执行力度分析，强调过程控制

通常在工程项目建设过程中，无法避免投资实际情况与预算的偏差。在施工过程中对实际实施的投资情况进行分析，广州地铁公司与监理单位对整个工程施工各个阶段进行实时监控，确保预算执行力度。

比如，对于单价包干项目，现场实施工程造价达到对应范围概算的90%时，主办总部将对实施范围及实施方案做对比分析，研判工程造价是否会超初步设计概算金额，编制分析报告，经总部审批后报集团公司备案。分析报告至少应包含：概算编制阶段的范围及数量；施工方案的变化和导致实施范围及数量相对概算阶段的变化其原因分析；按照已批准方案，预估单价包干导致实施范围及数量相对概算阶段的变化及其原因分析；项目后续变化趋势和总体情况；同时对对应线路的概算管控标准，以及项目后续变化趋势和总体情况等进行预判分析，可有效杜绝因多方面偏差累加成为大的偏差。

（四）实施全过程投资监理模式，全方位控制投资

项目投资控制历来是一项较为敏感、复杂、难度较大的工作，影响工程投资的因素较多，且具有较多的不确定性。广州地铁公司聘请监理单位对工程施工阶段实施全方位控制的同时，将投资控制从工程监理体系中独立出来，聘请多家造价咨询单位作为全过程投资监理，协助广州地铁进行建设投资的合理筹措与投入，实施以投资管理为核心的项目管理，实现整个建设项目投资有效控制与调整，缩小投资偏差，控制投资风险。

全过程投资监理是一项综合性、专业性、政策性很强的服务工作，涉及面广，覆盖轨道交通项目系统的各个层级与具体构成，贯穿于工程建设的各个阶段。结合轨道交通项目的建设特点，投资监理运用"事前计划控制、事中过程监控、事后审核控制"的动态跟踪控制方法，在项目实施各阶段和各个层面出谋划策，达到"动态、全方位、全过程"控制项目造价的目的。基本工作模式如图5-2所示。

广州地铁18号、22号线项目投资监理具有全方位和全过程的特点：全过程指投资监理从项目筹建开始介入到配合审计完成资产移交，覆盖项目的全过程；全方位指涉及项目费

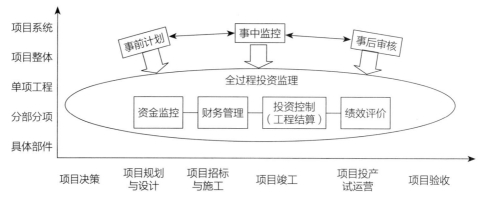

图5-2 全过程投资监理工作模式

用的每个合同的签署、变动、支付，都必须经过投资监理这个环节。且投资监理接受广州地铁公司的统一协调，执行集团的管理规定和工作程序，及时上报项目投资控制执行情况，相当于集团的一个派驻机构。

利用造价咨询单位专业的技术知识和丰富的管理经验，与业主、施工监理单位、总承包商密切配合，共同对建设项目工程施工、竣工结算等各阶段实施全程的投资监控。通过聘请投资监理和施工监理，可对工程质量、投资、进度三个目标进行全面控制和管理，提高工程投资控制整体工作质量，多方面实现业主对于总承包项目在施工阶段的投资管控目标。

（五）内控和外控结合，建立技术保证体系

1．制定总承包商考评办法，激励承包商积极履约

总承包单位的能力、特点及效率直接影响到项目的质量、投资及工期进度，因此建立规范的总承包企业管控体系一方面可以直接从源头上把握项目的综合品质，另一方面可以通过规范化的约束和激励措施促使总承包商不断提高企业竞争力，在与广州地铁公司合作中实现共赢。

根据质量安全、进度与投资控制相结合原则，高效的质量安全与进度管控对项目的投资控制有着巨大影响。广州地铁公司建立的总承包商考核办法涵盖了工程安全、质量和进度等方面的考核要求、考核标准及相应的奖惩措施，依据考核分数来确定总承包商的考核金支付比例，可有效激励承包商积极履约，为广州地铁公司进行投资控制提供充分的制度保障。

其中管理办法中，对于安全方面考核内容包括但不限于安全责任制、培训、风险及隐患排查管理、文明施工、应急管理、事故事件（包括土建、装修、通信、信号、PIDS等专业领域）等方面；质量方面考核内容包括质量过程管控、材料与设备管理、测量管理、事故事件等方面；工程进度考核内容为考核周期内里程碑节点完成情况。原则上按照集

团、建设总部及各建管部年初下达的里程碑节点目标为依据进行考核，经审批同意调整的按调整目标考核。

2．颁布集团管理办法和制度，保障内部投资控制运行

与政府关于工程造价、投资控制的相关规定相衔接，广州地铁公司对施工阶段计量支付、合同变更、结算管理、投资监控等颁布了一系列的管理制度。制定了《广州地铁集团公司工程造价管控办法》《广州地铁集团有限公司建设事业总部新线建设总承包合同管理办法》《广州地铁集团有限公司建设事业总部计量支付、变更和结算管理办法》《广州地铁集团有限公司建设事业总部工程变更管理办法》《广州地铁集团有限公司建设事业总部轨道交通建设工程设计变更管理办法》《建设事业总部合同管理考评办法》等管理规定，对相关专业事项进行了明确，也厘清了集团各职能部门上下左右的工作界面和管理流程。

面对数量大、类型多、金额巨、涉及广、收付数量频繁的工程总承包项目合同管理要求，做好合同的日常登记和合同执行进度的动态更新非常重要。广州地铁公司18号、22号线项目建管部建立了总承包合同管理相关台账，包括合同变更台账、合同计量支付台账、合同过程结算台账、合同结算台账及工程建设变更项目台账，并对台账的建立时间和报备频次等进行了明确的规定，明显提高了施工阶段合同管理的效率，通过建立工程台账制度可使进度款审定和支付做到公平公正，保持合理状态。

（六）依托信息系统及大数据平台，利用信息化手段控制投资

在工程总承包项目建设全过程中每一个建设环节都会有不同的工作信息，随着项目的不断进展而产生和流转，随着项目信息的不断产生和传递，带动了建设项目资金和物流的不断产生和运作。对工程总承包项目信息进行合理管控是保障建设项目正常运转的承载基础，也是提高工程总承包项目建设效益的重要手段。

1．采用OA办公系统，建立投资控制保证体系

要管理好地铁工程项目成本，按照规范模式管理成本流程、计划、控制和沟通，有必要借助于信息化手段来集中管理项目实施过程中所产生的大量成本信息，实现项目成本数字化的控制、科学化的决策，避免由于信息沟通不畅而造成的项目成本超支风险。广州地铁公司在广州地铁18号、22号线总承包项目中采用OA办公系统，建立起建设、设计、施工、监理等多方参与的计价工程支付体系和商务管理体系，规范网络平台流转和支付条件。系统平台功能包括商务管理的合同审批、支付审批、变更审批、成本控制，办公管理的文档管理、设计管理、会议管理、审阅会签，进度管理的企业总控、计划编制、计划审批、进度跟踪，项目绩效管理的报表模块等，从而高效管理合同变更和费用支付，确保信息的流转速度及手续的完备性。

2．建立基于BIM的工程总承包模式信息协同平台

基于BIM的工程总承包项目信息管理就是应用BIM对工程总承包项目建设周期内的所

有信息进行有效管理来保障工程总承包项目的正常运作,并为工程总承包项目参与方之间的协同合作提供必要的信息技术手段。广州地铁工程总承包项目信息管理过程中主要参建方,如图5-3所示。

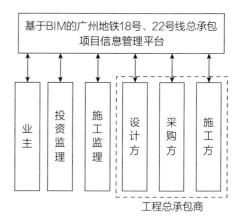

图5-3 基于BIM的广州地铁18号、22号线项目信息各参建方管理

在工程总承包项目建设过程中,设计、采购、施工并不是完全独立的,彼此之间需要通过信息的流通,来协调保证项目的顺利运转。而在传统的信息管理模式下,工程总承包项目中设计方、采购方、施工方之间的信息是分离管理的,且信息共享是以点对点的形式进行传递,容易导致信息不能被有效的集成和共享。基于BIM对项目全生命周期信息集成管理的理念,将传统工程总承包项目中各阶段信息分离管理的模式转变为自总承包商与广州地铁公司签订总承包合同开始到项目竣工交付的整个周期中的信息统一集成管理的模式。这种模式可以满足总承包商对项目建设全过程信息充分掌控的需求。工程总承包项目各阶段信息集成管理模式,如图5-4所示。

总承包商、设计方、采购方、施工方、监理方作为BIM的主要使用方和数据提供方,可将项目数据统一集成到BIM中,并根据工作需求提取和应用项目信息。在项目结束后,工程总承包商需将完整的BIM信息系统交付给广州地铁公司,广州地铁公司作为系统的投入方和最终获益方可利用已有的项目信息进行项目后续的运营工作,加强各单位之间交流协作,增强信息交流,控制变更。

3. 携手专业信息网络,建立轨道交通工程造价大数据库

随着建设规模的持续扩大,日常工作中对造价专业数据的需求和依赖急剧增长。比如,规划项目如何使用既有的造价信息,一般的同类项目造价应该在哪个范围,重点控制

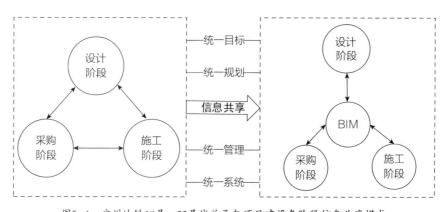

图5-4 广州地铁18号、22号线总承包项目建设各阶段信息共享模式

的内容是什么，如何掌握合同变更的量、价以及材料设备信息等。广州地铁公司认识到造价数据积累应用环节的重要性，因此广州地铁公司与专业信息网络携手，结合广州地铁本身的需求和特点，建立了轨道交通工程造价数据库，在施工阶段可以进行工程量审核和材料价格确认，在竣工结算阶段可以进行结算审核与成本后评价。工程造价数据库采用了信息技术和软件平台，以源源不断的大数据作为驱动力和引擎，确定项目投资的合理控制范围。

（七）建立严谨的变更审查机制，重点管控合同变更

广州地铁公司明确合同变更特指合同成立以后，合同双方就合同内容（含合同条款）进行补充、修改以及根据合同约定就合同工期、合同价款等进行调整、确认的行为。并对总价包干项目中可进行价款调整的变更事项进行了明确规定，"六类重大变化"是指总价包干项目中相对于初步设计图纸发生的规划调整、实施范围变化、重大方案变化、地质灾害、工法变化、政策性调整。

关于合同变更流程，从事前层层把关到事后备案管理，广州地铁公司内部建立层层把关的工作机制，按照合同变更的管理口径，来平衡现场实际需求，梳理变更责任，依据合约进行追责，同时广州地铁公司通过事后备案，全面掌握变更动态。

1. 设立合同价款调整委员会，建立总承包合同变更审查会议制度

因为工程变更会直接影响到建设项目进度、费用以及质量，不管是变更性质，还是变更费用额度在哪一个审批权限，都需要具有科学严谨的技术论证，如此才能够确保工程变更管理方面的合理性与科学性。所以，业主方必须综合评审工程变更方案，以确保工程变更带来的影响能够控制到一定承受范围内。

因此广州地铁公司针对广州地铁18号、22号线总承包项目组建了专门的合同价款调整委员会，委员会主要由广州地铁公司的建设事业总部、法律合约部、运营部的高层领导组成。对可能引起调概的设计变更事项按广州地铁公司、建设总部设计变更管理办法完成设计变更审查、调整概算审核，初判合同价款调整原则后，上报合同价款调整委员会；未涉及初步设计调整的其他调概事项，由投资管理部组织对费用进行测算后，上报合同价款调整委员会。由合同价款调整委员会裁定是否纳入调整初步设计概算范围，并确认其中价款调整原则的概算送审金额及合同价款调整原则。经合同价款调整委员会同意纳入调概的事项，由法律合约部报市发改委申请核定。

同时广州地铁公司设立了总承包合同变更审查会议制度，并根据不同授权和情形规定了集团内部变更审查会议的参与、主持人员，具体如图5-5所示。

广州地铁公司规定了合同变更会议的各参建单位的职责分工，以保障变更审查会议的有效执行。

2. 建立变更抽查制度，严格控制设计变更

集团总工程师室负责对Ⅱ类及以下工程建设设计变更、重大技术方案引起的Ⅰ类设计

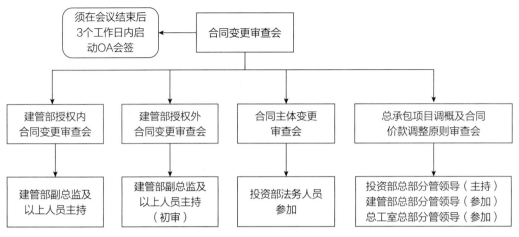

图5-5 合同变更审查会参与人员

变更进行抽查，建设事业总部总工程师室负责对Ⅲ类设计变更、一般技术方案引起的Ⅱ类设计变更进行抽查，各工程建设管理部应积极配合抽查工作。

广州地铁公司为严格控制设计变更，编制了《建设总部设计变更管理办法》，建立了变更抽查制度，检查的重点项目为授权建设事业总部审批的重大技术方案引起的Ⅰ类设计变更、授权工程建设管理部审批的一般技术方案引起的Ⅱ类设计变更。

抽查的内容主要包括：检查变更台账、检查文件材料的完备性、检查文件格式的规范性、检查设计变更的合理性、检查设计变更程序的规范性、检查设计变更结果的有效性、检查设计变更的执行情况等内容，并对设计变更的抽查频率和抽查数量做了相应的规定及其他的审查要点。变更抽查制度的设立，属于事后控制的一种方式，可保障变更的规范性，随时掌握变更对项目总投资的影响，使项目有序规范实行。

三、项目各参与方投资管控职责

根据项目总承包合同约定及广州地铁公司制定的管理办法，总结整理了各参与单位在施工阶段的投资管控职责，主要有计量支付、变更、索赔及价款调整等方面的职责分工，具体如表5-1所示。

通过上述工作责任解构可以分析，就发包人与总承包商而言，在支付、结算、变更等关键节点工作中，发包人负责大部分监督、审查以及支付责任，掌握着支付权以及审查权；总承包商负责各种实施申请、具体考核等责任，因此掌握着具体实施的权利以及现场管理的权利。

项目施工阶段各参与单位投资管理工作职责一览表　　　　表5-1

序号	工作职责内容		各参与单位职责分工			
			广州地铁公司	监理单位	总承包	
					施工	勘察/设计
1	上报/编制资金使用计划		审批	审核	配合	配合
2.1	工程计量与工程款支付	申请工程款支付	审批	审核	负责	负责
2.2		审核工程量	负责	审核	配合	配合
2.3		审核工程款	负责	审核	配合	配合
2.4		拨付工程款	负责	审核	配合	配合
3.1	工程变更	变更的提出	负责	审核	负责	负责
3.2		变更的审核	负责	审核	配合	配合
4	处理费用索赔		负责	审核	负责	负责
5	价格调整	申请调价	审批	审核	负责	负责
6		拨付调整价款	负责	审核	配合	配合
7.1	结算	结算申请	审批	审核	负责	负责
7.2		支付结算款	负责	配合	配合	配合

第二节　基于内部控制理论的项目投资管理实践

一、基于内部控制理论的工程价款支付管理

（一）内部控制理论概述

1949年，美国会计师协会的审计程序委员会在《内部控制：一种协调制度要素及其对管理当局和独立注册会计师的重要性》的报告中，对内部控制首次做了权威性定义："内部控制包括组织机构的设计和企业内部采取的所有相互协调的方法和措施。这些方法和措施都用于保护企业的财产，检查会计信息的准确性，提高经营效率，推动企业坚持执行既定的管理政策。"

企业内部控制的关键在于务实而不是务虚，即对于防范企业风险来说制度的执行比设计更重要。务实性体现在两个阶段：一是内部控制制度设计，每个企业要根据企业的目标、生产经营规模、管理模式、管理平台和管理方法以及企业所在的外部环境进行设计，要理顺企业的业务流程、分析流程中高风险环节，有针对性地设计控制点、控制方法和措

施,考虑到制度设计不可能很完善,在设计时要留有规范的修正程序。适合企业的制度才便于执行和防范风险。二是内部控制制度的执行,制度在企业生产经营活动中要有刚性约束的作用,即使制度不完美,也应通过规范的修正程序进行改正,否则制度建设就毫无意义。

随着全过程管理理论的出现,逐渐意识到将内部控制理论应用到建设项目的全过程,能够有效提高工程建设项目的管理效率。其中对于施工阶段的投资管理,应用内部控制理论具体可体现在以下几方面:

1. 建立严格支付审批制度

业主单位负责控制、协调和监督的工作,采取的控制措施是总体上、宏观上的把握;财务人员最主要是控制好工程投资,建立严格的工程款、材料设备款及其他费用的支付审批制度。

2. 支付审核

合同支付审核,包括工程预付款和进度款支付的比例及时间是否符合合同条款的规定,其支持性材料是否完整,是否经业主及监理审核,是否存在超授权审批的情况。做好隐蔽工程记录,准确记录施工过程中产生的各种变更造成的预算变动。

(二)内部控制对工程价款支付管理的影响

工程价款支付管理是对成本进行项目层级的管理,通过各种管理手段实现自己预期价款支付目标,在预付款、进度款、竣工结算款、质保金、最终结清中实现己方预期的经济目标。由于工程项目的发承包活动是需要发包人和承包人两个组织完成,因此项目层级的工程价款管理必须依靠组织层级的管理活动实现,也就是要依靠组织的内部控制实现。发承包双方均可以而且需要对工程价款管理进行组织层级的内部控制。例如预付款、进度款、竣工结算款的审核、确认和支付并不仅是项目层级的发包人确认和确定,并且还需要发包人所在组织内部其他部门或者人员确认和确定;预付款、进度款、竣工结算款的编制不仅是项目层级的承包人确认和确定,也需要承包人所在组织内部其他部门或者人员确认和确定。因此,组织层级的内部控制与项目层级的工程价款支付管理是相互耦合的。

组织层级的内部控制对工程项目产生巨大影响,具体表现为:

1)组织层级的目标通过内部控制影响工程价款支付管理目标。工程价款支付受到组织层级的内部控制影响,发承包双方所在的组织会对工程价款的支付存在一个预期的目标,而这一目标则会传达给项目负责人并通过内部控制手段实现。如发包人所在组织内部对工程项目的进度和质量存在硬性要求,就需要与承包人建立良好关系保证项目建设质量或者通过及时的支付保证项目建设进度,发包人所在组织就会相对放松对承包人结算报价的审查,并降低发包人的成本控制要求,通过减少结算纠纷保障双方的良好关系以及保障项目建设进度,发包人可以支付给承包人相对多一些的工程价款来保障发包人所在组织的预期目标的实现。

2）组织层级的内部控制效率影响工程价款支付管理的效率。这是显而易见的，组织的内部控制效率会影响到发承包双方决策和管理活动实施的效率，而这肯定影响工程价款支付管理的效率。

工程价款支付的程序可概括为承包人向发包人提交付款申请单，发包人给付支付证书并支付工程价款，因此工程价款支付管理的内部控制主要是对"单、证、款"的控制。预付款是以预付款支付时点、支付额度、起扣点和扣回方式为关键，体现对预付款申请表、预付款支付证书、预付款保函的控制；进度款支付控制关键针对工程量和工程计价审核，体现对进度款申请报告、进度款支付申请表、变更签证单或其他类型的签证表格的控制；竣工结算的关键是明确竣工结算款的问题，因此，对其的控制为对竣工结算依据的控制，包括历次计量计价与支付的资料、工程施工材料、工程质量保证材料、工程检验评定资料和其他应交资料的控制审核。

广州地铁公司将内部控制的方法和原则应用于广州地铁18号、22号线工程总承包项目计量与支付中，包含预付款支付、进度款支付、结算款支付等。针对施工阶段的投资管控建立了严格的制度及管控流程，广州地铁公司的投资控制工作达到了良好的效果。

二、工程预付款的支付管理

工程预付款是工程价款的组成部分。工程预付款支付额度的恰当选取，工程预付款的及时支付、合理使用、正确扣回，对工程项目的顺利实施和投资控制有着重要关系。应用内部控制理论对预付款支付活动进行分析，预付款的支付和使用要在建设单位、监理单位和总承包单位之间透明化，因此要严格按照合同中规定的预付款限额和扣回方式执行。

（一）预付款的支付前提

"承包人应在签订合同或向发包人提供与预付款等额的预付款保函后向发包人提交预付款支付申请"。发、承包双方在施工合同中应约定承包人在收到预付款前是否需要向发包人提交预付款保函、预付款保函的形式、预付款保函的担保金额、担保金额是否允许根据预付款扣回的数额相应递减等内容。预付款保函应在颁发工程接收证书之日前一直有效，除分段开通外金额不得递减。

预付款保函作为对发包人预付款安全的一种保障措施，其本质体现为发包人对承包人违约风险的转移。通过承包人提供的预付款保函，当承包人不履行其责任或拒绝退还预付款时，发包人可向银行索要赔偿。为了保证这一目的的顺利实现，承包人提供的预付款保函金额一般应与发包人支付的工程预付款的金额相等，但也可根据工程的具体情况由承发包双方在合同中协商约定。广州地铁18号、22号线采用工程总承包模式，结合项目实际，约定承包人可按联合体各成员单位承担的合同金额比例分别提供预付款保函的正本，预付款保函总额为30亿元。且预付款保函须提交发包人委托的银行验证。

（二）预付款的支付额度及程序

在实际工作中，预付款的支付额度要根据各工程类型、合同工期、承包人、主材比重等不同条件而定。一般来说，主要材料在工程造价中所占比重高的项目，预付款的数额也要相应提高。

广州地铁公司根据广州地铁18号、22号线总承包项目特点，计价方式、工期长短、市场等因素，将预付款分为四大类，分别为岩土勘察预付款、管线迁改周转金、年度预付款和盾构区间预付款。并对支付时限和金额做出了明确的规定，具体如表5-2所示。

预付款支付额度及要求　　表5-2

预付款类别	支付额度及方式		支付前需完成工作
岩土勘察预付款	岩土勘察合同金额的20%		①签订总承包合同；②履约担保；③以总承包商名义开具的与岩土勘察预付款金额一致的合法、合规、有效的增值税专用发票
管线迁改周转金	管线迁改签约合同金额的15%作为周转资金，周转资金在形象进度完成85%前从进度款中完成冲抵		①签订总承包合同；②履约担保；③以总承包商名义开具的与周转金金额一致的合法、合规、有效的增值税专用发票
年度预付款	按经广州地铁公司批准的联合体各成员单位当年投资计划总额（除勘察设计费外）的20%分别支付		①签订总承包合同（第一次申请时提供）；②履约担保（第一次申请时提供）；③以总承包商名义开具的与年度预付款金额一致的合法、合规、有效的增值税专用发票
盾构区间预付款	盾构区间合同价的10%，依照联合体各成员单位的工作范围和相应盾构区间的合同金额，对联合体各成员单位分两次支付	第一次：支付盾构区间合同金额的5%	①签订总承包合同；②履约担保；③以总承包商名义开具的与付款金额一致的合法、合规、有效的增值税专用发票
		第二次：支付盾构区间合同金额的5%	①首台盾构设备进场安装调试完毕并具备始发条件；②以总承包商名义开具的与付款金额一致的合法、合规、有效的增值税专用发票

以上的支付程序设置既保证了工程预付款及时拨付，不会耽误开工准备的资金使用，同时避免了提前支付预付款导致的利息费用增加。根据合同约定的预付款的支付时间等具体内容，广州地铁18号、22号线预付款支付程序如图5-6所示。

（三）预付款的扣回

发包人拨付给承包商的工程预付款属于预支的性质。工程实施后，随着工程所需材料储备逐步减少，应以抵充工程款的方式陆续扣回，即在承包商应得的工程进度款中扣回。

其中工程预付款起扣点的确定方法有多种，一般有累计工作量法、工作量百分比法和支付百分比法等。累计工作量法是从未施工工程尚需的主要材料及构件的价值相当于工程预付款数额时起扣，从每次结算工程价款中，按材料比重扣抵工程价款，竣工前全部扣

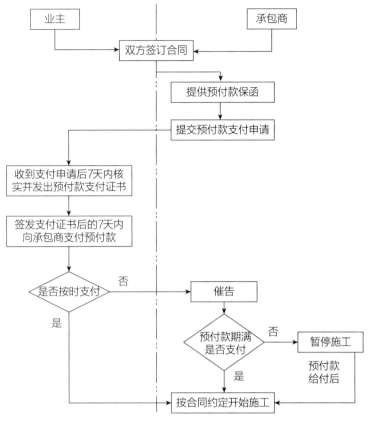

图5-6 预付款支付程序图

清；工作量百分比法是指在承包人完成金额累计达到合同总价的一定比例后，由承包人开始向发包人还款，发包人从每次应付给承包人的金额中扣回工程预付款，发包人至少在合同规定的完工期前一定时间内将工程预付款的总计金额按逐次分摊的办法扣回；支付百分比法，是在合同中预先规定当期中支付款累计额度达到合同中标金额一定比例时，预付款必须扣还完毕。

对于预付款的每次扣回额，实际中也一般有三种方法，分别为等值扣回法、固定比例法和等比例扣回法。等值扣回法即规定在工程中期支付证书中工程量清单累计金额超过合同价值10%的当月开始扣回，止于合同规定竣工日期前3个月的当月，在此期间，从中期支付证书中逐月按等值扣回。也有规定是完全按照签约合同价的完成比例进行约定；固定比例法，即预付款在进度付款证书的累计金额未达到签约合同价的30%（具体约定）之前不予扣回，达到签约合同价30%后，开始按工程进度以固定比例分期从各月的进度付款证书中扣回，全部金额在进度付款证书的累计金额达到签约合同价的80%时扣完；等比例扣回法，即在每次进度款支付中，都按原比例进行扣回，直到扣完为止。

合同范本以及清单计价规范均无预付款扣回方法的具体规定，需要在合同专用条款中进行约定。广州地铁18号、22号线项目所约定的预付款的扣回方式、扣回比例和扣回时间安排，具体如下：

1. 岩土勘察预付款扣回

从支付第一次岩土勘察费进度款开始分4次扣回，每次扣回预付款总额的1/4，并在勘察工作完工前6个月扣完。（等值扣回法）

2. 年度预付款的扣回

联合体成员单位各方当年的完工产值未达到其各自当年年度计划投资工作量的20%之前不予扣回；在达到20%之后，开始按联合体成员单位各方工程进度款的30%分期从各月的期中支付证书中扣回年度预付款，当年预付款未扣完，余额将在下年度的预付款中抵扣。如预付款未能在工程完工前100%扣回，广州地铁公司有权采用预付款保函提现方式进行抵扣。（固定比例法）

3. 盾构区间预付款扣回

盾构区间预付款从联合体成员单位各方工程款中分别扣回，本合同中联合体各方盾构区间已完成投资额工作量达到其各自盾构区间总投资工作量的20%之后分10次平均扣回，自达到起扣条件的当月月度进度款中在联合体成员单位各方对应盾构区间工程款中扣回，当月进度款不足抵扣当月应扣盾构区间预付款的，余额将在下月度的进度款中继续抵扣。（等值回扣法）

综上可知，广州地铁18号、22号线对于预付款的扣回方式所采用的方法如表5-3所示。

项目预付款扣回方法分析　　　　表5-3

序号	预付款扣回类别	起扣点约定	起扣点的确定方法	扣回约定	扣回方法
1	岩土勘察预付款	支付第一次岩土勘察费进度款开始	—	分4次扣回	等值扣回法
2	年度预付款	联合体成员单位各方当年的完工产值达到其各自当年年度计划投资工作量的20%之后	工作量百分比法	按联合体成员单位各方工程进度款的30%分期扣回	固定比例法
3	盾构区间预付款	联合体各方盾构区间已完投资额工作量达到其各自盾构区间总投资工作量的20%之后	工作量百分比法	分10次平均扣回	等值扣回法

（四）预付款支付的内部控制

1. 内部控制环境

在合同的媒介下做好预付款的支付问题。广州地铁18号、22号线建设单位、总承包单位和监理单位之间要分工明确，具体职责分工如表5-4所示。

预付款支付中相关者的职责 表5-4

相关者	职责
总承包单位	承包商应按合同、施工的要求图纸、变更通知等资料及《合同签订、支付、变更和结算管理办法》的要求办理预付款申报。提交保函和预付款申请，要求按照总承包合同文件的规定比例，同时提交材料
监理单位	对总承包单位提交的材料进行审核；向建设单位提交已经审核完的总承包单位的材料，还要提交监理工程师的联系单，以便建设单位发现问题或者有不同意见时和监理工程师校对
建设单位	在招标文件中规定预付款的限额和扣回方式，对监理单位审核后的材料进行复核

2．内部控制过程

1）预付款支付的审核

预付款支付的关键控制点就是预付款的数额是否合理以及施工单位对预付款的使用是否合理，应用内部控制理论对预付款支付活动进行分析，具体内容见表5-5。

预付款支付控制活动分析 表5-5

控制要点	控制思想	审核要点
预付款的真实性	包工包料工程的预付款按合同约定拨付，原则上预付比例不低于合同金额的10%，不高于合同金额的30%。对重大工程项目，按年度工程计划逐年预付。实体性消耗和非实体性消耗部分应在合同中分别约定支付比例	监理单位审查工程合同和建设单位预付款账簿，核对开工预付款金额是否与总承包合同上规定的相同，查明预付款的额度是否合理，有无超过规定的限额
预付款应用合法性	凡是没有签订合同或不具备施工条件的工程，发包人不得预付工程款，不得以预付款为名转移资金	监理单位有权监督承包人对该项费用的使用，如经查实承包人滥用开工预付款，建设单位有权立即通过银行发出通知收回开工预付款保函的方式将该款收回
预付款的扣回	预付的工程款必须在合同中约定抵扣方式，并在工程进度款中进行抵扣	监理单位审查预付款是否按规定的起扣点和时间扣回，保函中的担保金额递减是否与扣回金额一致，有无延期不扣或少扣的行为

2）预付款支付与扣回的复核

工程项目预付款作为该工程项目的启动资金，其数额的确定具有很重要的意义。为了保证工程项目工程预付款得到有效使用，项目的监理单位会在项目建设过程中，对项目预付款支付及扣回过程进行审核。广州地铁公司复核工程预付款的扣回时严格按照合同的规定及相关规定进行，广州地铁公司对于支付与扣回的复核程序如图5-7所示。

3．内部控制流程

根据《建设事业总部合同签订、支付、变更和结算管理流程》，预付款支付审核的流程具体如下：

在支付工程预付款时，首先由承包商、供货商等提交支付申请，由现场监理审核预付款申请是否满足合同约定的条件；建设管理部现场模块经办人审核支付额度，然后报送至投资监理，由投资监理审核申请材料及金额；然后报送至建管部总监进行审批，对于单笔支付金额小于800万元的，建设管理部总监审核完后直接由集团资源服务中心进行审核；对于单笔支付金额大于800万元，首先由建设总部总经理审批，然后由集团资源服务中心审核，最后由集团公司领导进行审批。

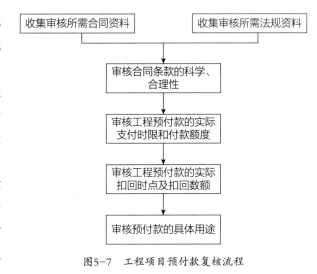

图5-7 工程项目预付款复核流程

广州地铁公司对于预付款支付审批的内部控制流程如图5-8所示。

该内部控制流程体现出：工程预付款支付需投资管理部、建管部以及总经理进行会签，即各部门无论集中或者分散，在对工程预付款支付的审核签字过程中都应交流信息。

三、工程进度款的支付管理

工程进度款的控制与审核是一项集管理、技术、质量、施工、经济、法规等知识技能相结合的工作，需要在事前、事中、事后进行全过程、全方位的动态管理，如果在这个过程中充分发挥激励和约束两种机制的功能，正确支付工程进度款，就能较理想地控制施工阶段的合同价款，从而达到对投资的有效控制。

（一）计量与支付的原则

在地铁工程施工过程中，工程计量与进度款支付是控制工程投资的重要环节。广州地铁18号、22号线工程采取初步设计图进行工程总承包招标，总体采用设计概算下浮固定总价合同，少部分为固定单价。为了使工程款及时支付，广州地铁公司联合造价咨询单位共同编制了《工程总承包合同工程量清单开项、计量规则及工作内容标准版本（试行）》，以设计概算为基础，分为总价包干和单价包干项目两大部分，分别约定了具体的计量规则和工作内容，为工程款及时计量支付和支付的准确性提供了保证。

广州地铁18号、22号线项目工程量的计量按月进行，工程计价分为月、季、年、单位工程验收、工程移交、工程结算等不同阶段，在工程结算以前的各次计价及支付虽经过批准，但支付总额以最终批准的工程结算为准。

1. 总价包干项目计量支付

1）总价包干项目按照合同约定支付，以实际完成工程量占施工图总量的比例折算对

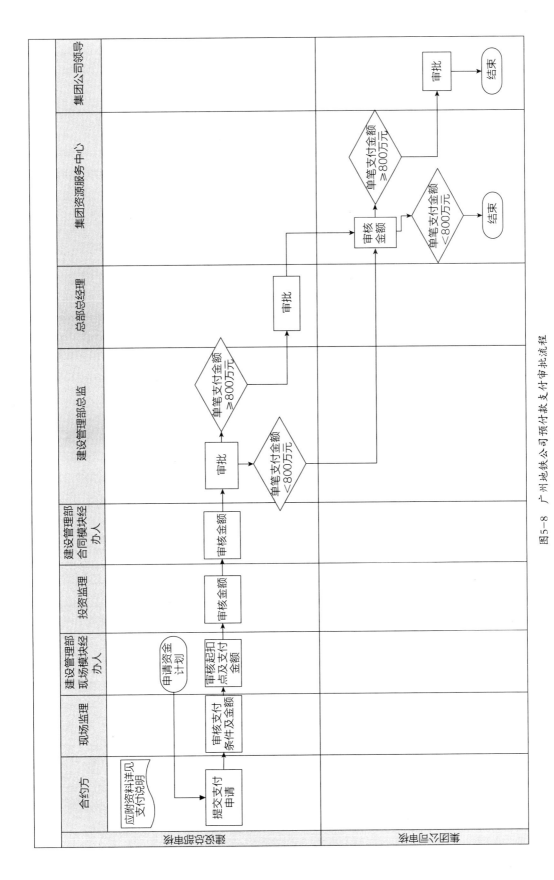

图5-8 广州地铁公司预付款支付审批流程

第五章 实施阶段投资管控 · 147

应初步设计概算的工程量进行计量。具体计量规则按广州地铁公司制定的《工程总承包合同工程量清单开项、计量规则及工作内容标准版本（试行）》执行，并约定如有缺失的项目，建管部可自行补充、细化，并将结果报备投资管理部。

2）在实施过程中，总价包干项目如发生设计变更，须完成设计变更施工图预算编制并提交至建管部后，才能办理设计变更的首次计量支付；变更施工图预算经建管部审核后，才能申请该设计变更的后续计量支付。

2．单价包干项目计量支付

1）单价包干项目需依据经批准的施工图进行计量。单价包干项目如仅涉及工程量的增减，未发生设计变更的，经工程监理、建管部确认实际完成工程量后可办理计量支付。

2）当专业工程的单价包干项目计量支付总额达到对应范围概算的90%，或实际完成工程量超出对应开项的合同工程量时，广州地铁18号、22号线建管部将会对实施范围、实施方案及价格等进行对比分析，研判工程造价是否会超初步设计概算金额，编制分析报告经投资管理部审核、总部审批后，报集团公司备案。

3．以资金补偿形式迁改的管线支付

总承包合同中约定以资金补偿或货币补偿迁改的管线，其补偿金额的确定、支付等具体如表5-6所示。

以资金补偿形式迁改的管线支付 表5-6

管线支付内容	支付比例（80%）	支付比例（90%）	支付比例（100%）
电力管线迁改	按补偿协议约定的支付额度和节点，在总承包完成向权属单位支付后，可在当期总承包计量支付中请款，最高支付至该补偿协议金额的80%	单份协议所约定的工作内容全部完成，结算经建设单位审批完成后，支付至结算初审金额的90%	余款待结算审定后付清
非电力管线迁改	在单份协议所约定的工作内容全部完成，且总承包完成向权属单位支付补偿款后，可在当期总承包计量支付中申请该补偿协议金额的80%	结算经建设单位审批完成后，支付至结算初审金额的90%	余款待结算审定后付清

（二）进度款的支付内容

广州地铁18号、22号线工程进度款支付主要包含的费用有勘察和设计费、工程费、场地准备及建设单位临时设施费、安全生产保障费、交通疏解费、道路恢复费、绿化迁移费、土地复垦费、涉及征借地范围内建（构）筑物的恢复、房屋复建和根据现场情况可能发生的其他零星复建工程项目费的支付以及合同变更价款的支付。以下重点介绍勘察和设计费、工程费及变更价款的支付。

1．勘察、设计费支付

勘察、设计费按比例分阶段支付，以完成的数量、质量、进度作为衡量标准。

1）施工图设计费的支付

（1）总承包商收到开始工作通知后，支付施工图设计费的20%。

（2）施工图设计进度费占施工图设计费的35%，根据实际完成的设计工作量按比例每半年支付一次。待施工图设计全部完成并达到广州地铁公司要求的深度后，施工图设计进度费累计支付至施工图设计费的35%。

（3）设计施工配合费占施工图设计费的20%，根据施工配合总工期按比例每半年支付一次，设计施工配合完成，并达到广州地铁公司要求的深度后，设计施工配合费累计支付至施工图设计费的20%。

（4）施工图设计费的15%作为设计考核费，根据考核情况计付，考核标准和计付比例按广州地铁公司制定的设计考核管理办法执行。合同工作完成后，按设计考核情况，支付设计考核费。

（5）总承包商完成合同规定的全部设计工作，合同规定的设计工作结算经政府部门审核完成，且施工图设计文件按广州地铁公司要求完成归档后，支付施工图设计费的10%。

2）岩土工程勘察费的支付

（1）每次支付经勘察咨询单位审核的完成勘察费的70%，每季度支付一次。

（2）全部勘察完成并通过审查，完成勘察资料归档，支付经勘察咨询单位审核的完成勘察费的20%。

（3）勘察结算经政府部门审核完成，且按广州地铁公司要求完成归档后，支付尾款。

岩土工程勘察费将结合各阶段勘察工作考评结果进行，考评标准和支付比例需按广州地铁公司制定的勘察质量考评办法执行。

3）过江段水上钻探作业相关费用

过江段水上钻探作业相关费用：对应的勘察成果审查后（1个月内）支付至过江段水上钻探作业相关费用的90%，可根据勘察成果分批验收情况多次支付。

2．工程费的支付

1）安全文明施工措施费

总承包商应制定专项的安全措施费使用计划，经监理单位和广州地铁公司审查符合开工条件支付该费用总额50%；其余费用按照施工进度以及广州地铁公司、监理单位、总承包商共同核定的安全措施落实情况按月支付。

安全文明施工措施费用实行单列支付、专款专用。总承包商应在财务账目中单独列项备查，不得挪作他用，否则广州地铁公司有权责令其限期改正；逾期未改正的，可以责令其暂停施工，由此增加的费用和（或）延误的工期由总承包商承担。

2）工伤保险费

合同签订后广州地铁公司一次性支付合同总造价的1‰。总承包商应当在建设项目开工前按要求办理工伤保险并一次性缴纳工伤保险费。

3）工程价款（不含安全文明施工措施费、工伤保险费）

根据专用合同条款计量的有关约定按月进行计量支付。根据确定的工程计量结果，总承包商向广州地铁公司提出支付工程进度款申请，经广州地铁公司审核确认并扣减相应款项（安全文明施工措施费、工伤保险费等）后，向总承包商支付工程进度款。其中总承包商须执行《关于印发广州市建设领域工人工资支付分账管理实施细则的通知》（穗建规字〔2017〕10号）的文件精神，开立"工人工资支付专用账户"，由广州地铁公司按月度与工程进度款同期拨付。

4）进度款支付限额

广州地铁公司按不高于工程价款（包含合同内计量及材料调差总额）的90%支付进度款。其中进度款的1%作为考核金，广州地铁公司每月对总承包商进行包括安全质量在内的综合指标检查考核，依据广州地铁公司颁布的相关考核办法，根据其考核分数支付考核金。

5）剩余工程价款支付原则

合同工程结算经政府部门审核完毕后，档案资料按广州地铁公司要求完成归档，最高支付至政府合同结算审定金额的99.5%。余款待广州地铁公司全面组织实施的整个工程正式通过国家验收后支付。

3. 合同变更价款的支付

合同变更清单在合同结算未经广州市财政局审批之前，由广州地铁公司审核后，签订补充协议后按此变更的实施进度支付。合同变更子目金额为正的支付至合同变更（不含材料调差）金额80%，变更子目金额为负则100%扣减。合同变更结算最终以政府终审部门审定为准。

合同变更清单在合同结算未经广州市财政局审批之前，由政府主管部门或政府主管部门授权的单位（部门）批准后，签订补充协议后按此变更的实施进度支付。合同变更中变更子目金额为正的，支付至合同变更（不含材料调差）金额的90%。变更子目金额为负的按100%扣减。

（三）进度款的支付程序

根据合同约定的付款条件达到后，总承包商应向监理单位提交符合付款条件的相关进度款计量支付资料。监理单位应在收到总承包商提交的计量支付资料后的14天内进行审核。监理单位收到提交的计量支付资料后14天内，未进行审核或未向总承包商通知审核结果的，总承包商应在第15天立即通知广州地铁公司，如果此期间广州地铁公司或监理单位未进行审核或未向总承包商通知审核结果的，总承包商提交的计量支付结果即视为被确认，作为工程计价和工程款支付的依据。

广州地铁公司在收到计量支付资料后进行核查，核查无误后，由监理单位向承包商出具经广州地铁公司签认的进度付款证书。总承包商按广州地铁公司发布的支付管理手册编制各阶段的付款申请书。在对以往历次已签发的进度付款证书进行汇总和复核中发现错、漏或重复的，监理单位有权予以修正，总承包商也有权提出修正申请。经监理单位、总承包商复核同意的修正，应在本次进度付款中支付或扣除。具体审查程序如图5-9所示。

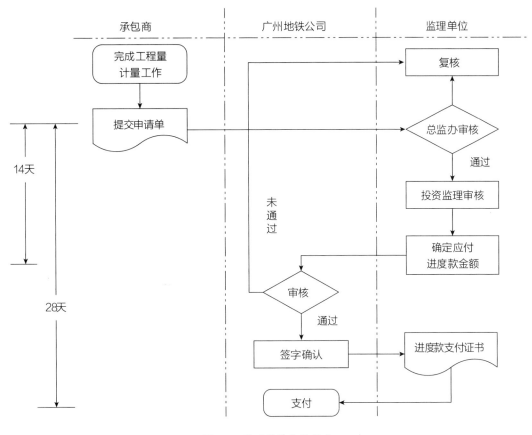

图5-9 进度款的支付程序

（四）进度款支付的内部控制

1．内部控制环境

总承包单位、监理单位和建设单位在进度款支付过程中的职责如表5-7所示。

工程进度款支付中相关者职责	表5-7
相关者	职责
总承包单位	（1）完成施工任务并准确测量统计工程量。 （2）按合同、施工的要求图纸、变更通知等资料及支付办法的要求办理计量支付申报，提交工程量报告、中间计量表和进度款支付申请

续表

相关者	职责
监理单位	（1）按合同原则和该工程的规定，及时审核签认承包商报送的计量支付资料。 （2）审核承包商报送的新增工程项目的数量、单价、费用等。 （3）监督承包商严格执行工程的有关规定，防止出现超验、超计，并对审核的工程量、费用的准确性承担责任。 （4）执行该工程的有关规定及时批示变更工作。督促承包商按工程的规定及时办理变更报批手续。协助主持变更处理会议，审核相应变更资料
广州地铁公司	（1）督促、检查承包商和监理工程师计量与支付的申报和审核工作，审定该计量与支付申报和审核是否符合合同和规定，并根据实际情况修改、完善有关管理办法。 （2）综合审查各种变更的处理程序的合理性和完整性，计量与支付的正确性和准确性，及时扣除或扣留各种应扣款项。 （3）对合同的主要条款（包括合同的标的、数量、质量、价款、支付、履行地点和方式、违约责任和解决争议方法等）进行管理、监控

2．内部控制过程

工程计量与进度款支付为控制工程投资的重要环节。为了更好地控制投资，广州地铁公司制定了《广州地铁集团有限公司建设事业总部计量支付、变更和结算管理办法》，保证工程计量与进度款支付的工作质量。在进行工程计量与进度款支付审核时，重点审核以下几方面：

1）审核支付申请的真实和完整性

首先，广州地铁公司建管部需确认承包商的合同实际履行情况，审核支付申请支持材料的真实性和完整性，依照合同约定审核承包商支付申请的合理性，督促提交有效增值税专用发票。

2）审核分部分项工程综合单价

广州地铁公司需审核每一分部分项工程综合单价的正确性。对于项目施工过程中未发生变化的分部分项工程，其综合单价应按照投标文件中给出的综合单价计取；施工过程中因法规、物价波动、工程量清单内容错项、漏项、设计变更、工程量增减等原因引起的综合单价发生变化的分部分项工程，其综合单价要严格按照合同约定的调整方法进行调整，并且需经过发、承包双方的确认，避免总承包商出现高报、重报的现象。

3）审核形象进度或分阶段工程量

对总承包商提交的工程计量结果进行现场实地考察和审核，根据合同约定确定本期应付合同价款金额。审核计量项目时要注意审核项目是否属总承包合同计量项目的范围，以免重复计量。如投标报价按招标工程量清单漏项的项目或其特征描述已包含在其他报价中的项目，则均不属于该计量项目的范围。

对于总价包干项目，广州地铁公司审核每一支付周期内承包商实际完成的工程量，应对照在合同专用条款中约定的合同总价支付分解表所表示的阶段性或分项计量的支持性资料，以及所达到工程形象目标或分阶段需完成的工程量和有关资料进行审核，达到支付分解表要求的支付进度款，未达到要求的应相应减少支付金额。

对于单价项目，单价合同工程量必须按合同约定的工程量清单工作内容与计量规则计算得到的工程量确定。

4）审核进度款支付比例

进度款支付的比例应按照设计施工总承包项目合同约定。审核时对照支付周期内应计量的工程量、应支付的进度款，按照合同中约定的比例进行核算，既保证不向承包商多付进度款，又要保证承包商的资金周转，避免因资金不到位而影响工程的质量及进度。

5）审核计日工金额

审核计日工的数量，依据现场签证或变更报价单上双方确认的计日工的数量，按照投标文件中计日工的综合单价计算本支付周期内应支付的计日工金额。

6）审核应抵扣的预付款

应严格按照合同约定的办法计算应抵扣的预付款的具体金额。

7）审核工程变更金额

对已确认的工程变更，凡涉及工程造价变化的，由总承包商向广州地铁公司提出，广州地铁公司审核并同意后调整合同价款。对工程变更的范围、变更程序、变更理由等与合同约定的内容是否一致进行审查，并且对工程变更的各种证明材料进行审核。

8）审核工程索赔金额

广州地铁公司对工程索赔报告的真实性进行审核，重点审核索赔的程序和相关辅助资料的合理性，对费用索赔的计算过程、计算方法及计算结果的准确性进行审核，注重审核索赔费用组成的合理性。

9）严守支付原则，不符合要求不予支付

计量支付必须严格按照合同约定办理。合同未有约定的不得支付，合同约定义务未完成的不得支付，有扣回项目的须先扣回后支付，严禁超付。计量支付的工程须符合国家相关技术规范、质量检验标准及设计文件要求，质量不合格或存在质量缺陷、安全隐患的项目不予计量支付。

3. 内部控制流程

对业主来说，进度款支付控制的主要方法是通过核查监理单位的申请报告，同时还应加强本单位人员自身成本预算和控制的能力，根据施工段设立投资控制点，并根据施工组织设计和施工网络计划，编制工程资金月使用计划，这样既可以保证月工程进度款的按时支付，避免了施工单位的费用索赔，又可以减少资金占用利息。

根据《建设事业总部合同签订、支付、变更和结算管理流程》，进度款支付的审批流程如图5-10所示。

首先由承包商、供货商等提交支付申请，由现场监理审核支付申请的资料及金额；建设管理部现场模块经办人审核支付申请的工程量，然后报送至投资监理，由投资监理审核资料及金额；然后报送至建管部总监进行审批，对于单笔支付金额小于800万元的，建设

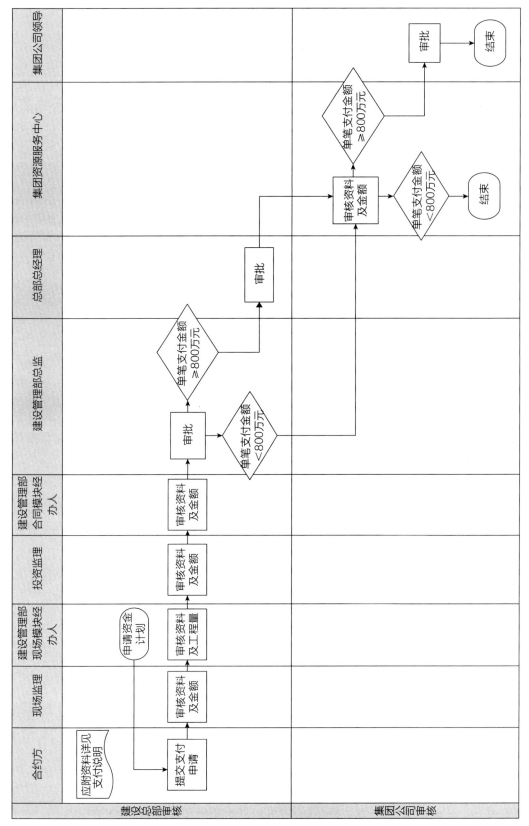

图5-10 广州地铁公司进度款支付审批流程

管理部总监审核完后直接由集团资源服务中心进行审核;对于单笔支付金额大于800万元,首先由建设总部总经理审批,然后由集团资源服务中心审核,最后由集团公司领导进行审批。

四、竣工结算的管理

(一)竣工结算的计价规则

竣工结算是指工程承包商根据在合同履行过程中发生的工程变更情况,对原来的工程合同价格进行调整与修正,广州地铁公司进行审查,最后双方共同确定最终结果的经济过程。广州地铁公司对工程承包商进行验收与结算审计是广州地铁公司在项目投资控制中一项重要的工作。

1. 单价包干项目结算计价规则

单价包干项目以应予计量的总承包商实际完成工程量和合同约定单价进行结算。单价包干结算金额=合同金额+合同变更+调差。

2. 总价包干项目结算计价规则

总承包工程结算是针对设计、采购、施工为一体的整体结算,与传统的单纯施工结算在结算过程中考虑的因素不尽相同,其结算的方式也有所不同。

总价包干项目结算以经政府批准的最终调整初步设计概算对应金额和合同约定下浮率进行结算。结算时未实施的单位工程、分部工程及车辆段(停车场)未实施工作内容按对应初步设计概算(含调整初步设计概算)金额和合同约定下浮率进行扣除。

设计费结算金额=调整后初步设计概算×合同约定的设计费费率+其他合同价款调整

总价包干项目结算金额(除设计费)=调整后初步设计概算×(1-合同约定下浮率)+调差+其他合同价款调整

因政府或广州地铁公司原因引起的规划调整、实施范围变化、重大方案变化、工法变化、地质灾害、政策性调整等属初步设计范围外项目,经政府批准可调整初步设计概算。

(二)竣工结算的内部控制

1. 内部控制环境

广州地铁18号、22号线建设单位、总承包单位和监理单位之间对于竣工结算的具体职责分工如表5-8所示。

竣工结算中相关方的职责　　　　　　　　　　　　　　　　　　　　　表5-8

相关方	职责
总承包单位	（1）为本项目竣工结算工作的责任主体，须按当地政府财政及建设主管部门文件要求，分阶段提交完整且符合规定的建设工程竣工结算文件及其相关资料。 （2）总承包单位提交结算资料的完整性、合规性须符合合同、招投标文件及国家和广东省相关部门有关建设工程竣工结算编审办法等规定，由于承包单位未按建设单位要求及时报审结算资料或报送资料不齐全、不完整引起的结算审核工作滞后或影响支付，由承包单位负责，承包单位所主张的材料款、人工工资等申请将不被接受，由承包单位承担责任。承包单位对结算资料的真实性、完整性、合规性、合法性、条理性等负全责。 （3）承包单位提交结算文件时，须合合同、招投标文件及国家和广东省相关部门有关建设工程竣工结算编审办法等规定，随同竣工结算报告提交其对应的设计变更、设计变更费用、工换算综合单价、新增综合单价、乙供材料/设备定价等有效的符合要求的证明材料。 （4）承包单位应成立专门的结算组织机构，授权项目负责人，负责竣工结算全过程与相关方联系协调，及时向建设单位报告项目的开展情况
监理单位	（1）核验承包单位提交结算文件及相关资料是否与目录清单一致，结算相关资料的真实性、完整性、合规性、合法性、条理性等是否符合合同和国家、省市及建设单位下发的相关造价管理办法等规定。 （2）核查承包单位提交结算文件及相关资料中所涉及设计变更、设计变更费用、工程签证、换算综合单价、新增综合单价、乙供材料/设备定价等内容的真实性及其工程量。 （3）协助建设单位对工程竣工图纸及现场实际施工完成的工程量进行审核。 （4）承包单位送审的结算资料不完整、不合规、不符合合同及本办法要求的，监理单位应通过建设单位督促承包单位在规定时间内补充完善
建设单位	（1）负责组织竣工结算审查工作。 （2）就有关本项目竣工结算管理办法等事宜征求财务总监和财厅工程结算审核中心相关人员的意见，及时下达本项目竣工结算管理办法和规定格式，督促承包单位按时提交结算资料及结算书。全过程跟踪并督促本项目竣工结算咨询、监理单位按规定时间和要求对承包单位申报结算进行审核。 （3）在竣工结算资料形成环节要求造价咨询、监理单位全面系统地督促承包单位及时申报各类结算资料，及时审批签章竣工结算资料中需建设单位确认的事项。 （4）负责定期组织承包单位、造价咨询、监理单位及相关部门对设计变更、设计变更费用、工程签证、换算综合单价、新增综合单价、乙供材料/设备定价等台账进行核对和确认，确保各项资料的及时、完整、准确和一致。 （5）及时解决竣工结算审查过程中需要协调的问题，负责组织召开竣工结算审查工作协调会议。 （6）按当地政府财政及建设主管部门文件要求及时向财政厅提交初步审核结算书

2．内部控制过程

1）竣工结算审核依据

对竣工结算资料的收集与整理，不仅是编制竣工结算的前提，也是进行竣工结算审核的前提。在进行竣工结算的审核时，要充分依靠竣工结算资料。除了工程结算文件外，竣工结算审核的依据也包括其他很多内容。具体来说，竣工结算审核编制依据应包括下列内容：

（1）建设期内影响合同价款的法律、法规和规范性文件。

（2）现场踏勘复验记录。

（3）工程结算审查委托合同。

（4）完整、有效的工程结算书。

（5）施工合同、专业分包合同及补充合同、有关材料、设备采购合同。

（6）与工程结算编制相关的国务院建设行政主管部门以及各省、自治区、直辖市和有关部门发布的建设工程造价计价标准、计价方法、计价定额、价格信息、相关规定等计价依据。

（7）招标文件、投标文件，包括招标答疑文件、投标承诺、中标报价书及其组成内容。

（8）工程施工图或竣工图、经批准的施工组织设计、设计变更、工程洽商、索赔与现场签证，以及相关的会议纪要。

（9）工程材料及设备中标价、认价单。

（10）发承包双方确认追加或核减的合同价款。

（11）经批准的开工、竣工报告或停工、复工报告。

（12）影响合同价款的其他相关资料。

在竣工结算审核过程中，发现工程图纸、工程签证等与事实不符时，应由发承包双方书面澄清事实，并应据实进行调整，如未能取得书面澄清，工程造价咨询企业应进行判断，并将相关问题写入竣工结算审核报告。

2）竣工结算审核要点

竣工结算审核是业主初始投资控制的关键环节也是最终环节，是在对工程质量认可基础上进行工程价款清算。业主应根据双方核定认可的竣工结算总价以及已支付工程价款的情况，支付给承包人除质量保证金以外的其余款额。《建设项目全过程造价咨询规程》CACA/GC 4—2017中约定，采用总价合同的，应在合同总价基础上，对合同约定可调整的内容及针对超过合同约定范围的风险因素调整的进行审核。因此，广州地铁公司进行竣工结算审查时重点审核以下内容：

（1）核对工程合同条款

首先对合同条款进行研读，看承包商是否完成了合同当中所约定的全部工程内容，将实际完成情况与总承包范围内的合同工作内容进行对比，是否存在未履行或未完全履行合同义务的情况，如工程总承包商实施过程中有未实施的工作内容等，则要对其费用进行相应地扣减。并核对工程是否竣工验收合格；然后，审查承包商是否按合同约定的计价方式、取费标准进行结算。若发现不符，则应及时与承包商进行协商，明确内容。

（2）检查隐蔽验收记录

所有隐蔽工程均需进行验收，两人以上签证实行工程监理的项目应经监理工程师签证确认。审核竣工结算时应该对隐蔽工程施工记录和验收签证，手续完整，工程量与竣工图一致方可列入结算。

（3）严格审查工程量

根据施工图纸及工程完成的实际情况进行工程量的复核是竣工结算审核的重点内容之

一。在工程竣工结算阶段，工程量的审核工作应该根据相关的竣工设计图纸、工程设计变更通知以及相应的签证等开展。特别注意多计工程量和重复计算的工程量，以及只增项不减项等这些极为突出的问题，准确计算工程量是合理确定工程造价的重要前提和有力保证，因此在结算审核中，复核工程量的工作至关重要。

（4）套用单价的审核

工程造价定额具有科学性、权威性、法令性，它的形式和内容，计算单位和数量标准任何人使用都必须严格执行，不能随意提高和降低。在审核套用预算单价时要注意如下几个问题：

①对直接套用定额单价的审核

首先要注意采用的项目名称和内容与设计图纸标准要求是否相一致，如构件名称、断面形式、强度等级（混凝土标号、水泥砂浆比例）等。

②对换算的定额单价的审核

需审核换算的标准是否合理，允许换算的内容是定额中的人工、材料或机械中的全部还是部分，同时审核换算的方法是否准确，采用的系数是否正确等，这些都将直接影响单价的准确性。

③对补充定额的审核

新增项目的单价是否按合同约定的组价方式确定。检查编制的依据和方法是否正确，材料预算价格、人工工日及机械台班单价是否合理。

（5）计取费用的审核

费用的计取应根据施工期间当时、工程所在地工程造价管理部门颁发的文件及规定，结合相关文件如合同、招投标书等来确定费率。审核时应注意取费文件的时效性。

先审核执行的取费表是否与工程性质相符，各项费率、价格指数或换算系数是否正确，价差调整计算是否符合要求，再核实特殊费用和计算程序是否合理；注意各项费用的计取基数，如安装工程以人工费为基数，该人工费是定额人工费与人工费调整部分之和；对于总价下浮的工程，在结算时要特别注意变更或新增项目是否同比下浮等；审核是否有巧立名目、乱计费、乱摊费用现象。

（6）变更审查

仔细研读合同中有关工作范围、风险因素及可调整合同价款的情形，再次复核变更签证是否确属合同外新增工作内容，对EPC总承包项目而言，大多数都采用固定总价合同，则要对合同价款包含的工作内容有清晰的认识。

根据合同中关于变更签证价款调整方法的约定，重点审查定额套用或价格计取是否合理。对于变更签证中事实不清楚的，可组织监理、现场管理人员、总承包商单位人员召开结算专题会议，还原事实；对于定额执行出现争议的情况，可就具体问题共同去定额站进行咨询；针对没有造价信息的设备材料价格，可进行市场询价。

将实际完成情况与合同工作内容进行对比，重点审查是否有业主反索赔的项目。通常，承包商对费用减少项目不主动申报，审查时要关注是否存在因变更导致费用的减少，或者是否存在未履行或未完全履行合同义务的情况，如总承包商实施过程中有未实施的工作内容及总承包商为增加利润进行的工艺变更。

（7）材料价格的审核

机电设备安装工程中，设备材料费用一般占总价的60%~70%，此项审查是重中之重。参照政府权威部门定期发布的材料信息价，对超出信息价比较多及信息价没有的部分，进行市场采价。材料的出厂价与进入流通领域的价格差距不能太大。审核时还须注意以下两点：①承包人使用性价比低的材料，结算套用性价比高的材料价格，安装工程中使用压力低的管材，结算时变成压力高的管材；②承包人提供的订货合同、材料发票价格与当时市场价格不吻合，应进行市场调研，认真审核材料价格的真实性、合理性。

3．内部控制流程

依据广州地铁公司制定的《建设事业总部合同签订、支付、变更和结算管理流程》，广州地铁公司内部关于结算管理的具体流程如下：

项目竣工验收后，由监理单位首先审核总承包商提交的结算资料，然后由建设管理部现场模块经办人和负责人复核资料及结算工程量，后报至投资监理单位审核其结算资料及金额，然后由建设管理部合同模块进行复核，最后由建设管理部总监审批。

竣工结算过程中审批的流程如图5-11所示。

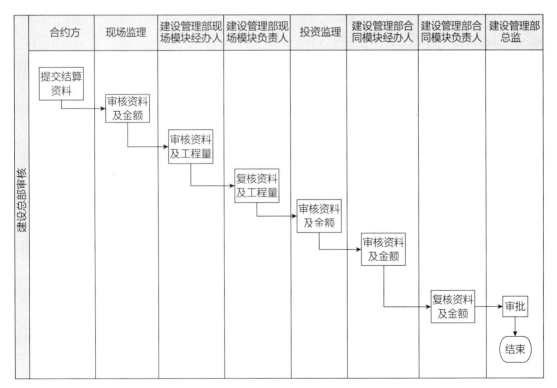

图5-11　广州地铁公司建管部竣工结算审批流程

第三节　基于再谈判机制的项目投资管理实践

一、基于柔性合同的再谈判概述

（一）合同柔性的两阶段

基于不完备契约理论中合同签订人有限理性原理，工程项目合同在初始签订时即具备不完备性。虽然于合同条款中设置柔性因素可有效应对不确定性风险，但基于契约不完备性仍不能避免后期的合同调整。

根据合同柔性的阶段性，Soili按照动态合同原理，将合同柔性划分为两类，即合同条款柔性，事先设计好的体现在合同条款上；合同执行柔性，在合同执行中是否进行合同调整以及如何调整。合同条款柔性多是针对影响项目绩效的成本、进度及质量的规定而言的。合同实施时由于实际环境的变化，其执行态度和执行的手段会发生改变。

因此，合同柔性的实现并不仅仅局限于缔约阶段，签订合同并不意味着缔约的结束，而是持续到实施阶段良好的管理、合作与协调。在考虑项目交易属性，按照动态合同原理（即考虑全生命周期环境）的基础上，对于合同柔性可分两个阶段：第一阶段，即合同条款设计阶段，可通过采用合理的风险分担方案、注入具有激励效应的条款和让渡控制权等方式在合同条款中注入柔性；第二阶段亦即合同履行阶段，强调在缺乏合同条款参照点（Reference Point）的情况下，如何保障合同的顺利履行。

（二）实施阶段柔性的体现

工程合同柔性的本质是价格柔性。在建设工程施工合同中，柔性程度的变化意味着承发包双方责任与权利分担的改变，然而承发包双方责任与权利的分担最终通过在约定合同价款的调整事项体现。合同价款调整事项（合同柔性点）可划分为：变更、索赔、市场价格波动与法律变化。

1. 变更柔性点分析

变更是指在合同实施过程中，当合同状态改变时，为保证工程顺利实施所采取的对原合同文件的修改与补充的一种措施。而建设工程施工合同是基于签订时静态的承包范围、设计标准、施工条件等为前提的，承发包双方的责任与权利分担也是以此为基础的。因此，工程实施过程中，由于项目不确定因素打破这种静态前提，则必须在新的承包范围、新的设计标准或新的施工条件等前提下建立新的平衡，追求新的公平和合理。广州地铁18号、22号线变更柔性点分析如表5-9所示。

广州地铁18号、22号线变更柔性点分析 表5-9

内容		条款	条款内容
变更权		15.3.1 变更的提出	发包人、设计人、监理人、承包人均有权提出变更
变更价款调整	总价包干项目	15.3.2.1 采用概算下浮方式总价包干项目变更合同价款调整原则	因政府或发包人原因引起的相对于初步设计图纸发生的规划调整、实施范围变化、重大方案变化、工法变化、地质灾害、政策性调整等属初步设计范围外项目，经政府同意，办理初步设计概算调整程序后，按调整后对应初步设计概算金额和本合同约定的下浮率调整总价包干项目价款
	单价包干项目	15.3.2.2 单价包干项目变更合同价款调整原则	因政府或发包人原因引起的相对于招标工程量清单发生的工程量变化和项目增减，按应予计量的实际完成工程量调整合同价款
	风险包干	15.3.2.5 风险包干范围	包括但不限于以下所列风险费用已包含在承包人合同总价中，不再另行计算。 （1）包括承包人对分包人、材料设备供应商的选择（含通过招标选择）与管理的费用，承包人对发包人委托的其他施工、供货等单位的管理，承包人对甲供材料设备的协调管理所有费用，为完成工程所需与非总承包范围工程接口的协调管理，配合联合调试及通车试运行，"三权移交"前的保安保洁、隧道清洗、垃圾清运以及合同约定的由承包人代替发包人实施的管理职责所引起的为满足本工程管理所需的总承包管理的一切费用。 （2）承包人根据自己的技术和经验判断，按照本合同规定实施施工补勘。 （3）在专用合同条款约定之外的不属于可调差范围的人工、材料、机械等的价差费用。 （4）在发包人提供临时用电接口前及施工过程中停断电的承包人自发电费用。 （5）因政府、发包人管理部门和发包人要求，为满足市容市貌、接待或重大节日、重要活动或为满足某一特定专项要求，对施工场所及围挡、围护、临时道路、交通疏解、交通设施等进行的调整、装饰、文明施工、安全防护、现场协调和配合工作等增加的费用。 （6）因为本工程接口问题造成的工程施工工法调整、工序调整、加固与防护、监控监测、交叉施工、返工、系统接入、软硬件改造升级、既有工程拆除与恢复等导致的费用增加。 （7）因施工场地、夜间施工、出土时间限制等因素导致的工程施工功效降低。 （8）合同约定范围外，发包人未提供保护设计方案的建（构）筑物保护相关费用。 （9）由于施工造成的周边建（构）筑物受损加固和受损赔偿，以及由此引起的协调及社会维稳工作等所发生的相关费用。 （10）土石方或工程中其他所需使用的材料、物质、设备，因运距、运输方式、运输途径、运输时间、弃土场等发生变化所引起的费用增加，但政府颁布相关政策允许调整的除外。 （11）非政府及非发包人原因导致的技术、安全、环保等要求的变化引起的费用增加。 （12）为配合发包人征地拆迁进行的保护性进场发生的费用。 （13）由承包人负责实施的监测、检测、试验、评估等内容的增加引起的费用增加。 （14）初步设计概算与招标用图纸（初步设计阶段）之间的差异。除调整概算外，招标用图纸（初步设计阶段）、修改初步设计图纸与施工图纸之间的差异，施工图设计变更图纸与施工图纸之间的差异。 （15）除合同另有约定外，为保证里程碑工期目标的实现，工程施工期间发生的全部赶工费用。

续表

内容	条款		条款内容
变更价款调整	风险包干	15.3.2.5 风险包干范围	（16）除合同另有约定外，工程施工期间发生的全部停工、窝工费用。 （17）与工程周边有关单位的协调费用。 （18）因成品保护产生的器具、材料费用（含设备、材料受损后的赔偿）。 （19）BIM应用和使用广州地铁一体化项目管理平台的费用。 （20）由于施工图设计错漏及返工，或由于承包人施工错漏及延误工期等原因引起的工程变更。 （21）一般计税法涉及的承包人税赋差距。 （22）开展创新和科研产生的费用。 （23）因发包人提供材料设备原因引起设备基础、施工工序、设备运输路径、预留预埋、孔洞等局部或系列调整、改造，和（或）导致本工程发生变更或工程改造、更换、返工等后果增加的费用。 （24）发包人的运营管理部门为满足运营开通及运营功能使用等工作而新增的要求，由此增加的费用

分析表5-9可以得出，广州地铁18号、22号线项目采用了固定总价加部分单价包干总承包合同计价方式，鉴于其投资巨大，依然遵循公平原则进行了一定程度的合理风险分担。比如对于总价包干项目，在合同约定的变更范围内可调整价款，其他变更均不予以调整。对于单价包干项目，发包人原因导致的变更按实际情况调整价款，承包人原因导致的变更一律不调整合同价款。且合同同时明确了变更风险包干的内容，风险包干内容最终基本确定了25.2亿万元以下的工程变更，详勘的风险以及费用增加等内容，对于总承包项目发生的某些变更，若属于风险包干下的费用，则广州地铁公司无须另支付变更调整的费用。

2．索赔柔性点分析

在建设工程过程中索赔是发包人和承包人之间对工程责任进行再分配，对于承发包双方特别是承包人来说，索赔是减少风险损失和维护合同权益的重要手段。双方在合同签订时明确约定承包人可向发包人进行索赔的范围，同时也就明确了承发包之间的责任划分，承包人可索赔事项的数量与合同价款调整的可能性成正比，也就意味着合同柔性程度的改变。

3．市场价格波动与法律变化柔性点分析

相对于变更和索赔这类由承发包双方在合同中自行约定的可调价事项而言，法律法规中对于市场价格波动和法律变化引起的调整已做出公平合理的责任分配方案。在广州地铁18号、22号线设计施工总承包合同中对费用变化引起的调整做出了具体详细规定。

（三）再谈判机制

长期合同的刚性或者非柔性使得面对外部不确定性变化时，合同执行过程可能终止。认识到合同执行过程需要柔性，实践人员采用了重新谈判，交易双方重新评估责任，进行合同的再谈判。采用柔性合同必然会引发再谈判事件，再谈判是实现合同柔性的关键，其主要体现为合同约定范围可改变、风险分担内容可改变、灵活快速的解决途径三个方面。

再谈判的前提是物理边界与时间边界被打破，对应的合同柔性为"有约束的柔性"，即合同约定的某事件为可调事件（柔性），但调整范围和调整幅度有合同明确的规定（刚性），由此引发的再谈判可通过变更、调价、索赔的方式解决。

1．再谈判的概念及特征

广州地铁因其地域的独特性，工程总承包项目投资大、合同周期长、工期紧、建设体量巨大、施工界面复杂，衔接困难，不确定的风险因素较多，合同的设计和项目各阶段的管理面临着严峻挑战。当合同的一方认为原合同已经不能适用于新的环境和变化、进而要求对合同条款进行调整时，再谈判即发生。

预见成本、缔约成本、证实成本的存在导致了工程项目合同不完全成为必然，发承包双方专用性资产的投入导致了合同交易双边关系的锁定，因此或然事件发生以及合同条款不可证实情形的出现，均会导致发承包双方在事前及事后寻找不完全合同的治理手段。Klein和Hart的不完全合同治理研究表明，合同的自我实施机制与再谈判是妥善处理合同不完全情形下合同矛盾的有效方式。自我实施机制追求的是不完全合同制定过程中双方合同内的协商解决，其目的是不要把公平解决希望寄托于不能准确证实合同条款的第三方（法院），而是利用终止商业关系威胁来达到双边关系的平衡；再谈判则强调交易双方在合同后的某个时点对合同履行过程中的或然事件及责任分担等进行二次或多次协商，由此加强合同签订前的合同设计。

由此可以看出，在合同的不确定履行过程中，自我实施机制和再谈判的本质含义并不存在太大的差异，共同点则是均在合同内寻找矛盾解决方式。因此，对于工程项目合同来说，再谈判对于妥善处理合同内事件以及或然事件等具有十分重要的作用，是维持稳定合同关系的有效手段，工程项目合同再谈判必不可少。

1）工程项目再谈判已经具有了明确的、可供参考的执行程序。工程项目实施历史长远，在总结以往经验和借鉴国际施工经验的基础上，已经形成了明确的、可供参考的合同示范文本和不确定性事件的解决手段，如签证、变更、调价、索赔、和解调解、诉讼仲裁等，是发承包双方妥善处理不完全合同矛盾的有效手段。

2）工程项目再谈判方式之间的程序和解决能力具有明显的差异性。索赔指合同履行的时候，通过工期和费用补偿的重要谈判手段；签证是发承包双方代表处理施工过程中责任事件的快速解决机制；工程变更则是改变项目设计，对项目实体对象进行调整的主要渠道；调价是发承包双方应对政府指导价格变化的补充手段；和解调解则是发承包双方对纠纷和争议事件进行处理的协商方法；仲裁与诉讼则是发承包双方寻求合同外解决的重要机制。然而通过比较可以发现，在工程项目领域内，现有的不同谈判方式的程序存在巨大的差异，例如签证和诉讼、索赔和仲裁等。同时，不同谈判方式在解决纠纷的能力上亦存在差异，例如签证仅仅能够针对现场的事实进行认定，而索赔则可以对不可抗力等重大风险事件进行合同补偿等。因此，不同谈判方式在执行程序和解决能力上存在明显差异。

综上所述，工程项目已经形成了较为成熟的再谈判方式，不同谈判方式之间在事件解决能力和执行程序上存在明显差异。

2．再谈判的方式划分

再谈判是重要的处理工程项目不完全合同自然事件、或然事件以及纠纷事件的合同内机制，是在锁定双边关系中避免敲竹杠的有效手段。再谈判效率受技术效率和配置效率两个方面影响，其中技术效率主要是反映具体再谈判方式在解决工程合同事件的解决能力；配置效率主要是反映再谈判投入资源与再谈判方式的匹配上（避免资源浪费）、再谈判方式与再谈判事件的匹配上。

1）基于合同状态补偿的事件层级再谈判

事件层级再谈判具体指可以按照合同中已规定的程序和原则自动处理发生的不确定事件的方式。此类再谈判是对合同状态的补偿，不需要双方进行面对面的协商，具体包括工程项目实施过程中已经形成的比较成熟的签证、变更、调价、索赔等再谈判方式。工程项目实施具有长远的历史，无论是发包人还是承包人均在长期、多次的市场交易和工程实践中积累了大量的合同管理经验，为了快速应对常见的不稳定因素与或然事件，在工程合同中安排了具体的状态补偿条款，即签证、变更、调价、索赔等处理机制，当预期自然事件与或然事件发生后，双方即可以按照约定的再谈判方式进行处理。由此也为不完全合同的执行节约了交易成本。

2）基于合同状态补充的项目层级再谈判

项目层级再谈判具体是指按照合同规定的程序和原则处理合同未规定具体的处理机制的事件的处理方式。此类方式是对合同状态的补充，没有明确的程序可以执行，不能按照合同自动进行，具体指合同约定自然事件与或然事件处理机制之外的"和解调解"，是发承包双方在合同内直接对话的再谈判。不完全合同包括合同有缺口和存在不可证实条款两种情形，事件层级再谈判方式主要解决合同预期到的自然事件与或然事件，而项目层级再谈判则主要用来处理合同中未约定的事件、合同条款存有争议的事件以及事件层级再谈判处理不当引发的纠纷事件。与合同内已规定明确的处理程序和原则，可以自动进行解决的事件层级再谈判相比，项目层级再谈判即和解调解是处理不能按合同约定程序自动进行处理的事件，需要双方面对面进行的再谈判方式。而相比仲裁和诉讼，和解调解属于没有第三方强制的裁决结果的合同内解决机制范畴，仍是双方自愿协商进行处理不确定事件的方式。两个层级再谈判具体划分如图5-12所示。

广州地铁18号、22号线项目再谈判的目的是妥善处理不完全合同下发生的自然事件与或然事件，是寻求合同内解决的重要手段，是避免第三方证实合同条款不公与资源浪费的有效举措。同样，再谈判层级划分也是实现再谈判制度优化的必然要求。本书主要阐述的是事件层级再谈判方式下的解决机制和实践，即变更、签证、调价、索赔的再谈判实践。签证是发承包双方代表处理工程施工现场或然事件的有效措施，索赔是补偿非己方责任损

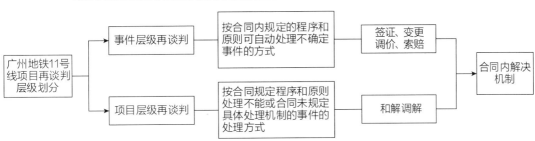

图5-12 事件层级再谈判与项目层级再谈判划分示意图

失的重要再谈判方式，变更则是修正工程项目设计和施工准则的有效渠道，调价是应对政府指导价格变化等风险的调解手段。

根据地铁工程工期要求紧，施工中不可预见因素多及材料价格波动的特点，势必造成工程变更和调价情况的发生。因此，控制工程变更和价款调整是施工阶段投资控制的关键点。以下将对广州地铁18号、22号线总承包项目的变更、索赔及调价的管理实践进行阐述。

二、基于再谈判的变更管理

对于固定价格类型的工程总承包项目而言，虽然业主风险在很大程度上转移给了承包商，而且变更范围也在缩小，但是项目变更现象依然存在。由于工程项目施工阶段条件复杂，影响因素多，以及一些主观和客观方面的原因，工程变更是难以避免的。

广州地铁公司为有效地进行工程变更管理，编制了《广州地铁集团有限公司建设事业总部新线建设总承包合同管理办法》，明确了工程变更从提出到审批实施的全过程管理方法和流程。且广州地铁公司内部成立了工程合同价款调整委员会，对于不确定的变更召开合同变更审查会，有助于明确工程变更价款调整的原则及金额。

（一）变更管理模式

广州地铁公司对于合同变更管理推行分级授权审批制度，第一级为地铁集团；第二级为集团公司企业管理总部合同部，它是集团公司所有合同管理的归口部门，对合同主办单位提供合同管理专业支持，负责按照相关国家法律、地方法规以建立合同管理制度及实施细则等；第三级为建设事业总部，下分为建管部和投资管理部，是合同、概预算、结算统筹管理及对外关系协调部门，同时它也是合同管理与执行的部门，其工作内容主要包含了参加合同变更审查会、负责审核合同变更、负责合同变更外审、负责审核工程结算、负责处理合同索赔及合同纠纷事务等合同管理业务。

合同变更管理业务实施授权管理，根据广州地铁公司及建设总部现行组织架构，合同管理业务授权分为三级授权，分别为：一级授权，建设总部授权外；二级授权，建设总部授权内，建管部授权外；三级授权，建管部授权内。

（二）变更管理中相关单位职责

1. 工程总承包商

合同变更管理过程中，承包商主要职责为：参加业主组织的合同变更审查会；及时处理及上报变更；按照业主制定的变更管理办法编制表格、合同条款、变更会议纪要、施工图纸及时施工及上报，积极配合监理工程师、业主、政府部门对变更的审核工作。

2. 监理单位

合同变更管理过程中，监理工程师的主要职责为：接收、提出变更申请；审查变更，准时参加变更讨论会，对变更中存在的问题提出解决方案；发布各类工程变更令；督促承包商/供应商按规定实施变更内容和上报工程变更资料；做好隐蔽工程变更现场验收记录，保存现场影像资料；审核工程变更报表，提出书面审核意见，并督促承包商进行修改。

3. 设计单位

合同变更管理过程中，设计单位的主要职责为：及时处理、提出变更；提供变更的有关依据及支持性材料；准时参加变更讨论会，对变更中存在的问题提出解决方案；施工图纸及图纸会审结果不明确之处，及时补充相应的设计说明或补充施工图纸。

4. 设计总体及设计咨询

合同变更管理过程中，设计总体与设计咨询的主要职责为：准时参加变更讨论会，对变更中存在的问题提出解决方案；审查施工图、施工变更图纸，对相关图纸提出书面意见；提供变更的有关依据及支持性材料，提交完整准确的工程设计变更台账。

5. 广州地铁公司

1）建设总部建管部

建管部是总承包合同的责任管理部门。建管部负责对总承包合同签订及履行的全过程进行管理。

（1）负责组织总承包项目调概及合同价款调整原则审查会。

（2）组织合同变更审查会，主持建管部授权内项目的合同变更审查会，参加建管部授权外项目的合同变更审查会。

（3）负责合同变更的报备及报批，编制变更送审清单，负责合同变更资料的对外送审及外审对数工作（含相关协调工作），按要求及时补充资料。

（4）负责合同变更过程监控；负责及时建立合同变更等管理台账，并及时更新，配合各层级的合同变更管理情况的检查，同时须定期报备给总部业务分管领导。

2）建设总部投资管理部

投资管理部是总承包合同投资管控的归口管理部门，主要职责是：

（1）负责审核建管部授权外项目的合同变更原则。

（2）负责检查总承包合同所在线路第一部分工程费用实时概算执行情况。

（3）主持建管部授权外项目的合同变更审查会。

（4）负责合同变更外审的归口管理，根据建管部报备清单对外报备，组织建管部外送合同变更资料。

（5）组织总部合同变更管理工作检查和考核，定期或不定期对建管部审核的合同变更进行监督、检查，重点抽查审核的时效性、合理性及审核质量等内容，并配合总部外合同变更管理情况检查。

（三）合同变更的范围及分类

1. 合同变更的范围

本项目合同变更指合同成立以后，合同双方就合同内容（含合同条款）进行补充、修改以及根据合同约定就合同工期、合同价款等进行调整、确认的行为。

广州地铁18号、22号线采用总价包干和单价包干相结合的计价方式，因此变更范围可分为总价包干下的变更范围和单价包干下的变更范围，具体如表5-10所示。

合同变更的范围及内容　　　　　　　　表5-10

类别	变更范围和内容
总价包干	因政府或发包人原因引起的规划调整、实施范围变化、重大方案变化、工法变化、地质灾害、政策性调整等属初步设计范围外项目（"六类重大变化"）
单价包干	因政府或发包人原因引起的相对于招标工程量清单发生的工程量变化和项目增减，按应予计量的实际完成工程量调整合同价款

该工程建设变更的原则为：在广州地铁公司下达的第一部分工程费概算控制目标内各自综合平衡，最终不突破政府批复概算。

2. 合同变更的分类

合同变更按阶段分可分为设计变更、其他变更两类。

1）设计变更

设计变更是指变更经政府有关部门组织审查并批准的初步设计方案，或变更已经审定的招标用图、有效的施工图（即已经设计单位、设计总体单位、设计咨询单位、施工图审查单位及业主各方同时盖章通过的施工图纸，以下简称施工图）。根据工程变更内容的重要性、技术复杂程度、对技术标准和功能的影响程度、对工程实施性的影响程度、对工期的影响程度和增减投资额等因素，工程设计变更分为Ⅰ、Ⅱ、Ⅲ类。

（1）Ⅰ类设计变更分为土建工程和机电系统工程Ⅰ类设计变更。

土建工程Ⅰ类设计变更：①改变线路走向、长度、起讫点、敷设方式、车站站位。②改变运营行车交路及配线设置。③改变线路平、纵断面而影响系统产生重大变化。④改变车站规模与布置形式。⑤改变车辆段（停车场）总平面布置、竖向布置、使用功能、工艺流程、系统设备、建筑规模，导致运用库、检修库等主厂房的工艺流程和布置以及出入段线敷设方式变化。⑥改变轨道道床形式及减振形式。⑦改变区间、车站主要施工工法（不含不同工法分界里程的变化）。⑧工程总承包模式下，单项工程开工前，由重大地质条件变化引起的变更。⑨单项工程量变化导致土建（含轨道、装修、绿化、车辆段土建、市政接驳土建）设计概算增加或减少500万元（含500万元）以上，或导致其预估合同价增加或减少500万元（含500万元）以上。

机电系统工程Ⅰ类设计变更：①改变机电系统设备技术规格书的主要技术参数，由此引起系统功能、运营条件的改变。②设计联络后，变更供货合同确定的主要机电设备类型（指影响系统功能的部分）及重要系统功能。③改变单体设备价值在100万元（含100万元）以上的设备品牌、供应厂商。④机电系统设备采购、机电安装工程概算增加或减少100万元（含100万元）以上或导致其合同变更增加100万元（含100万元）以上。

（2）Ⅱ类设计变更分为土建工程和机电系统工程Ⅱ类设计变更。

土建工程Ⅱ类设计变更：①线路平面、纵断面的局部变化。②由于地质条件变化或实施条件变化等原因引起的围护结构或支撑体系变化。③涉及不同工程建设管理部管辖线路的跨部门设计变更。④单项工程量变化导致土建（含轨道、装修、绿化、车辆段土建、市政接驳土建）设计概算增加或减少500万元（不含500万元）~300万元，或导致其预估合同价增加或减少500万元（不含500万元）~300万元。

机电系统设备工程Ⅱ类变更：①改变单体设备价值在100万元（不含100万元）~50万元的设备品牌、供应厂商；②机电系统设备采购、机电安装工程概算增加或减少100万元（不含100万元）~50万元的变更，或导致其预估合同价增加100万元（不含100万元）~50万元或减少50万元以上。③涉及不同工程建设管理部管辖线路的跨部门设计变更。

（3）Ⅲ类设计变更。

不属于Ⅰ、Ⅱ类规定的设计变更为"Ⅲ类设计变更"。

2）其他变更

除上述设计变更外，其他导致合同内容发生实质性变化的变更均属于其他变更。其他变更包括清量变更、合同主体变更、甩项变更及其他不属于方案变更或设计变更的变更。

清量变更是指合同中单价包干的分项工程，且无方案变更，仅涉及图纸设计深化（招标图阶段和第一版施工图阶段对比）后与合同工程量清单对比进行的工程量或清单项目的合同变更；甩项变更是指已经政府批准同意缓建的单位工程或单项工程。

（四）变更价款的调整原则

广州地铁18号线合同采用总价包干和单价包干相结合的合同价格形式，对于总价包干和单价包干分别有其对应的变更价款调整原则。涉及合同工期、合同价款调整的合同变更必须严格按照合同约定办理，合同未约定或约定模糊的，通过合同变更审查会议确定合同变更原则。合同变更原则包含合同变更成立的理由和依据、合同变更计量及计价等具体原则。对于变更原因明晰、变更依据明确且合同条款中已明确调价办法和计算方法的合同变更,无须另行组织合同变更审查会。

1.采用概算下浮方式总价包干项目变更合同价款调整原则

总价包干项目:广州地铁18号线合同工程范围内的施工图设计、绿化迁移、交通疏解、道路恢复、建筑工程[不含端头加固、第三方监测范围内且有保护设计方案的建(构)筑物保护项目、番禺广场站车站主体围护结构]、安装工程、乙供设备及工器具购置、场地准备及建设单位临时设施费、办理临时用地手续相关图件和资料费用、土地复垦费、专项评估费、安全生产保障费。其中:场地准备及建设单位临时设施费、办理临时用地手续相关图件和资料费用、土地复垦费、专项评估费、安全生产保障费在合同执行期间不进行调整。

因政府或发包人原因引起的相对于初步设计图纸发生的规划调整、实施范围变化、重大方案变化、工法变化、地质灾害、政策性调整等属初步设计范围外项目,经政府(综合体同步实施工程项目经政府或发包人)同意,办理初步设计概算调整程序后,按调整后对应初步设计概算金额和本合同约定的下浮率调整总价包干项目价款。

2.单价包干项目变更合同价款调整原则

单价包干项目:岩土勘察、管线迁改、端头加固、第三方监测范围内且有保护设计方案的建(构)筑物保护项目、番禺广场站车站主体围护结构。以资金补偿形式自行迁改的管线(如军警、国安、铁路等特殊管线),按补偿协议据实结算。

因政府或广州地铁公司原因引起的相对于招标工程量清单发生的工程量变化和项目增减,按应予计量的实际完成工程量调整合同价款。

对于单价包干项目变更,合同价款具体调整方法如表5-11所示。

广州地铁工程总承包单价包干项目工程价款调整的方法　　　　表5-11

计价方式		变更价款的调整原则
单价包干项目变更合同价款调整	工程量变化,按发生相应的增减量变化调整	当项目存在相同名称且项目特征和工作内容相同的开项时,若发生合同变更,则增加工程量按最低的报价计算增加的费用;减少工程量按最高的报价计算减少的费用
	岩土勘察综合单价在合同执行期间不作调整	
	管线迁改新增工程项目,单价按右列顺序确定	(1)合同工程量清单中已有相同项目的适用综合单价,则沿用;相同项目有两个或以上不同单价的,采用低者,且最高不超过经广州市财政投资审评中心审核的该项目单价。 (2)合同工程量清单中已有类似项目的综合单价,则抽换类似项目综合单价(若该综合单价高于经广州市财政投资审评中心审核的该项目单价时,则采用低者)的主材单价,按施工期主材差价进行调整,计勘察设计费(工程费的4%)。 (3)合同工程量清单中没有以上(1)、(2)两种情况,但在《广州市道路扩建工程办公室2008年度市政工程管线迁移单位工程概算(修改稿)》(以下简称"道扩办2008概算")中有相同项目的,则采用"道扩办2008概算"中的工程费单价,另计勘察设计费(工程费的4%),并按投标报价相应下浮率下浮,此单价为全费用(含规费、税金)单价

续表

计价方式		变更价款的调整原则
单价包干项目变更合同价款调整	管线迁改新增工程项目，单价按右列顺序确定	（4）合同工程量清单中没有以上（1）~（3）三种情况，但在"道扩办2008概算"中有类似项目的，则采用"道扩办2008概算"单价（工程费单价，另计勘察设计费4%），按投标报价相应下浮率下浮后抽换类似项目的主材单价，按施工期主材差价进行调整，此单价为全费用（含规费、税金）单价。 （5）合同工程量清单和"道扩办2008概算"中无相同项目且无相似项目的，按对应专业定额及对应计费程序计算建安工程费。在建安工程费基础上计勘察设计费（工程费的4%）后按投标报价相应下浮率下浮
	土建工程（含车辆段土建）新增工程项目，单价的确定	（1）合同工程量清单中已有相同项目的适用综合单价，则沿用；相同项目有两个或以上不同单价的，采用低者。 （2）合同工程量清单中已有类似项目的综合单价，则按类似项目的综合单价对相应子目、人工、材料消耗量、单价等进行调整换算，原管理费、利润水平不变；如类似项目综合单价的子目消耗量高于定额水平，则按照定额消耗量调整换算。如换算时原投标报价中已有的材料价格则采用，若出现类似项目中没有的材料单价，如此材料属于乙供可调差的材料范围，材料价格用概算编制所采用的2017年1季度，由广州市建设工程造价管理站《广州建设工程造价信息》发布的"广州地区建设工程常用材料综合价格"中的该材料价格计；如果不属于已供可调差的材料范围，则用实际施工期所在季度，由广州市建设工程造价管理站《广州建设工程造价信息》发布的"广州地区建设工程常用材料综合价格"中的该材料价格下浮5%计。对"广州地区建设工程常用材料综合价格"中没有的价格，由甲乙双方协商确定。施工机具台班价格采用所选用的定额中该施工机具台班价格。 （3）合同工程量清单中没有相同项目或类似项目的，按《新增项目综合单价分析表》及《本报价采用的管理费、利润、规费和税金费率列表》执行
新增项目定额的选用	土建工程新增项目的定额采用顺序	（1）《2001年广州地铁工程主要项目综合成本指导价》； （2）《广东省市政工程综合定额》； （3）《广东省建筑工程综合定额》； （4）如以上定额缺项可按顺序采用广东省其他工程综合定额、其他行业定额； （5）以上定额均为施工期现行定额，执行《新增项目综合单价分析表》； （6）取费标准按照合同规定的《本报价采用的管理费、利润、规费和税金费率列表》执行； （7）广东省和广州市如出台新的预算定额和取费标准，在实施过程中优先采用
	管线迁改工程（含通信管线迁改、电力管线迁改、燃气管线迁改、给水排水管线迁改）新增项目的定额采用	（1）通信管线迁改：工业和信息化部2008年5月发布的《通信建设工程预算定额》，如该定额缺项可按顺序采用广东省其他工程综合定额、其他行业定额； （2）电力管线迁改：①《电网拆除工程预算定额》；②《电网技术改造工程预算定额》；③《电网技术改造工程预算编制与计算标准》，如以上定额缺项可按顺序采用广东省其他工程综合定额、其他行业定额； （3）燃气管线迁改：①《广东省安装工程综合定额》；②《广东省市政工程综合定额》，如以上定额缺项可按顺序采用广东省其他工程综合定额、其他行业定额； （4）给水排水管线迁改：《广东省市政工程综合定额》，如以上定额缺项可按顺序采用广东省其他工程综合定额、其他行业定额； （5）以上定额均为施工期现行定额，执行《新增项目综合单价分析表》； （6）取费标准按照合同规定的对应专业的《本报价采用的管理费、利润、规费和税金费率列表》执行； （7）广东省和广州市如出台新的预算定额和取费标准，在实施过程中则采用最新的定额

现行合同范本及规范对分部分项工程变更项目综合单价的确定原则基本达成一致，除工程变更专用条款另有约定外，以变更为方式的合同价款调整基本均采用已公认的三条定价原则予以处理：即已有适用的综合单价，采用合同中已有的综合单价；有类似的综合单价，参照类似的综合单价确定；无适用或类似的综合单价，按成本加利润原则确定。基于此，广州地铁18号、22号线单价包干项目以三类变更定价原则为基础，对不同工程分别确定了其综合单价的调整原则。

（五）合同变更的审批流程

为了加强地铁建设合同管理，必须有效地控制工程变更的程序，制定规范的变更处理流程。广州地铁公司对于本项目合同变更的审批流程如下：

1．合同变更支持资料

设计单位、监理单位、承包商提出变更建议的，需要向广州地铁公司以书面形式提出变更计划，说明计划变更工程范围和变更的内容、理由，以及实施该变更对合同价格和工期的影响。广州地铁公司同意变更的，由监理单位向承包商发出变更指示。广州地铁公司不同意变更的，监理单位无权擅自发出变更指示。承包商根据方案变更会议纪要、设计变更会议纪要、施工图纸等准备变更支持材料。

1）合同变更支持材料须严格按照广州地铁公司制定的变更指引要求填写。指引针对各类变更已列明须附的基本支持材料，具体变更可根据变更实际情况调整、追加变更支持材料。

2）合同变更在OA系统报批时应扫描、上传所有变更支持材料；如注浆签证等资料页数过多时，可只传汇总表，纸质资料备查。

3）合同变更所附施工方案及其他支持材料，其编写的深度、细度应能够支持合同变更预算的编制。

4）部分特定类型的变更资料：

（1）涉及初步设计概算调整类合同变更还需附同意纳入"六类价款调整原则"的审查文件、初步设计调整概算（明确归属六类价款调整原则的概算金额）审核文件、合同价款调整委员审查纪要及其他相关资料。

（2）如属合同外新增工作还需附经政府部门批准的相关文件。

（3）乙供设备供应商名录变更还需附供应商名录更换的技术审查相关资料。

2．合同变更申报

工程变更申请须按照总部设计变更管理制度填报《广州地铁集团有限公司轨道交通建设工程设计变更申请单》。施工、监理单位须对变更预估合同价中工程量变化及金额变化进行审核、签名确认。

1）合同变更涉及需设计变更作为变更依据的，须依照相关规定办理设计变更后，才能办理合同变更。合同变更办理过程中，设计变更所属类别发生变化的，须按设计变更管理办法办理。

2）合同甩项项目如非设计变更或规划调整原因引起的，主办部门需报集团公司批准后再办理合同变更。

3）对同一专业、同一内容、同一类型、同一地点等发生的工程变更，不允许分拆办理。由于设计变更或工程变更引起的合同变更，视以下几种不同情况进行申报：①各设计变更或工程变更引起的合同变更均属于同一授权范围且合并后的授权范围不变，则允许合并成一份合同变更进行；②各设计变更或工程变更引起的合同变更不属于同一授权范围，则不允许合并成一份合同变更进行申报和审批。

3. 合同变更审核

变更资料准备齐全后，交施工监理审核，监理单位负责审核合同变更资料的真实性、完整性、合规性，审核变更工程量、价格。监理单位审核不通过的变更将被退回补充资料或者不同意变更，监理审核时限平均时间为28个工作日；对于监理审核通过的合同变更，将上报给广州地铁公司主办部门进行审核，业主业务主办部门组织召开工程变更审查会，对变更项目的必要性、技术合理性、变更范围、工程量及投资变化、引起的连带变更等内容（"五点说明"）逐一审查，其中涉及新增项目的工程量及投资变化需由业务部门的投资管理人员审核确认，并从工程实施的角度提出审查意见后签署。变更申请经变更审查会批准后，承包单位按照会议审查情况填写《工程变更会审表》，按流程进行逐级审批。

（1）非概算调整引起产生单个新增项目的合同变更（施工类，400万元以下；重要设备、材料采购类，200万元以下；服务类，100万元以下），由建管部副总监（含）以上人员主持合同变更审查会。

（2）非概算调整引起产生单个新增项目的合同变更（施工类，400万元及以上；重要设备、材料采购类，200万元及以上；服务类，100万元及以上），建管部须召开由建管部副总监（含）以上主持合同变更初审会并形成会议纪要且完成变更初审金额后，由建管部总监、投资管理部P5级（含）以上主持合同变更审查会。

（3）涉及因概算调整而引起的合同变更，须按集团公司法律合约部有关规定执行。

其中，涉及合同工期、合同价款调整的合同变更必须严格按照合同约定办理，合同未约定或约定模糊的，通过合同变更审查会议确定合同变更原则。合同变更原则包含合同变更成立的理由和依据、合同变更计量及计价等具体原则。对于变更原因明晰、变更依据明确且合同条款中已明确调价办法和计算方法的合同变更，无须另行组织合同变更审查会。

4. 合同变更审批及变更令的发布

审核结束后，建管部授权内的合同变更由建管部总监审批；建管部授权外，总部授权内的合同变更将由三级领导审批体系，分别是总部业务分管领导、总部合同分管领导、建设事业总部总经理审批；属于总部授权外的合同变更由集团领导审批。每一级审批的限时原则上为5个工作日。

合同变更审批流程从承包商编制变更报表开始，经过监理单位、建设管理部、投资管理部和总部或集团领导审批才完成整个流程，广州地铁18号、22号线总承包合同变更流程如图5-13所示。

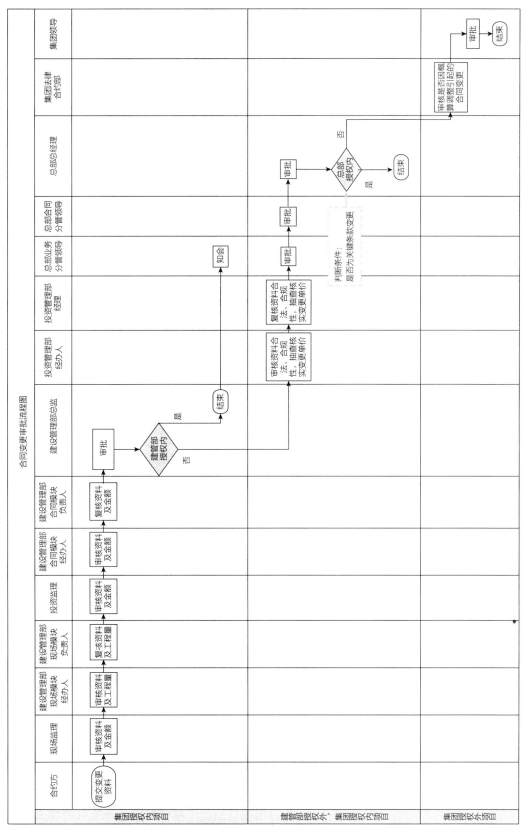

图5-13 广州地铁18号、22号线合同变更审批流程

第五章 实施阶段投资管控 · 173

根据图5-13所示合同变更流程图，对于广州地铁18号、22号线总承包项目，不同的变更类型对应不同的授权范围。属于建管部授权内的合同变更，由建管部副总监（含）以上人员主持合同变更审查会，属于建管部授权外、总部授权内的变更，由建管部副总监（含）以上主持召开合同变更初审会议并对变更金额进行初审，最后由建设总部总经理进行审批确认。属于建设总部授权外的变更事项，须上报集团法律合约部召开变更审查会议进行审批和确认。变更类型对应的授权范围具体如表5-12所示。

工程总承包项目合同变更会议审核权限　　　　　　　表5-12

序号	变更类型	合同变更审查会	授权范围
1	非概算调整引起的合同变更： ①所有未产生新增项目的合同变更； ②产生单个新增项目的合同变更： 施工类，＜400万元；重要设备、材料采购类，＜200万元；服务类，＜100万元	由建管部副总监（含）以上人员主持合同变更审查会	建管部授权内
2	非概算调整引起的合同变更：产生单个新增项目的合同变更：施工类，≥200万元；服务类，≥100万元	建管部须召开由建管部副总监（含）以上主持合同变更初审会议并形成会议纪要且完成变更初审金额后，由建管部总监、投资管理部P5级（含）以上主持	建管部授权外
3	涉及因概算调整而引起的合同变更	按集团公司法律合约部有关规定执行	总部授权外

为了简化管理程序，抓住管理重点，广州地铁公司对有些变更事项可以不再另行组织变更审查，无须附合同变更审查会议纪要作为支持材料。如合同变更不涉及合同工期、合同价款调整的，可直接通过补充协议的形式办理；对单价包干的分部工程，仅涉及图纸设计深化但合同工程量清单准确合同；已经政府批准同意缓建，或已经按总公司授权权限批准同意，且不涉及前期准备费用调整的合同变更；单价包干的附属结构工程；合同条款中合同变更调价原则已明确规定了调价办法和计算方法，各部门在报送、审核过程中均无异议的合同变更等。

（六）变更价款调整的评审机制

因为工程变更会直接影响到建设项目进度、费用以及质量，不管是变更性质，还是变更费用额度在哪一个审批权限，都需要具有科学严谨的技术论证，如此才能够确保工程变更管理方面的合理性与科学性。所以，业主方必须综合评审工程变更方案，以确保工程变更带来的影响能够控制到一定承受范围内。

因此广州地铁公司针对广州地铁18号、22号线总承包项目组建了专门的合同价款调整委员会。组织内部部门对变更要求进行多层次分析和评审，分别对总价包干项目合同变更、单价包干项目合同变更以及涉及调概的新增项目制定了相应的变更评审机制和流程，严格控制项目投资。

1. 总价包干项目合同变更初步设计概算评审流程

因总价包干项目中"六类重大变化"导致原批复概算不能满足工程实际需要，需申请调整初步设计概算和调整合同价款的，应根据《广州地铁集团有限公司新线建设工程总承包模式下合同价款调整管理规范（试行）》报合同价款调整委员会审查后，办理合同变更。

具体办理合同变更调概的程序如下：

1）对可能引起调概的设计变更事项须按广州地铁公司、建设总部设计变更管理办法完成设计变更审查、调整概算审核，初判合同价款调整原则后，上报合同价款调整委员会。

（1）属于广州地铁18号、22号线建设总部授权内的设计变更，由建管部根据"六类价款调整原则"进行梳理分析，初判是否属于"六类价款调整原则"的范围，经建设总部总工室审核后，报集团总工程师室复核；属于广州地铁18号、22号线建设总部授权外的设计变更，经建设总部总工室初审后，与设计变更同步报集团总工程师室，由集团总工程师室在设计变更审查阶段出具是否属于"六类价款调整原则"范围的审查意见。

（2）工点设计编制的初步设计调整概算（含明确归属六类价款调整原则的概算金额）经设计总体总包审核后，由建管部进行审核，并报投资管理部；投资管理部对初步设计调整概算的编制原则进行复核。经建设总部"总承包项目调概及合同价款调整原则审查会议"初审后，由建管部将调概初审结果（含明确归属"六类价款调整原则"的概算金额）报集团法律合约部。

2）未涉及初步设计调整的其他调概事项，由投资管理部组织对费用进行测算后，上报合同价款调整委员会。

3）由合同价款调整委员会裁定是否纳入调整初步设计概算范围，并确认其中归属六项价款调整原则的概算送审金额及合同价款调整原则。经合同价款调整委员会同意纳入调概的事项，由法律合约部报市发改委申请核定。

4）合同价款调整委员会同意纳入调概的事项，对应的调整概算送审金额经合同价款调整委员会审定后，对调整概算中明确归属六类价款调整原则的事项，由建管部负责办理第一次合同变更，并支付至对应合同变更金额的60%。调整概算经政府主管部门核定后，由建管部负责办理第二次合同变更，并根据合同约定支付至对应合同变更金额的90%。

5）如调整概算未获得政府核定，建管部应在未批准之日起两个月内启动未批准范围的负变更（对应第一次合同变更），并在负变更办理完成次月的计量支付中全额扣回已支付的合同变更金额。

具体流程如图5-14所示。

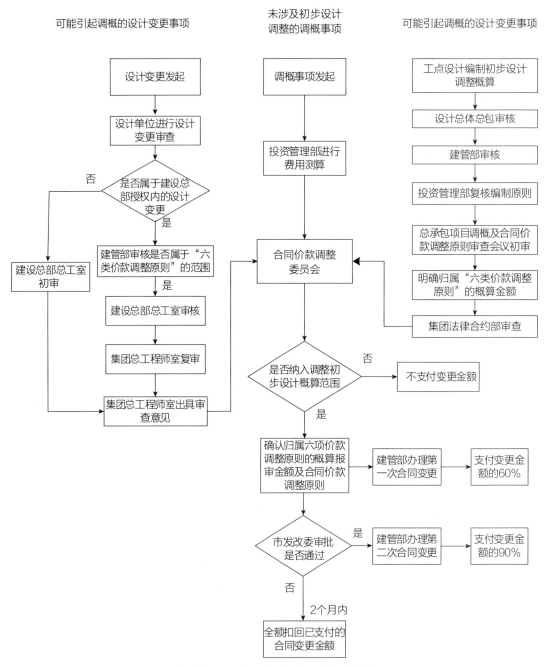

图5-14 总价包干项目合同变更初步设计概算评审流程

2. 单价项目包干合同变更评审流程

1）工程实施过程中，对单价包干项目发生的设计变更，应按合同约定办理合同变更后，方予以支付。

2）对于合同清单中单项工程量按全线计算的单价包干项目（如管线迁改、交通疏解等），在工程实施过程中，如发生新增单价的，可仅就新增单价办理合同变更，待完成补

充协议签订后计量支付。（如涉及设计变更的须先行办理设计变更）

如单价包干项目的合同变更涉及总价包干项目价款调整的，按总价包干项目合同变更的规定及程序执行，流程如图5-14所示。

3．新增项目变更评审流程

新增项目是指经设计、施工监理、投资监理、建管部根据合同、批准的初步设计及设计概算进行核实，不在原合同承包范围的工作内容。

1）对于新增项目，建管部须上报市交通运输局，由市交通运输局确认项目实施的必要性、项目实施主体以及上报市发展改革委确认项目资金来源。对于经批准按变更工程纳入总承包实施范围且涉及调概的新增项目，应报集团合同价款调整委员会审查后，办理合同变更。

2）新增项目上报合同价款调整委员会审查，办理合同变更的程序可参照上述总价包干项目合同变更的约定执行。

具体审查流程如图5-15所示。

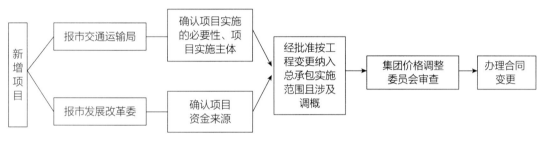

图5-15 新增项目变更评审流程

4．总价包干项目设计变更施工图预算评审流程

设计变更是建设项目工程造价全过程管控的重要环节。总价包干项目发生的设计变更，承包商应在施工图完成后30天内完成设计变更工程的施工图预算编制，提交监理审核。

1）施工图预算以设计变更施工图纸计算工程量，执行初步设计概算的编制原则：采用定额与初步设计概算的编制定额相同；人工、材料、机械价格采用初步设计概算编制期的人工、材料、机械信息价格；计费标准与初步设计概算相同。

2）投资监理对设计变更工程的施工图预算进行审核，出具预算审核报告，报建管部审核。

3）施工图预算审核完成后，投资监理同口径对比原初步设计概算，形成投资变化情况报告，录入工程变更台账、计量支付台账，并及时报备建管部。

4）设计变更施工图预算一式五份，经审核后，施工监理、投资监理、建管部各留存一份，其余返回承包商。承包商负责过程施工图预算的资料管理及归档工作。

（七）合同变更的审查要点

广州地铁公司业务主办部门须对变更项目的必要性、技术合理性、变更范围、工程量及投资变化、引起的连带变更等内容（"五点说明"）逐一审查，其中涉及新增项目的工程量及投资变化需由业务部门的投资管理人员审核确认，并从工程实施的角度提出审查意见后签署。其审查的要点具体如下：

1. 确认变更事项是否属于合同约定的可调整范围

仔细研读合同中有关工作范围、风险因素及可调整合同价款的情形，再次复核变更是否确属合同外新增工作内容，对广州地铁18号、22号线总承包项目而言，大部分都采用总价包干计价方式，合同约定了"六类重大变化"的变更范围，因此需要仔细认真对发生的变更研判是否属于合同约定的六大原则，有些变更可能属于总承包商自己的优化或者属于工作范围内，需重点对可变更的范围进行判断和分析。

2. 审查变更的必要性

对承包商提出的变更应严格审查，防止承包商利用变更增加工程造价，减少自己应承担的风险和责任。区分承包商提出的变更是技术变更还是经济变更，对其提出合理降低工程造价的变更予以确认。对设计单位提出的设计变更应进行调查、分析，如果属于设计粗糙、错误等原因造成的，根据合同追究设计责任。

3. 审查变更的技术合理性

检查重大技术方案引起的Ⅰ类设计变更、一般技术方案引起的Ⅱ类设计变更、Ⅱ类及以下设计变更项目的必要性、技术合理性、变更范围、工程量变化及合同预估价变化、引起的连带变更内容及审查意见是否合理。此外，包括但不限于以下内容：

1）检查是否存在对同一专业、同一内容、同一类型、同一地点等发生的设计变更拆分现象。

2）检查申请变更的依据是否充分。

3）检查是否有相关政府文件（会议纪要）、公司内会议纪要、地质勘查报告等文件作为变更的依据，检查上述变更依据文件内容是否与具体变更内容保持一致。

4. 检查文件材料的完备性

检查重大技术方案引起的Ⅰ类设计变更、一般技术方案引起的Ⅱ类设计变更、Ⅱ类及以下设计变更文件是否包括以下资料：

设计院变更申请和变更情况说明（五点说明），设计总体、设计咨询、各相关主办部门的审核意见，详细的工程变更方案，工程量变化及合同预估价变化情况等。

5. 审查变更估价准确性

1）审查工程变更工程量计算准确性

变更价款的计量与处理应按照国家相关法规和合同的约定进行调整。投资监理按承包商提交的变更报价书中的工程量计算内容进行逐项核对。工程变更工程量计算应按照合同规定的工程计量规则，计算承包商在履行合同义务过程中实际完成的变更工程量，以此作为变更结算的依据。

2）审查工程变更价格的准确性

在计算变更费用时首先应按照实际变更情况判断适用哪条变更计价原则，然后再对变更价款进行计算。投资监理利用询价平台等方式对需调整的材料进行询价和核价，确保费用计算的准确性。

（八）项目土建工程总价包干项目变更情况分析

按照变更影响大小、涉及变更金额大小，技术复杂程度综合考虑，对广州地铁18号、22号线土建合同变更类型按照Ⅰ、Ⅱ、Ⅲ三种类型进行分类，截至2020年8月，对于总价包干项目的变更事项还处于审核和确定阶段。总价包干项目部分合同变更的事项如表5-13所示。

广州地铁18号、22号线土建工程总价包干项目合同变更情况分析（部分） 表5-13

变更类别	所属线路	变更名称	变更原因	概算金额偏差（万元）	备注
Ⅰ类	18号线	18号线万顷沙车辆段软基处理及地基基础变更	施工图设计阶段，为避免管桩与钻孔桩施工作业面交叉、加快施工进度，同时，将多桩承台通过架空板连接成整体，加强基础整体性	-6817	地铁部分工艺工法变化
Ⅰ类		18号线万顷沙车辆段场坪标高抬高变更	因规划调整，南沙枢纽站场综合体以及周边轨道车辆基地等控规编制及防洪评估要求，标高整体较初步设计提升	4608	规划调整
Ⅰ类		万横区间新增盾构井设计变更	因南沙枢纽选址原因导致万横中间风井交底时间比合同约定时间晚。若按原工筹方案难以满足原工筹工期要求，需在中间风井与万顷沙站之间增加一座盾构井，并增设2台盾构机	4293	新增工作内容
Ⅱ类		万横区间风井结构设计变更	因南沙枢纽选址发生调整，导致万横区间中间风井井位随之调整。井位调整后线路埋深发生较大变化	-262	规划调整
Ⅱ类		横沥站~番禺广场站区间ZDK13+025电塔桩基处理设计变更	因横沥站~番禺广场站区间DK13+025电塔桩基侵入隧道引起线路平面局部变化设计变更	472	变更状态发生变化
Ⅲ类		联络通道变更	因南沙枢纽规划选址需要，万顷沙站西移，万横区间线路以及中间风井、盾构井经纬发生变化，导致1号~8号联络通道位置调整	-116	因规划调整导致的重大方案变化
Ⅰ类	22号线	22号线番禺广场站~PQ1盾构井~PQ2盾构井（含）区间联络通道设计变更	施工图阶段，对2号联络通道的位置进行设计细化，调整至围岩较好且地面场地条件较空旷位置，降低实施风险。因此，有必要重新核实联络通道所处的地层及地面条件，根据详勘补勘结果对联络通道的开挖支护、地层加固等措施进行变更	-115	重大方案变化

续表

变更类别	所属线路	变更名称	变更原因	概算金额偏差（万元）	备注
Ⅱ类	22号线	22号线祈福站车站主体及围护结构设计变更	（1）因综合体原因，祈福站大里程端头取消夹层，由局部三层结构变更为二层结构。 （2）线路纵向坡度调整，满足小里程端盾构埋深要求。 （3）临时格构柱加大，因覆土增加，小里程部分抗拔桩取消	-432	
Ⅲ类		22号线祈福站一期交通疏解设计变更	（1）根据交警意见对交通疏解方案进行完善。 （2）根据现场实际情况增加挡土墙。 （3）优化路面结构，由沥青改为混凝土路面，人行道由透水砖改为混凝土。 （4）修正路面破除工程量	187.5	重大方案变化

根据目前统计的工程变更台账，18号、22号线大部分的合同变更是由设计变更引起的，但目前还未确定是否属于总价包干项目内可调整的变更范围，广州地铁公司需进一步进行审核分析，最终确定可进行合同变更的事项。故下面以设计变更为例，介绍广州地铁公司对于设计变更的审查程序。

设计变更由设计单位发起，根据分级授权原则，进行审批，审批方式为会议审批或以函件批复。审批会议纪要或批复函件可直接作为设计单位出具设计变更通知单及设计出图的依据。

1）设计变更提议

工程建设参建各方（包括集团公司各部门、设计单位、设计总体单位、设计咨询单位、施工单位、施工监理单位、设备供货商）均可通过业务主办部门向设计单位提议设计变更。

2）设计变更发起

设计变更由设计单位启动审批流程。

3）设计变更申报

设计变更申请由设计单位送设计总体单位审核签署意见，由设计总体单位送咨询单位签署意见，再由设计咨询单位送业主业务主办部门审查。业主业务主办部门须对设计单位提出变更项目的必要性、技术合理性、变更范围、工程量及投资变化、引起的连带变更等内容（"五点说明"）逐一审查，其中涉及新增项目的工程量及投资变化需由业务部门的投资管理人员审核确认，并从工程实施的角度提出审查意见后签署。

设计变更申报应按以下要求，提交相关变更材料，包括但不限于：工点设计单位变更申请和变更情况说明；设计总体、设计咨询、建设事业总部相关主办部门的审核意见；详细的设计变更方案；工程量及设计概算变化，工程量及预估合同价变化（针对单价项目）

或设计变更工程投资说明（针对合价项目）。其中工程量及预估合同价变化需由业务主办部门审核确认。

4）设计变更审批程序

（1）重大技术方案引起的I类设计变更、II类工程变更审查程序

设计单位提出工程变更申请→设计总包总体单位签署审核意见→设计咨询单位签署意见→施工单位预估合同金额→施工监理单位审查合同变更预估金额意见并提出意见→投资管理部门对合同预估金额的审核意见→建设事业总部总工程师或副总工程师主持审查→建设事业总部总工程师批准。

（2）一般技术方案引起的II类设计变更、III类工程变更审查程序

设计单位提出工程变更申请→设计总包总体单位签署审核意见→设计咨询单位签署意见→施工单位预估合同金额→施工监理单位审查合同变更预估金额意见并提出意见→投资管理部门对合同预估金额的审核意见→工程建设管理部领导主持审查→建设事业总部工程建设管理部工程总监批准。

对已审查通过、工程已实施的一般技术方案引起的II类及以下设计变更所引起的合同变更，如合同变更审核金额超过设计变更审核金额，达到I类设计变更要求时：

①合同变更审核金额与原设计变更预估的合同变更金额比较，变化额度不超过10%时，无须报集团公司进行补充审查，可按主办部门原审查意见直接办理合同变更；②合同变更审核金额与原设计变更预估的合同变更金额比较，变化额度超过10%时，应按原申报要求重新进行申报，申报时应详细说明责任原因及理由。

三、基于再谈判的调价管理

调价是建设项目在实施过程中，当难以预计的市场价格波动超出一定幅度、法律变化等风险因素导致合同价款状态发生变化时，为保证工程顺利实施而采取的一种对市场价格或费率调整的手段，其目的在于降低双方的风险损失，以平抑风险因素对合同价款状态改变带来的影响。调价工作的重点在于将风险控制在双方能够承受的范围之内，其主要表现在因法律法规变化、物价波动引起的合同价款调整。其中物价变化由合同实施过程中，建筑工人、建筑材料、工程设备、机械台班的价格发生变化超过一定范围时，业主和承包商双方需要对合同价格做出调整。而法律法规和国家政策的变化引起的调整主要建立在发承包双方都是国家相关法律、法规、规章和政策的执行者的基础之上的。此类调整主要指合同履行过程中，国家的法律、法规、规章和政策发生的变化引起的合同价格的调整，但业主和承包商两者不能随意调整价格变化，需要根据省级和行业主管部门及其授予权力的工程造价管理机构根据国家文件颁布的规定进行。

（一）调价的类别及范围

合同中将价格调整分为物价波动引起的调整和法律法规变化引起的调整，并约定了可

以调价的范围和情况。

1. 物价波动引起的调整

工程实践中,由于项目实施的复杂性及长期性,在建设过程中各种资源的价格水平会呈现动态性变化,导致工程项目价格与之前投标报价确定的价格产生"时滞现象",尤其体现在建筑材料价格大幅度上涨且超出约定范围时,从而导致承发包双方原有的合同约定无法适应实际工程项目现状的需要。广州地铁18号、22号线总承包合同中明确约定了调价的材料范围、具体的物价波动范围幅度、调整方法等,使承包商承担约定范围内的风险,业主承担超出约定范围外的风险,即物价波动风险由业主与承包商共同承担。

1)价款调整的材料范围确定

目前,材料费在建筑安装工程费用的组成结构中占有60%~65%的比重,且在实际市场环境的影响下逐渐呈上升势态发展。因此,建筑材料的价格对于合同价款的确定与调整产生很大的影响。但工程实际中,承发包双方不可能对每一种材料均予以调整,一般仅针对某几种用量较大、其价格波动对价款影响明显且占工程造价比重较高的建筑材料进行调整。

因此,关于价款调整的材料范围,广州地铁18号、22号线总承包合同条款中进行了明确的约定,乙供材料允许调差的范围为:

(1)土建:钢筋、钢材(指型材、板材、钢管)、商品混凝土、水泥。

(2)轨道:钢筋、商品混凝土。

(3)供电:接触网铜材类(接触导线、架空地线)、接触网铝材类(汇流排)。

(4)通信、信号:电缆。

(5)机电设备安装:电缆、$DN150$及以上钢管。

其他人工、乙供材料和设备在实施期间,无论市场价格波动程度如何,发包人均不予调差;其价格波动的风险因素已体现并包含在合同价款的风险包干费中。

2)物价波动幅度的确定

为维护建筑市场秩序,规范市场计价行为,降低人工、材料等市场价格变化给建设工程发承包双方带来的风险,保证建设工程的质量和安全,合同中需要约定物价变化引起合同价款调整的风险幅度范围。物价变化引起的合同价款调整主要以合同中约定的风险幅度范围为界,超出风险幅度价款才可以调整,否则不予调整。各省市造价文件中也对物价变化引起合同价款调整的风险幅度进行了规定,但由于各省市的实际情况不同,针对材料价格变化的调整幅度也不相同,一般集中在5%、10%。

结合工程实际及实施模式,并参考广东省出台的造价文件规定的材料价格调整幅度范围,广州地铁18号、22号线总承包项目引入风险分担原则对物价波动的幅度予以明确约定:仅当实施期人工、材料信息价格涨落幅度超过合同工程基准期(概算编制期)材料信息价格5%时,方对超过5%部分价差进行调整。且如因承包人原因未能在约定的工期内竣工的,则对原约定竣工日期(包括承包人按合同索赔得到的顺延工期)后继续施工的工程,只采用材料价格下跌时的调整公式调整工程造价。

2．法律变化引起的调整

总承包合同中约定，在基准日期后，国家、省、市、行业及发包人发布的法律、规章、制度、标准、规范发生变化的，按最新发布的执行。导致承包人在合同履行过程中所需要的费用发生变化的，除新规定有明确要求费用调整或合同另有约定以外的均不调整合同费用。

综上所述，建设项目在实施过程中，发包人完全承担由于法律、法规、规章和政策变化等对合同价款调整的风险。通常，国家法律、法规的变化往往会以政策性文件的方式调整相关的费率、税率及汇率等，从而影响合同价款，造成合同价款的变化。

1）规费费率变化的合同价款调整

住房和城乡建设部、财政部《关于印发〈建筑安装工程费用项目组成〉的通知》（建标〔2013〕44号）中，规定了建筑安装工程费用的组成分两种方式。按照费用构成要素划分，建筑安装工程费由人工费、材料费、施工机具使用费、企业管理费、利润、规费和税金组成，其中材料费包含工程设备费。按照工程造价形成划分，建筑安装工程费由分部分项工程费、措施项目费、其他项目费、规费、税金组成。对于规费的计价原则，2013年版《建设工程工程量清单计价规范》第3.1.6条给出明确规定，即规费不得作为承包商之间的竞争性费用，其需按国家或省级、行业建设主管部门的相关规定计算。因此，规费的费率、计取标准是根据国家法律、法规所确定，根据国家主管部门颁布的法规，当新出台的法律、法规规定对其调整时，承发包双方需按照相关的调整方法对合同价款予以调整。

2）税率变化的合同价款调整

按照国家税法的规定，建筑安装工程税金以营业税、城市维护建设税及教育费附加税三种形式计入建筑安装工程费用。各种税金的税率均按照国家颁布的法规文件计取，按照税金的计价原则，其属于不可竞争费用，不是承发包人自主确定的。因此，当国家新出台的法规对其调整时，承发包双方需对合同价款予以调整。

3）汇率变化的合同价款调整

汇率的变化引起的合同价款调整多针对国际工程项目，当汇率发生变化或所在国家的政策改变（优惠政策的取消等）时，必然对承发包双方签订的初始合同状态产生影响，需对合同价款进行调整。

3．安全文明施工费的调整

合同专用条款约定，在基准日期后，因国家、省、市及行业政策性文件引起安全生产、文明施工、绿色施工、环境保护标准变化，可按政策文件规定的费用调整办法对安全文明施工费进行调整。

（二）调价管理的程序

物价变化引起的合同价款调整要以合同中约定的风险幅度范围为界限，超出风险幅度的价款才可以调整,否则不予调整。具体的价款调整程序如图5-16所示。

当发生由于物价变化引起的合同价款调整时,发承包双方应就具体的情况进行分析,按照合同中约定的程序或以上规定的程序来进行合同价款的调整。其中需要注意的是进行价款调整时应区分受益方,该受益方可能为发包人也可能为承包人。因此,发承包双方都应该时刻关注物价变化可能引起合同价款调整的因素,真正做到对合同价款的及时调整,维护自身的合理利益。

在进行合同价款调整时,发承包双方应在程序规定的时间内提出合同价款调整报告,避免因时间的延误而给自身造成损失。同时合同价款调整报告的接受方应对合同价款调整的具体数额进行认真审核,做到对工程价款的整体控制。

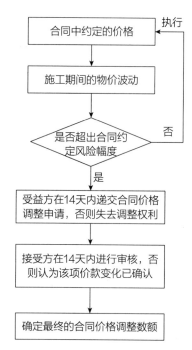

图5-16 物价变化引起的合同价款调整程序

四、基于再谈判的索赔管理

索赔再谈判可以说是按合同内约定程序进行自我实施机制解决双方矛盾的最后一个关卡。索赔再谈判通常是承包商主动提出的,对于施工中签证不能、变更不能和调价不能等遗留问题,承包商一般会选择通过索赔再谈判弥补自己的损失,取得经济补偿。索赔的实质是由于合同条件状态发生改变,使合同的一方遭受额外损失,予以经济补偿并对合同双方权利与义务做出调整,其目的在于调整合同价款并弥补不应承担的损失,重新建立新的合同价款平衡状态。因此,索赔是对合同价款状态改变造成损失的一种补偿。

在总承包模式下,总承包商虽有较大的利润空间,但对于自身所承担的风险未能进行清晰识别。随着工程建设的不断深入,各种风险因素逐步暴露,总承包商方因无法及时应对,很有可能造成工程建设无法顺利推进,进而转向对业主方提出变更诉求,索赔理由一般是基于业主方所掌握的信息不全方面寻求边界条件和合同争议。因此,处理好工程总承包实施阶段的索赔对控制投资具有重要的作用。

(一)工程索赔的分类

工程总承包项目中可能会出现的索赔主要包括以下几类:

1)发包人要求变更引起的索赔,主要指由于广州地铁公司突然要求压缩工期或提高建设质量标准而需多投入的费用。

2)发包人不正当终止工程引起的索赔。

3)发包人拖欠支付工程款引起的索赔。

4）工期延误的索赔。

5）不利的自然条件引起的索赔。

6）因法律、规范调整引起的索赔。

7）因主要材料、人力、机械设备成本异动导致的索赔。

8）因合同条款约定模糊不清或错误导致的索赔。

工程总承包项目实施阶段的索赔原因很多，有些是承包商的责任，有些是发包人的责任。发包人要实现工程索赔管理主要是采取合同条款的设置措施来明确责任。

（二）索赔管理的程序

索赔事件的处理要按照一定的程序进行，直接关乎发承包双方之间的利益分配问题。广州地铁18号、22号线设计施工总承包合同中对于索赔的提出和程序进行了相关约定，具体如下：

1．承包商索赔的提出

1）承包商应在知道或应当知道索赔事件发生后28天内，向监理单位递交索赔意向通知书，并说明发生索赔事件的事由。承包商未在前述28天内发出索赔意向通知书的，工期不予顺延，且承包商无权获得追加付款。

2）承包商应在发出索赔意向通知书后28天内，向监理单位正式递交索赔通知书。索赔通知书应详细说明索赔理由以及要求追加的付款金额和（或）延长的工期，并附必要的记录和证明材料。

3）索赔事件具有连续影响的，承包商应按合理时间间隔继续递交延续索赔通知，说明连续影响的实际情况和记录，列出累计的追加付款金额和（或）工期延长天数。

4）在索赔事件影响结束后的28天内，承包商应向监理单位递交最终索赔通知书，说明最终要求索赔的追加付款金额和延长的工期，并附必要的记录和证明材料。

2．承包商索赔处理程序

1）监理单位收到承包商提交的索赔通知书后，应及时审查索赔通知书的内容、查验承包商的记录和证明材料，必要时监理单位可要求承包商提交全部原始记录副本。

2）监理单位应按合同商定或确定追加的付款和（或）延长的工期，并在收到上述索赔通知书或有关索赔的进一步证明材料后的42天内，将索赔处理结果答复承包商。监理单位在收到索赔通知书或有关索赔的进一步证明材料后的42天内不予答复的，承包商应通知监理单位予以答复。如监理单位在15天内仍不答复的，视为认可索赔事实。

3）承包商接受索赔处理结果的，监理单位应在收到承包商提交的费用索赔报告和有关资料后的28天内予以核实或要求总承包商进一步补充索赔理由和证据，并与合同双方当事人协商确定承包商有权获得的全部或部分的索赔款额。如果监理单位在规定期限内未予答复也未对承包商做出进一步要求，承包商应在第29天向广州地铁公司提交费用索赔报告，最终以双方协商结果为准。承包商不接受索赔处理结果的，按合同约定的解决方式执行。

3．承包商提出索赔的期限

（1）承包人按合同的约定接受了竣工付款证书后，应被认为已无权再提出在合同工程接收证书颁发前所发生的任何索赔。

（2）承包人按合同的约定提交的最终结清申请单中，只限于提出工程接收证书颁发后发生的索赔。提出索赔的期限自接受最终结清证书时终止。

综上所述，广州地铁18号、22号线总承包项目具体的索赔处理程序如图5-17所示。

特别需要注意的是提出索赔意向的时间，如果承包商在索赔事件发生之后28天仍未提交索赔意向通知书的，再无此项事件的索赔权，即无法轻易改变合同状态。此外，程序中任一环节出现问题都将影响到索赔管理结果，决定着合同状态的补偿程度，即索赔方最终获得的费用或工期延长的补偿大小。

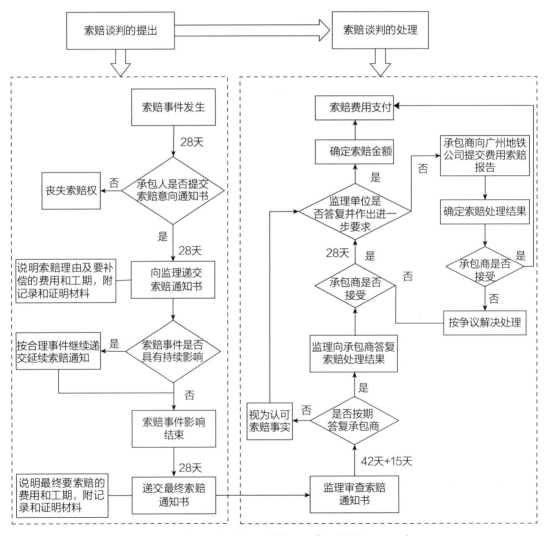

图5-17 广州地铁18号、22号线项目索赔谈判的处理程序

4．广州地铁公司的索赔

1）广州地铁公司应在知道或应当知道索赔事件发生后28天内，向总承包商发出索赔通知，并说明广州地铁公司有权扣减的付款和（或）延长缺陷责任期的细节和依据。广州地铁公司未在前述28天内发出索赔通知的，丧失要求扣减付款和（或）延长缺陷责任期的权利。广州地铁公司提出索赔的期限和要求与合同约定的承包商提出索赔的期限相同，要求延长缺陷责任期的通知应在缺陷责任期届满前发出。

2）广州地铁公司按合同商定或确定广州地铁公司从总承包商处得到赔付的金额和（或）缺陷责任期的延长期。总承包商应付给广州地铁公司的金额可从拟支付给总承包商的合同价款中扣除，或由总承包商以其他方式支付给广州地铁公司。

（三）索赔管理的措施

1．做好广州地铁公司自身工作，降低索赔的源头风险

建设工程项目开始前存在着各种各样的不确定性，为了将这些不确定的风险维持在一个较低的水平，广州地铁公司重视前期的勘察工作，完善勘测资料，尽可能详细地收集施工现场的自然环境和社会环境。如做到对地下水、地质条件等地质资料以及管网、人防工程等建设场地地下状况了然于胸，让总承包商的工作建立在翔实的勘测资料基础上，以减少后期的变更索赔。

2．加强过程沟通，及时在过程中处理争议，避免进入索赔环节

在实际施工过程中，广州地铁公司以合同约定为原则，及时与承包商进行沟通，及时处理过程中存在的争议，提前采取措施，尽量避免建设工程索赔事件的发生。

3．保存完整、全面的工程记录，合理进行反索赔

广州地铁公司在处理索赔事件时必须以当时的工程记录为依据，包括广州地铁公司代表与监理工程师两部分工程记录。虽然工程承包商提交的索赔报告中附有与索赔事件相关的证明材料，但并非全部材料都已通过广州地铁公司代表与监理工程师审查同意；索赔处理中由承包商单方面提供关于人、工、料及机械设备使用记录等大量的相关资料，如当时广州地铁公司代表或监理工程师未能保存相关的记录，就无法识别出承包商单方面提供的索赔证据中的虚假成分。另外保存完整、全面的工程记录有助于预防索赔事件的发生。如广州地铁公司想要进行非关键线路上的工作调整，就可根据工程记录分析该线路上的时差情况，进而做出决策。

按内容范围，工程记录可分为：

1）工程施工历史记录、会议记录、监理日志、监理月报、广州地铁公司代表巡视记录、天气记录、设计修改通知和工程变更联系单等。

2）工程计量和工程款支付记录。

3）工程质量记录、抽样记录、试验及检验结果与分析记录、各种质量验收记录。

4）竣工记录。

4．审核索赔报告的合理性

广州地铁公司报以审慎的态度审查索赔报告。审查和分析的主要内容有时限审查、情况调查和证据审核、合同依据分析等几点：

1）时限审核

承包商提交索赔意向和提交索赔报告的时间是否在约定时限内，若不在，立即回复索赔无效。

2）情况调查和证据审核

广州地铁公司反驳索赔报告的关键是找出索赔事件真实性的疑点。搜集索赔事件发生的时间、经过、原因、证人、造成的后果等信息，不听信承包商片面、主观的解释。从索赔证据以及合同实时跟踪的结果来进行真实性分析，分析是否存在承包商捏造事实，夸大影响程度的情况，找出证据不足、不当，描述过于主观、片面的情况，予以否定。

3）合同依据分析

时限和事实依据筛查过后，余下的索赔事件要进行合同依据分析。针对索赔报告及合同条款，为做出正确的判断，应重点审查和分析以下几个方面：

（1）核对合同条款是否在双方协商后进行了变更。

（2）承包商站在自身利益角度，是否错误、片面理解了合同条款；或是有意曲解合同条款含义，其中最隐蔽的做法是扩大合同条款的适用范围。

（3）索赔责任是否应由广州地铁公司承担，如广州地铁公司有责任，应分担多少比例；如果是由广州地铁公司委托的第三方引起，广州地铁公司承担责任后可以向引起违约的第三方提出索赔要求。

（4）广州地铁公司违约行为是否符合违约责任相关条款约定。

（5）因广州地铁公司责任引发索赔事件后，承包商是否采取力所能及措施，防止损失的扩大。对于未采取防止措施的额外损失，广州地铁公司方应驳回该部分索赔。

（6）合同条款中触发索赔事件的前提条件。

（7）合同中是否约定工程变更的延长工期和费用补偿方案。

（8）对索赔事件与索赔内容的相关性进行分析，对于关系不大的索赔内容，应予以剔除。

（9）索赔事件是否适用于广州地铁公司免责条款和合同规定的不予赔偿相关条款。

5．审核及反驳工期索赔值

由于工程总承包项目建设周期长，施工复杂等特点，难免造成工期延误。如因承包商造成工期延误，承包商一方面要支付逾期竣工的违约费用，另一方面还会增加管理成本，影响履约评价。因此，工期延误其实质是经济损失。为了尽力减少这种损失，承包商往往会向广州地铁公司方提出各种工期延长要求，而事实上按惯例和合同规定，能够获得工期延长的情况只有以下几种：

1）广州地铁公司引起的工期延误，其中含广州地铁公司委托的第三方原因引发的工期延误；

　　2）延误由不可控因素引发。

　　承包商提出的工期索赔只有在上述原因引起的才有索赔资格。此外，广州地铁公司对工期索赔值的审核还应注意以下几点：

　　（1）索赔事件是否对关键线路上的关键工作造成影响，如未影响关键工作，则不能得到总工期延长。不在关键路线上的工作被干扰，如果涉及影响阶段工期，可以获得阶段工期延长，否则只能由承包商自行进行工作安排调整。若是不在关键路线上的工作受到干扰，引起关键线路变化，使得该工作变成了关键工作，这时候就要根据实际情况，重新合理计算工期延误值。

　　（2）索赔工期计算是否重复。各个索赔事件往往不是独立产生的，所以广州地铁公司简单地将各个索赔事件延误的工期累加，作为承包商的延长工期是不正确的。广州地铁公司在审核承包商的这类工期延误时，应根据延误工作的实际情况及相互关系，审减重复计算的工期。

　　（3）广州地铁公司与承包商的共同延误、交叉延误的合理处理。如索赔事件中，广州地铁公司和承包商可能对于工期延误均负有责任，就要进行合理的责任分担，工期延误也应遵循以下算法：

　　①广州地铁公司受承包商影响，对工期造成延误。这种情况下，最初延误工期的原因和责任归于承包商，所有索赔都不能被支持。

　　②承包商的初始延误解除后，广州地铁公司原因的延误或者双方不可控制因素引起的延误仍然在起作用，这时承包商可对超出部分的时间进行索赔。

　　③初始延误是广州地铁公司或工程师原因引起的。这种情况下之后由承包商造成的延误使得广州地铁公司不能摆脱（尽管有时或许可以减轻）其责任。这时承包商有权获得从广州地铁公司延误开始到延误结束期间的工期补偿，还有相应的费用补偿。

　　④初始延误是双方不可控制因素引起的。在延误期间，承包商将获得工期索赔，但不能获取费用补贴。在该延误结束后，承包商可以因广州地铁公司或工程师原因引起的延误进行工期索赔，还可以索赔费用。

　　6．审核及反驳费用索赔值

　　对于费用索赔的反驳，是广州地铁公司进行索赔管理的主要工作重点。为控制项目成本，对索赔费用的审核，一定要逐项核对，确保正确无误。

　　费用索赔计算遵循的原则：

　　1）实际损失原则。实际损失指的是索赔事件对于承包商实际工程成本的影响，不能因索赔事件而获得额外的利润。

　　2）合同原则。计算费用索赔值采用的方法必须遵循合同约定的计量计价原则。而且在计算中要扣除合同中约定的承包商自行承担风险和自身责任造成的损失，以平衡承包商自身管理不善、工作失误等责任。

3）合理原则。承包商提出的费用索赔值计算必须合理，不能通过高估冒算，来弥补自身原因造成的损失。

7．进行反索赔管理

在建设工程中索赔是双向的，即当合同一方当事人向另一方当事人提出索赔时，另一方当事人尽可能地按照相关的法律法规以及合同条款去反驳对方的索赔要求，使对方的索赔不成功。反索赔就是合同一方当事人在合理合法的前提下对于另一方当事人的索赔要求进行驳回的一种法律行为。

索赔与反索赔是一种相互博弈的行为。在具体的项目实施过程中，总承包合同的管理工作发包商和承包商在同时进行，都在试图寻找向对方索赔的机会，同时也在提防对方向自己索赔的可能，所以不懂得有效的反索赔同样会使广州地铁公司的利益受到损失。由此可见，反索赔与索赔具有相同的重要性。

第四节　本阶段项目风险管理

一、实施阶段风险因素

实施阶段是城市轨道交通工程执行项目设计方案而最终实现项目目标的过程。由于轨道交通建设工程的特殊性，线路长、施工场地分散，实施过程中的许多不确定因素都可能对工程投资造成不利影响。

（一）设计变更风险

对于固定价格类型的总承包项目而言，虽然业主风险在很大程度上转移给了总承包商，而且变更范围也在缩小，但是项目变更现象依然存在。由于工程项目施工阶段条件复杂，影响因素多，以及一些主观和客观方面的原因，工程变更是难以避免的。其引起变更的因素有很多种，比如由设计引起的变更、由采购引发的变更、业主方要求引起的工程变更和其他因素引起的工程变更等。

频繁的工程变更往往会增加业主和监理工程师的组织协调工作量，打乱业主和监理工程师正常的工作程序，同时也对承包商的现场管理增加难度。例如，为处理工程变更，尤其是处理关系项目全局的一些变更，业主和监理工程师需要召集一系列的专题协调会议，组织业主、监理、勘察、设计、总承包商及分包商对工程变更事项进行研究和协商。一些重大的设计变更还需增加施工现场补充勘察和调研环节。由于工程变更的复杂性和不确定性，处理工程变更会耗用建设项目参与各方的管理资源，降低项目管理效率，增大业主的管理费用和监理费用支出，对建设项目管理带来不利的影响。某些设计变更可能会导致合同价发生变化，从而影响到建设项目的工程投资，给投资控制带来一定的风险。

（二）材料价格波动风险

在城市轨道交通土建工程造价中，材料费用所占的比重是最大的。随着我国市场经济的快速发展，由于市场供求关系的影响，我国建材的价格波动很大。建材价格的波动必然导致造价的变化。另外，城市轨道交通建设项目工期长，完全准确预测材料价格波动规律几乎是不可能的，这就给施工阶段工程投资控制带来了一定的困难。

（三）工程质量风险

在工程总承包合同中，由于往往采取固定总价的合同规定，总承包商承担了大部分的合同风险，虽然总承包商在投标报价时考虑了各种成本风险，如人员配置成本增加、物料价格上涨、业主要求变更、自然不可抗拒因素等，但是在工程的实际建设过程中，许多不可预测的风险所造成的代价危及到了总承包商的利益，故总承包商极可能采取更换原材料、降低技术标准、采购劣质设备等手段以降低成本，最终以降低工程质量为代价，严重影响了工程项目的质量，从而难以保障业主的权益。

（四）进度控制风险

对于进度控制的影响有很多方面，包括项目前期征地拆迁工作能否顺利进行、项目施工环境的复杂程度、总承包单位有没有足够的经验应付这种大型项目的实施、项目建设资金能否及时拨付等。参照我国已经建成的地铁项目，本工程计划工期紧张，要想按照预定目标实现困难不小。但是一旦工期延长势必会导致工程总造价的上涨，从项目财务指标的角度考虑还会波及项目现金流入，降低项目净收益，所以工期在本工程风险管理中绝对是一个相对较大的因素。

（五）信息不对称风险

在工程总承包模式下，一方面，广州地铁公司和总承包商所扮演的角色不同、分工不同，天然决定了双方在工程项目的安全、质量、进度、成本等方面的信息不对称，一般是总承包商拥有更多的信息；另一方面，广州地铁公司依据合同约定，在工程价款支付方面掌握着主动权，比总承包商更胜一筹。

具体来讲，一方面，广州地铁公司对总承包商的总体管理水平和能力以及设计施工实力等方面情况的了解并不全面；另一方面，在工程项目实施过程中，广州地铁公司可能会出现不能及时有效地掌握总承包商是否能按照总承包合同约定完成设计和施工任务。例如，在质量管理方面，由于业主方未能全程参与和监督，导致相关信息掌握得并不全面，很难确定承包商是否有偷工减料行为。从该角度分析可知，业主相对于总承包商处于不利地位。同时，对于轨道交通这种大型工程总承包项目，由于业主的专业水平有限，且掌握的工程信息不全面、不及时，总承包商很可能借助其在信息上的优势，通过不正当手段和行为追逐自身更大的利益,对于广州地铁公司来说具有一定的风险。

(六)竣工结算风险

竣工验收是城市轨道交通建设项目最后一项工作,该阶段主要造价工作是编制竣工结算、决算,计算建设项目各不同阶段的实际造价,并与项目投资计划进行分析比较,从而反映项目工程造价控制效果。

施工队伍、工程造价咨询人员、业主等的管理水平都比较高时,结算费用就可能低;当业主管理水平一般,而施工单位管理水平高时,施工单位就有可能利用索赔等获取较大的利润,使得工程结算费用增加。竣工结算是反映建设项目实际价格的,能够体现对工程造价管理和控制的效果,是影响工程造价的风险因素。

二、实施阶段风险防范

(一)加强总承包合同管理

由于城市轨道交通工程施工工期长,在施工合同执行过程中,合同谈判或合同签订时的合同条件经常发生变化,因此,应该对施工合同实行动态管理。

1. 重视设计接口与界面管理

业主可派出设计负责人与EPC总承包商的设计负责人一起协调好设计专业之间、设计与供货商之间、设计与施工之间的接口管理,提升设计方案的可施工性,从而减少设计变更,最终缩短工程建设周期,发挥总承包模式的优势。通过对设计变更的严格管理与考核,减少由于变更带来的设计质量问题。

2. 合同变更管理

在合同执行过程中,合同条件的改变或其他原因造成的合同数量、标的、价款、质量等的变化,则发生合同变更。广州地铁公司通过建立完善的合同变更审批制度和报批流程,加强合同变更控制。合同的所有变更必须严格按照规定的程序报批,避免擅自变更合同。合同变更在审批前经过专业技术人员的经济及技术的评估,并严格按照变更方案与合同规定的变更条款确定合同变更费用。为了保证所有合同变更都按照规定的报批流程,可以将合同变更的审批作为将合同变更项纳入计量支付与工程结算的必要条件。

为了更好地对合同变更进行管理,必须事先在合同中明确变更条件及原则。此外,对设计变更的严格管理是控制合同变更的前提,在施工过程中严格控制设计变更,确实需要进行设计变更的项目,必须按照合同规定的原则对设计变更进行评估,合理地选择合同变更方案,从而准确计算变更费用。

3. 加强工程索赔控制

在总承包合同签订后,基于经审批的施工进度计划与合同确定的总承包价格,编制城市轨道交通工程造价资金流量表，预测工程月付款金额。在实施阶段，广州地铁公司可以委托有经验的财务监理人员到项目施工现场，对工程投资进行动态跟踪，根据对施工进度的实时监测，按月调整工程款支付金额计划表。一旦发生索赔事件，在公平、公正的基础上，业主及时要求承包人提交工程索赔处理意见及费用变更估算书。

对于工程索赔，作为业主方的管理主要是在预防和处理方面下功夫，预防工作应做好以下几点：

1）认真做好工程前期准备工作，使计划、设计等工作尽可能严密细致，以减少实施中的返工修改。

2）从招标阶段开始，注重招标文件、合同条款、工程量清单等一系列合同文件文字的严密性，以防止因文字漏洞造成索赔机会。

3）在工程招标评标时，应将各投标单位在以往施工索赔中的表现作为综合信誉评价的重要指标，择优选定信誉好的总承包单位。

4）在物资供应方面，应做到设备和材料供应按时，保质保量。尽量避免因材料供应的规格型号、品种与图纸不符而造成材料代用。

（二）严格控制材料用量，合理确定材料价格

材料费在工程中占有很大比重，因此材料用量、材料价格对施工阶段的工程造价影响很大，只有严格按照合同中的材料用量控制，合理确定材料价格，才能有效地控制工程造价。在合同签订前，应仔细审核、确定工程量清单、基本单价，控制主要材料价格。对于主要材料、钢管、隔震装置等其他材料和设备由广州地铁公司统一采购，既保证工程质量、工程进度，也有利于造价的控制，主要材料费用的有效控制使整个实施阶段的造价比较容易地控制在承包价内。工程技术、经济人员随着工程进展情况经常深入现场、市场，掌握了解施工情况参与隐蔽工程签证。在材料价格上凡是需要询价的都逐一询价，以校正原有资料的失实之处。利用深入现场、市场的机会力争获取第一手资料，以便为日后办理竣工决算提供有力的依据。

（三）建立互信机制，对监理充分授权

在管理链条中，业主与监理单位双方要建立互信机制，在明确了双方职责的情况下，业主可对监理单位进行充分、必要的授权。在项目不偏离预期目标的前提下，不干预或不过多干预监理单位对工程项目的监督管理，使监理人员在发现问题时能够充分行使监理权力和决定，提高监理人员的积极主动性，树立监理人员威信。与此同时，监理单位也应充分注重自身的管理效益，不断提高项目管理水平，包括建立健全项目监理部组织机构和监理工作程序体系，提高监理人员的专业技术水平、工作责任心、服务意识等。在项目监管过程中，通过既定的沟通渠道，及时、准确地向业主方反馈、汇报工程建设方面的信息，并寻求双方一致的意见。

（四）完善履约评价制度，加大考核奖惩力度

采用工程总承包模式进行工程项目管理，广州地铁公司较传统DBB模式权力大大削弱，信息不对称问题尤为突出。但是，广州地铁公司作为工程项目的牵头人，仍然全面掌握着工程项目的价款支付权利，相对于总承包商具有一定的优势。一方面，广州地铁公司可根据总承包商进度节点完成情况进行支付，履行合同职责；另一方面，按照考核管理制度加大对总承包商进行合同履约评价考核的力度。具体来讲，根据合同约定重点对勘察设计管理、安全管理、质量管理、进度管理、合同商务、综合管理等方面开展专项打分与评价，由广州地铁公司定期向总承包商集团呈报考核评价结果。与此同时，结合该工程实际特点，不断完善该评价制度，严格执行合同约定对总承包商的考核奖惩办法。通过合同管理的有效手段，进一步降低工程总承包模式信息不对称状态下总承包商的"道德风险"，有助于控制施工阶段的风险事件。

（五）进度计划管理，加强进度控制

工期风险在项目整个风险体系中也属于比较重要的一个方面，而且工期延长必然导致项目总投资的增加，使得项目资金风险跟着提高，因而需要严密防范。影响工期的因素有很多，需要主要掌控的有以下几个方面：

1）广州地铁公司作为项目的建设方，要建立专业的项目管理机构，配合各参建方及时处理项目推进过程中出现的各种问题。

2）根据过往经验，项目设计阶段是决定项目工程总投资的最关键的阶段，因而项目建设方在设计阶段就要严格把关，降低整体设计方案变更的可能性，减少由于方案变更对工期产生的不利影响。

3）在项目招投标阶段选择相对经验丰富、技术管理水平先进的大中型企业作为总承包单位进行施工，在确保项目工程质量的同时还可以确保工期目标顺利实现。

4）项目前期严格落实资金筹措方案，实施工程中确保各项工程款及时拨付，避免出现由于资金落实不到位导致的进度拖延。

5）进度偏差分析。通过比较实际进度与计划进度偏差的大小，并分析其对后续工作和总工期的影响程度，从而确定进度调整的力度，监督承包商采取合理的调整措施，重新编制与进度实际情况和计划进度相吻合的新的进度计划。

（六）建立工程总承包模式工程信息共享平台

工程总承包模式下设计、施工等建设项目的大部分工作交由一个承包商负责，承包商同时也负责各个分包商的协调管理工作。在总承包商的协调下建立信息共享平台实现设计采购施工的深度交叉，使得建设项目实施过程中产生的信息流沿着项目基本建设程序无损流动，保障建设项目顺利开展，从而达到提高建设项目绩效的目的。对工程总承包项目信

息进行合理管控，是保障建设项目正常运转的承载基础，也是提高工程总承包项目建设效益的重要手段，并且为工程总承包模式中的各个参建方提供协同管理的平台，保证项目建设信息流共享的及时性与准确性。

工程总承包模式下发承包人及各个分包商等建设项目的参与方是建设过程中信息的产生者和提供者，可以将项目实施过程中的建设项目信息及时上传共享到BIM共享平台中，实现设计、采购、施工等建设基本程序中信息流的交互，进一步减少信息不对称问题形成的"信息孤岛"现象，充分借助"互联网+项目管理"的优势，实现工程信息的及时性、有效性、可追溯性、可视化等，为工程总承包模式下项目参与主体搭建有效的信息沟通平台，逐渐平衡业主方和总承包商对项目管理的全过程信息掌握程度。

广州地铁公司作为平台的投入方和受益方可以通过项目信息的监管及时发现项目建设过程中的工程变更风险因素，加强各单位之间交流协作，增强信息交流，从而达到控制工程变更的目的。因此通过建立基于BIM的总承包项目信息管理共享平台及时公布项目建设信息，也可达到抑制承包商机会主义工程变更行为的可能。

（七）加强结算管理

工程结算整个实施过程都必须以总承包合同、设备采购合同为依据，做好现场图纸、现场签证、设计变更等基础性资料的审核。轨道公司委托的造价咨询单位通过对全过程的费用进行审核，通过审核18号、22号线实施过程中所有费用的支撑资料，正确地进行初设概算与竣工结算的"两算"对比，从而依据总承包合同及相关费用管理办法计算确定结算费用。

1）广州地铁公司应及时组织工程造价咨询人员对总承包合同、施工图纸、工程结算书、变更签证单及相应的技术资料进行签收与验证，并做好审价记录，若在审价过程中，发现存在缺少图纸、文件或资料等问题，应及时联系承包人补充材料，验证检查无误后签章确认。

2）项目业主组织工程造价咨询人员计算已完工程量，按综合单价计算相应工程费。如果遇到某些已完工程量需要进行现场实测，应做好记录，明确现场实测项目工程量，需要经过业主、监理方、施工方三方签字确认。

3）选择科学的结算方法，加强竣工资料的收集与整理，总结项目建设经验。

4）竣工决算也是项目投资控制的最后一道关卡，更是降低工程造价的关键环节。因此，应从工程量及单价、施工合同条款、工程变更签证等多个方面进行审核，弥补合同管理漏洞，保证工程计量与支付的合理性，按合同条款的规定扣除款项。

| 第六章 |

工程总承包项目投资
管控流程再造

第一节 理论基础

一、项目治理理论

（一）项目治理的本质和定义

项目治理存在的条件即代理问题和不完全契约，代理问题就意味着利益相关者之间存在利益冲突，而不完全契约则意味着这种利益冲突不能通过契约解决，治理则是应此需求而产生的。另外，Cochran和Wartick（1988）认为，构成公司治理问题的核心是："谁从公司决策/高级管理阶层的行动中受益"和"谁应该从公司决策/高级管理阶层的行动中受益"，当"是什么"和"应该是什么"这两者之间存在不一致时，即利益相关者之间发生利益冲突的时候，一个公司的治理问题就会出现。由此可见，无论是项目治理还是公司治理，治理就是为了"协调利益相关者之间的关系，化解利益相关者之间的利益冲突"而进行的一系列制度层面的活动，这是治理的本质，尹贻林等依此为指南对项目治理的定义进行了界定。

全球治理委员会（1995）在《我们的全球伙伴关系》的研究报告中对治理做出了如下界定：治理是各种公共的或私人的个人和机构管理其共同事务的诸多方式的总和。它是使相互冲突的或不同的利益得以调和并且采取联合行动的持续过程，这既包括有权迫使人们服从的正式制度和规则，也包括各种人们同意接受的符合其利益的非正式的制度安排。它有四个特征，即治理不是一整套规则，也不是一种活动，而是一个过程；治理过程的基础不是控制，而是协调；治理既涉及公共部门，也包括私营部门；治理不是一种正式的制度，而是持续的互动。联合国亚洲及太平洋经济社会委员会（UN-ESCAP）将治理定义为：决策以及执行（或搁浅）该决策的过程，并认为对治理分析的焦点在于该决策制定以及实施过程中涉及的正式或非正式的参与方，这一界定可用于公司治理、国际治理、国家治理，当然也包括项目治理（Abednego，Ogunlana，2006）。

尹贻林在《基于治理的公共项目管理绩效改善》一书中写道，项目治理能够构建一套包含一系列正式或非正式、内部或外部的制度或机制的制度体系，它科学合理地规定了项目主要利益相关者之间的权（权力）、责（风险）、利（利益）关系，从而在项目交易中建立起一种良好的秩序，并通过各种方法和手段来维持这种秩序，以求有效地协调利益相关者之间的关系并化解他们之间的利益冲突。简而言之，项目治理就是通过一套制度体系来建立并维持项目交易中的一种良好秩序的过程，而这种秩序就是规定各主要利益相关者应该怎样的，需要强调的是，项目治理不仅包括在项目这一契约组织形成时建立秩序的过程，更包括在项目建设管理全过程来维持这一秩序的过程，由此可见，项目治理并非只是在出现治理问题时才需要，而是贯穿整个项目交易的（图6-1）。至于项目治理的结果，从宏观角度来看即在项目交易市场中营造了一种体制环境，从微观角度来看即在项目交易内部建立和维持了一种良好的秩序。

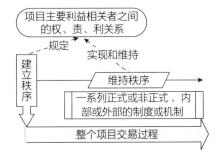

图6-1 项目治理定义的解析图

（二）项目投资控制的基本框架

对于政府投资的大型公共设施建设项目，设计施工总承包如何能够在政府投资概算有限的情况下，确保项目顺利的完工交付使用，投资控制就显得尤为重要。研究从政府（包括政府授权机构）角度，对地铁项目采用工程总承包模式的投资控制问题展开分析。研究对象的界定如图6-2所示。

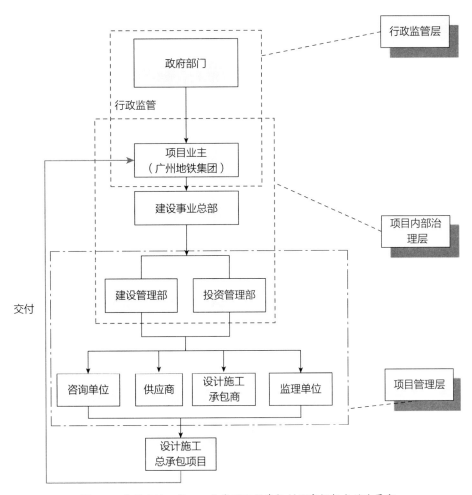

图6-2 广州地铁18号、22号线项目投资控制研究框架分层次界定

1. 项目监管层的投资控制研究

地铁项目从本质上讲是由政府提供的，满足社会公共交通出行需求的公共项目。而公共项目存在着两层的委托代理关系：①公众将全民所有的资产交由政府进行公共管理；②政府将大量公共建设项目委托给政府授权机构完成。可见，政府行政主管部门作为中间委托人需要对地铁项目进行投资控制。鉴于此，本书把政府行政主管部门对广州地铁公司的管理作为项目监管层，这一层次上的投资控制不是具体的建设管理行为，而是通过地铁项目制度框架决策、项目审批与监督机制以及政府责任追究机制等方面来实现的。

2. 项目治理层的投资控制研究

本研究把项目业主与内部职能部门之间的权利、责任配置作为项目治理层，主要包括合同签订、计量支付、合同变更、合同结算等各项管理工作的职责与权利配置，其目标是实现项目业主与内部职能部门的激励与约束。

3. 项目管理层的投资控制研究

任何一个完整的项目契约组织都包括治理和管理两个方面，前者给出项目运行的一套制度框架，而后者则涉及项目具体的运行过程。由于广州地铁公司建设事业总部下设的建设管理部及投资管理部负责18号、22号线项目的具体投资管理工作，本书把建设管理部和投资管理部对工程总承包项目利益相关责任主体的管理作为项目管理层。工程总承包项目的建设过程与普通项目没有本质上的区别，都要面临项目的成本、进度和质量的管理问题。由于广州地铁18号、22号线资金大多来源于财政资金，因此，建设过程中的项目管理问题也就不仅仅是广州地铁公司的问题，政府部门也要对BT项目建设过程进行投资控制。行政监管层和项目治理层构建了广州地铁18号、22号线工程总承包项目的制度框架，项目管理层将研究如何保证工程总承包项目管理活动的高效率，研究内容包括工程总承包项目的投资管控机制、工程变更管理机制、工程结算管理机制、工程决算管理机制等。

本章的研究框架界定为从项目内部治理层及项目管理层对工程总承包项目进行投资控制研究。

（三）基于项目管理层利益相关者的投资控制

项目管理层利益相关者主要包括建设管理部、投资管理部、工程总承包单位（其中，地铁院为设计分包单位）和监理单位。其中，投资管理部是投资控制的责任主体，设计分包单位是全过程投资控制的基础，施工单位按照设计图纸组织施工并依据合同价款控制投资，投资监理单位负责对工程施工和验工计价实施监理。工程承包层各相关方及其投资控制责任如图6-3所示。

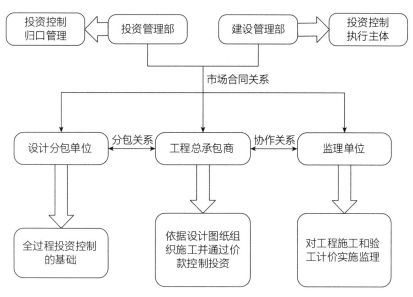

图6-3 工程承包层各相关方及其投资控制责任

二、流程再造理论

(一)业务流程再造的沿革与内涵

1)1990年哈默首次提出业务流程再造理论,认为应以流程再造代替运用信息技术加速工作流程。

20世纪90年代初美国管理学家迈克尔·哈默与詹姆斯·钱皮提出的业务流程再造理论(Business Process Reengineering,BPR),在世界范围内掀起了管理史上的第二次革命,这一理论对企业传统的流水线生产方式和劳动分工理论下的部门设置提出了不同的观点。BPR理论的发展脉络如表6-1所示。

BPR理论发展沿革　　表6-1

时间	学者	标志性著作	BPR理论的发展沿革
1990年	迈克尔·哈默 (M. Hamrner)	《再造:不是自动化,而是重新开始》	批评了企业改造中常犯的错误,即运用信息技术加速已落后了几十年(甚至几百年)的工作流程,认为要对企业业务流程进行重新思考,并首先提出了企业流程再造,从而拉开企业流程再造的序幕
1993年	迈克尔·哈默 (M. Hamrner) 詹姆斯·钱皮 (J. Champy)	《再造企业—管理革命的宣言》	指出企业流程再造是企业获得竞争优势与生存能力的有效途径,进而在世界范围内掀起了管理模式变革高潮。在反省过去的理论与正在运作的流程,开始了更为广泛的探讨和具体实际的改造实践

续表

时间	学者	标志性著作	BPR理论的发展沿革
1995年	迈克尔·哈默（M. Hamrner）	《再造革命》	分析了企业再造运动对人们生活和工作可能带来的影响，以及人们应如何做好思想准备，著作的出版是对再造理论的丰富和发展
1996年	史蒂文·斯坦顿（S. Stanton）	《超越再造》	

随着世界市场由卖方市场转变为买方市场，企业面对的环境更加复杂，竞争日趋激烈。市场环境的改变，引起管理理论领域的变革。各研究学者在迈克尔·哈默提出的业务流程再造理论基础之上进行拓展与延伸，出现诸如学习型组织、虚拟管理、柔性组织。

2）业务流程再造将已成习惯的经营模式、管理模式及工作方法进行抛弃，以业务流程为中心，对企业的经营、管理及工作流程重新设计。

当越来越多的企业认识到，根本性的再思考业务流程，是梳理核心竞争力和保持竞争优势的根本路径时，研究学者与企业管理人员对流程再造关注度也不断高涨，在此期间出现了与流程再造的有关的各种概念与定义，包括企业流程再设计、企业流程创新、核心流程再设计、组织再设计等，如表6-2所示。

流程再造概念与定义　　　　　　　　　　　　　　　表6-2

作者	概念	定义
T.H. Davenport & J. E. Short	BP Redesign 企业流程再设计	针对组织内或组织间的经营流程重新进行分析与设计。此处所指的流程为一连串逻辑上相互关联活动的集合，而这些活动会为顾客带来附加价值
M. Hammer & J.Champy	BP Reendineering 企业流程再造	彻底的（Radical）革新业务的流程，以便在投资、质量、服务、时间等关键因素上，获得显著性（Dramatic）的改善
M. Morrow & M. Hazell	BP Redesign 企业流程再设计	检查关键流程中的活动和信息流，以达到简化、降低投资、提高质量和柔性的目的
J.E. Short & N. Venkatraman	BP Redesign 企业流程再设计	企业对内部运作运营流程的重新构造以及对顾客产品分销与发运服务的业绩改善
J.E. Short & N. Venkatraman	BN Redesign 企业网络再设计	对从属于更大的企业网络中的部分重要的产品与服务进行重新构造
H.J. Johansson et al	BN Redesign 企业流程再设计	组织经由各种技术与工具，关注于与顾客有关的核心业务流程进行重组，在投资、时间、服务与质量上得到绩效大幅改善的工具
T.H. Davenport	BP Innovation 企业流程创新	达到企业巨大改善的流程创新工作
R.B. Kaplan & L. Murdock	Core Process Redesign 核心流程再设计	对企业是如何运行进行根本性的再思考，对其工作流程、决策、组织和信息系统同时并以集成的方法进行在设计

续表

作者	概念	定义
J.N. Loewenthal	Organizational Reengineering 组织再设计	以组织核心竞争力为重点,对企业流程和组织结构进行根本性的再思考与再设计,以达到组织业绩的巨大提高
Guha, et. al.	BP Reendineering 企业流程再造	为维持企业的弹性及提高企业的竞争力,需要彻底的革新业务的流程。包括认真思考组织结构的功能、重新设计组织架构、工作定义、激励机制、工作流程、控制流程和企业文化及组织哲学等
Talwar	BP Redesign 企业流程设计	为企业大幅度改善顾客服务及经营效率所用的方法,主要工作在于重新思考创造组织价值的流程及辅助支持流程的组织界线,且必须强调设计及实施跨功能的部门
Schnitt	BP Redesign 企业流程再设计	有关组织如何重新设计工作,以便利用人力资源及信息技术。因此必须考虑到组织设计、人力资源与信息技术

综合上述分析,BPR是对企业流程进行根本性的再思考和彻底再设计,是以流程管理为重心,实现组织为流程服务,使企业真正以客户为中心、以高质量的产品、服务为手段,建立快速响应的体系,大幅度提高企业在市场中的竞争力,以达到企业业绩的巨大改善,在新的环境中获取新的竞争优势。业务流程再造理论旨在实现企业从职能管理到面向流程管理的转变,对企业原有流程进行根本性地再思考和重新设计,最终达到企业绩效的飞跃。它的基本内涵是以企业长期发展战略需要为出发点,以流程价值再增值设计为中心,强调打破传统的职能部门界限,提倡组织改进、顾客导向及正确地运用信息技术,建立合理的企业流程,以达到企业适应竞争加剧和环境变化为目的的一系列管理活动。

(二)业务流程再造的内容及类型

1. 流程再造的内容包括组织架构调整、业务流程再造及流程管理提升三方面

1)组织架构的调整

不同企业的组织架构设置不同,比如房地产业与工业化企业有着一定的不同,那就是房地产企业的不同发展阶段会有着不同的组织架构设置。随着企业规模的发展、企业开发项目市场定位的不同组织架构将随之改变,如有单项目开发与多项目开发的区别,住宅项目开发与商业项目开发的区别等。

2)业务流程的再造

业务流程是企业运行的基本,对于房地产业来说,业务流程囊括企业融资、市场调研、土地获取、项目建设、市场营销等不同阶段,其中项目建设作为产品的设计与打造阶段是业务流程最为复杂的阶段,包括品质控制、周期控制、投资控制、合同控制、安全控制、资料管理等几大方面。

3）流程管理的提升

有了适合的流程去执行，我们也需要更加强化流程的管理，基于PDCA循环概念，不难看出我们的流程为了实现改进，需要加强流程管理的提升，包括流程文件管理、流程责任管理、流程再造组织、流程执行审查、流程培训管理以及流程测评管理等。

2. 业务流程再造根据驱动力不同可分为流程再造、流程简化、价值增值分析及任务整合

业务流程再造的类型在企业中有几种类型，如表6-3所示。

业务流程再造在企业中的类型　　　　　　表6-3

类型	驱动力	方法	时间需求	冲击和问题
流程再造	迫切变革的思想，引进新的技术或主要的变化	抛去原有一切，重新设计新的理论，对所有假设进行怀疑，利用最佳方法	需要很大的努力以及相当长久的时间	可以使原有生产效率有较大的提升，但中断的概率大，失败率高
流程简化	对流程中重复以及繁缛的环节进行精简	合并某些相似流程，建立信息系统模型，并在模型的每一步都要问是否真的需要这么做	相对改造需要一定的努力	对生产效率有适当的提升，但对于流程中冗杂环节的改善取决于冗余数量
价值增值分析	消除非增值的活动	信息系统流程建模，并在每一步询问这是增值活动还是支持价值增值的活动	需要适中的努力	在生产和效率方面取得中等程度的增长，这在很大程度上取决于流程中非增值活动的数量
任务整合	解决信息或投资部门之间或者职能小组之间传递时出现的问题	为信息系统流程建模，在信息或者项目在部门之间通过的每一个点时询问发生了什么或者什么需要发生	需要适中的努力	通常在生产和效率方面取得中等程度的增长，这在很大程度上取决于部门之间问题的数量

（三）业务流程再造的实施路径分析

业务流程再造步骤可分为如下几个阶段。

1. 第一阶段：诊断分析现有流程阶段

1）进行流程分析要做的工作描述整个流程，记录现有流程的工作状况，包括用户满意度、处理情况、工作的时间、装配的转换率、优先次序及其他有关标准。对流程环节所用时间记录，以此衡量再造后收益的大小。

2）分析现有流程的弊端，重点应该在确认不需要的活动，包括不必要的官僚步骤以及活动中的瓶颈部分等方面。①确认是分离的职能信息系统，把它整合成单一全流程的系统；②对文件、提案以及报告的必要性逐一进行排查，确认所有不需要的文件或者活动；③确认一下导致不增值活动的政策和规则等。

2. 第二阶段：战略决策阶段

这个阶段是项目筹划阶段，变更的必要性及可行性都要经过这个阶段的严格检查。要争取管理层的支持并寻找流程再造的机会，找出需要变化的流程，然后确定流程再造的机会，还应找出需要变化的流程并指定变化的范围。由于流程再造相对于整个企业具有十分重要的战略意义，而且再造后实施具有较大的风险，需要得到高层领导的强力支持。这一阶段的主要工作有：

1）建立企业目标

建立勾画出公司的远大目标，给员工带来归属感，给企业增添凝聚力。企业的总经理必须对企业的现状进行客观的评价，在此基础上对未来的发展进行规划。

2）确保管理层的支持

高层管理人员必须达成统一的认识，流程再造的倡导者应该是企业的高层领导，拥有调动企业资源的能力，当然对流程再造的热情也要充足。

3）发掘流程再造的好机会

根据企业的战略战术，上层经理要对企业的经营状况做宏观的分析。分析企业目标，勾勒出主要的经营指标。公司的各种业务流程还可以用流程优先矩阵法对整体战略中的重要性进行评估和分析，最后确定支持公司战略目标的核心流程。确认核心流程的4个主要的原则：①核心流程应该能够表达竞争战略的关键问题。②核心流程应该有一个清晰的用户。③核心流程之间应尽量减少分散。该公司的核心流程是由竞争优势相关的子流程及其活动、决策、信息和物流等决定的。④对这些关键进行排序，选择最重要的排序。

4）利用信息技术

信息技术是业务流程再造实施的关键因素，因此企业应该认识到环境，应该引起足够的重视。

3. 第三阶段：再造计划阶段

流程再造的正式开始阶段是再造计划阶段，该阶段任务包括成立再造工作小组，设立再造工程目标，工程策划，通知相关人员等。

1）成立再造团队

再造小组应该以精干、小型化为宜，可以由下列人员组成：再造流程各部门的专家、对流程再造有创意的人才、人力资源和帮助进行变革的专家、经营专家以及信息系统专业人员等。

2）制定工作计划

制定再造项目的日程表，描述项目的资源需求、预算及要达到的目标。

3）制定再造目标和评估标准

流程再造的行为目标可能是非常宏大的，但重新设计的流程又要是可以达到的。这种行为目标应当直接来自以市场为基础的公司目标，如较好的产品质量、较高的顾客或供应商的满意度以及较短的交货期等。

4. 第四阶段：流程再造的设计阶段

大胆提出方案，把重点从工作分割和专业化转化为任务的压缩和整合，考虑信息技术的应用，考虑合适的支持新流程的信息技术的配置。此外，流程中的多重任务，应当尽可能整合成一项任务并在关键点设置一个职务，监督任务的运行，防止重要信息的丢失。流程再造可能引起组织结构的重大变化。通过减少各子业务单元的相互依赖性，可以增进单一业务单元内目标、任务与人的协调一致性。所需的信息技术平台，不仅要具备符合企业的信息技术外，还需要相应的可操作性。

5. 第五阶段：流程再造实施及评估阶段

重组业务部门，岗位重建，通过培训和教育人员提高工作的质量等。根据新的计划，设计过程中各种位置和角色的描述可能会改变、消失或重新定义，新的组织结构和详细的工作分配必须传达到受影响的员工，要求他们的行为规范并赋予新的责任。信息专家在流程再造中的主要任务是建立并运行新的信息技术，以便支持流程再造工程。

按照流程和用户的需要对员工进行重新训练，培训工作中也必须加强高层管理者、再造工作小组以及员工之间的不断沟通。由于员工技能的提高，为基层授权改革提供了良好的基础。职工授权已成为事实，而不再是空泛的概念。

第二节 传统投资管控流程与工程总承包需求对比分析

一、传统模式下投资管控流程分析

（一）投资管控流程现状

一般投资管控工作主要从三个方面进行体现：①部门职责，明确界定了各部门的工作范围与内容；②岗位作业指导书，通过岗位作业指导书对不同部门的不同岗位的工作内容和责任加以明确规范，描述其基本的工作程序、工作时限与工作要求；③相关作业流程图及制度，包括建立合同签订流程、工程签证流程、资金拨付流程等，确保工作的衔接与顺畅，同时约定工作原则与要求。

项目建设阶段投资管控流程现状总体如图6-4所示，具体的细部流程现状将在投资管控流程再造部分进行对比描述并再造。

（二）投资管控流程现状分析

随着市场竞争的日趋激烈，投资管控优势在企业管理中的地位日趋重要，以往的投资控制思路不再满足投资控制的形式需要，现投资管控流程具备了流程再造的基础，在投资估算、工程招标、合同签订以及施工阶段的工程签证与资金拨付统计上有了符合现有架构

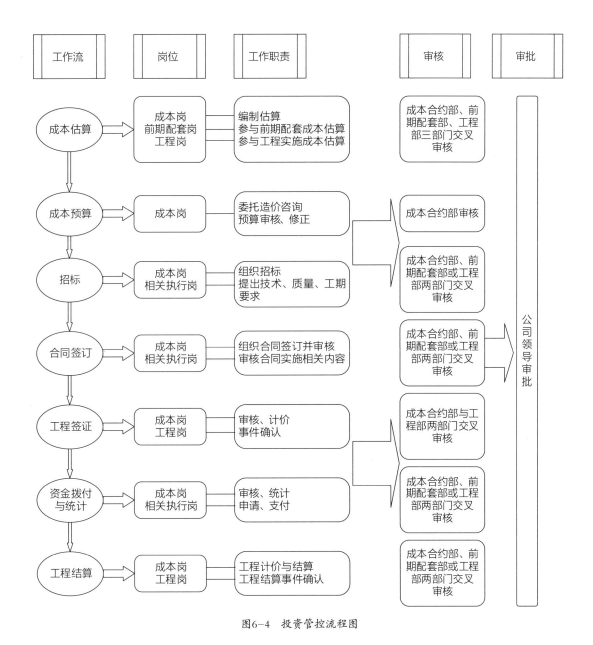

图6-4 投资管控流程图

的较清晰的流程设置，具备了基本的投资管控流程。但不难找出其投资管控流程中不全面、重点不突出、过于基础化的诸多不足，概括起来主要有以下几个方面：

1. 没有全周期投资管控的概念

投资管控应自方案设计开始实施，到项目结算完毕，进行全周期的投资管控。从项目方案的选择开始，各种车站及区间形式的成本本身便存在较大的差异，比如地下车站与高架车站的造价便有明显的不同，地下车站采用钻孔桩围护结构，明挖法施工，不考虑地基加固及建筑物保护，指标约为1.14万元/m^2，高架车站指标约为7100元/m^2，应根据地质情况选择自身最完美的项目方案模式。然后是施工图设计的投资管控、合同阶段的投资管控、施工阶段的投资管控以及结算阶段的投资管控。企业原投资管控流程更多的是集中于进行项目投资估算、组织合同的签订以及施工阶段的投资控制，缺乏项目全周期投资管控的执行流程。

2．部门间的交叉与沟通较多，增加内耗

地铁项目的开发建设因其产品的特殊性，建设周期长等因素，更加适用于项目制的运作模式，原有将项目开发建设分配由工程前期部、总工程师室、合同预算部三大业务部门来共同完成的模式，增加了部门之间的工作交叉，使相应的审核、审批工作复杂化。如：一条新建线路的建设，工程前期部负责相关手续的办理，合同预算部负责合同的签订与成本的审核，总工程师室负责工程的建设实施，这样划分后将面临增加审批环节，增加部门沟通时间等现象，另外例如工程实施阶段的签证，流程中工程对事件进行确认由部门经理审核后再转合同预算部进行核价并交由部门经理审核，其中造成审批时间加长，同时存在合同预算部对工程实际不了解，增加部门间沟通的时间。

3．投资管控流程停留于事件处理层次，达不到投资管控效果

流程执行的过程偏重基本事务性的处理，如合同签订过程中，虽然经过了合同签订流程，但合同的签订效果并不能符合投资管控效果的要求，如合同中工程范围的界定没有专门的审核控制，给将来造成签证变更留下隐患。另外如成本支付与统计，能够保障其准确性，但未考虑其数据分析的应用，没有根据已发生的成本数据进行投资的动态管理。

4．没有实现关键投资管控工作的流程化

各投资管控环节都有其相应的关键控制点，比如在施工图阶段的投资管控流程中，没有抓住图纸优化、图纸审核等应有的投资管控工作流程。流程中关键控制点的不重视或缺失，直接导致了投资管控目标的不可实现性。

5．投资管控流程的措施保障不足

组织架构设置已影响到流程的运行速度与便捷，另外相应的配套流程与管理办法也建立得不够完善，不能充分配合投资管控流程的执行，责任管理制度需要进一步完善，以提高成本责任意识，同时应用考核奖励机制保障投资管控流程执行效果。

6．忽略项目前期投资控制，成本核算参考数据缺乏科学性

项目投资控制应该贯穿项目的整个生命周期，特别是项目前期的投资控制，目前大部分业主投资控制流程更多的是集中在项目招投标阶段的合同签订以及竣工验收阶段的工程结算，忽视了项目前期投资控制与管理，整个项目前期成本核算的依据大多是已建项目的造价数据，使用无法反映实际情况的数据来进行投资目标的确定和后续投资控制工作将会直接导致项目投资失控现象的发生。

7．投资控制流程表面化，达不到有效控制投资的效果

在整个传统投资流程中，流程的执行偏重基本事情的处理，如在整个项目前期限额设计过程中，虽然经过了限额设计的流程，但是限额的效果无法满足投资控制的要求，目标额度的确定流程过于静态，未根据已有数据进行分析与调整，导致目标额度缺乏一定的科

学性,虽然名义上是进行了限额设计,但是实质上根本没有达到限额的效果,对设计方案的技术与经济评价过于形式。

8. 不增值工作多,投资控制流程执行成本高

在投资控制流程过程中,企业各职能部门之间交叉工作、重复工作,有些工作是不必要的,无法带来价值,这些都会消耗资源,增加成本。另外,在不同成本核算阶段,业主可能会委托多个造价咨询公司来完成相关工作,导致项目成本增加。如在决策阶段,如果业主自己具有可研的能力,则可完成相应的经济分析工作,但是很多业主都不具有该能力,大部分业主需要委托第三方来完成项目方案的经济性评价工作;设计完成之后,业主需要再次委托第三方造价咨询公司来进行项目的预算工作。

9. 投资控制过程之间相互脱节,未形成系统性的流程

目前,我国的建设项目投资控制部门采取的大部分是分段式的控制方法,与各阶段相对应的投资估算、设计概算、施工图预算和工程结算分别由不同的人员或单位进行编制,如设计概算一般由设计单位编制,结算一般由业主委托有资质的第三方造价咨询公司编制,设计方并不参与,设计方并不了解实际成本发生情况,设计概算与施工图预算脱离实际,设计阶段形成的成本目标,并不能更好地在施工阶段得到应用。由于缺乏相关信息的反馈,事后分析困难,在后续工作中面对同样的问题很难有所突破,无法进一步提高投资控制工作的质量。

二、传统流程与新业务需求的匹配分析

(一)工程总承包与传统投资管控的适应性

工程总承包模式相较于传统DBB模式而言从根本上解决了设计与施工相分离的弊端,成为一种国际上通用的针对大型工程项目的建设管理模式。随着我国建设项目越来越复杂和国内外政策不断推动使得工程总承包模式快速发展。但我国特定的信任环境以及法律法规体系的不完善使得业主对工程总承包项目的投资管控难度加大。在工程总承包项目中,一方面,业主将项目大部分风险转移给总承包商,同时也转移项目大部分控制权,此时若业主在前期准备工作不够充分将导致项目定位及预估不准容易导致投资失控;另一方面,工程总承包模式业主倾向在项目完成初步设计阶段之后开始招标并与总承包商签订固定总价合同,合同价以中标总承包商所报下浮率与设计审核通过的概/预算综合确定,招标时点过早,总承包商负责设计而业主缺乏管理,使得设计不满足要求,最终出现投资管控目标即合同价出现误差。因此在工程总承包项目中,业主如何实现投资管控目标就显得十分重要。

总的来说,现阶段我国信任背景还不成熟,若业主在参考具有信任条件的国外相关制度条款和合同计价方式时,有可能存在由于没有考虑中国特色最终导致工程总承包项目投资失控。因此综合考虑工程总承包项目特点,建立一套适合国内工程总承包项目全生命周

期的投资管控要点，从而有针对性解决项目投资失控问题。

（二）投资管控流程再造的必要性分析

项目投资管控流程贯彻项目的建设全过程，从项目方案设计开始到项目竣工交付，投资管理深入到项目运作的每一个环节，尤其是现阶段地铁项目定位的日趋成熟化，投资优势在激烈的竞争中将是一个企业取得项目竞争优势的关键所在，投资管控仅仅局限于投资估算、预算的编制、成本的统计、资金拨付的管理等已不能满足地铁投资管控的需要，需进行投资管控流程再造以实现投资的全面控制与重点控制，从而建立企业成本优势。

投资管控流程再造是对项目建设阶段投资管控全部工作进行再造的过程，通过对投资管控工作优化，建立一套内容全面、标准统一、方法科学、执行顺畅的投资管控工作体系，建立一个能够实现方案设计和施工图设计投资管控思路，实现合同的投资管控手段，以及实现施工阶段的签证管理精细化和资金拨付与投资统计准确化等的投资管控流程。

针对部分投资管控流程的缺失，有必要通过流程再造，完善方案进行中的投资管控流程，完善施工图优化与审核的投资管控流程等，节约投资。

针对部门间流程执行烦琐等现象，有必要通过流程再造重新梳理流程，简化部门间的工作搭接，通过调整部门设置与岗位职责来重新规划流程，使之在流程执行的便捷度上得到最大的提升。

针对投资管控重点不明确，抓不住关键控制点的问题，有必要通过流程再造明确各项工作与投资管控的关系，提出投资管控在各项关键节点的要求，实现投资管控在施工之前以及施工中的各项关键点得到有效的实施。

针对相应保证措施不明确的现象，通过本次投资管控流程再造研究，完善各项保障措施，以保证投资管控流程的最优化执行。

结合外部环境与企业内部现状，只有进行投资管控工作的重新梳理与分析，通过投资管控流程再造，才能进一步提升企业的投资管控工作水平，增强企业的成本竞争能力，最终确保企业的发展，在现今市场环境中占有一席之地。下文以广州地铁公司18号、22号线工程总承包项目为例，重新梳理其投资管控流程，介绍广州地铁18号、22号线针对流程的缺失部分、流程执行部门的交叉现象以及关键控制点及措施等进行的流程再造，形成一套可复制可推广的投资管控流程，以供借鉴参考。

第三节 基于LCC的投资管控流程再造实施

投资管控流程主要分为：施工前的投资管控流程，即对项目建设周期内的规划设计阶段、施工图阶段、合同阶段进行投资管控工作；施工中的投资管控流程，即施工过程中的变更签证等的投资管控与投资统计与分析；施工后的投资管控流程，即做好项目结算阶段的投资控制工作。

其中施工前的投资管控流程主要是通过建立估算指标设定投资控制目标，根据项目品质定位选择最优成本的方案，对施工图提出成本设计要求，明确施工图的投资控制内容，达到施工图设计的工程成本最优；合同方面通过严密的成本合约规划以及单个合同范围的严密搭接，保证减少合同增项的投资控制。即施工前的投资管控流程主要解决工程正式开始前如何使设计内容中的预算造价最低，以及如何对各个承建方进行施工承包范围界定以保证工程全面承包无遗漏的问题。施工中的投资管控流程主要是通过对工程建设过程中所产生的变更签证进行准确的计量、审核、确认的过程以实现投资控制的目的，另外针对成本估算与成本指标结合实际发生的成本数据进行实时的动态更新与分析，以确保成本指标在可控范围之内。施工后的投资管控流程主要是通过全面搜集各工程项目的结算依据，准确、全面进行结算的过程，实现最终成本数据的准确。本着实现项目建设全周期投资控制的目标，根据项目建设的阶段性特点，下面针对现有投资管控流程存在的问题，按项目建设的不同阶段进行项目投资管控流程的再造，以改变原有投资管控流程对方案阶段与施工图阶段的缺失，以及其他阶段的不完善与达不到流程控制重点的状况。

一、以对比分析为基础的规划设计阶段投资管控流程设计

前期规划设计阶段投资管控是项目建设阶段投资管控工作的首个环节，也是最为重要的一个环节，在这一阶段存在两方面的控制流程：一是前期规划设计投资管控流程，二是投资估算控制流程。

（一）基于指标分析的规划设计投资管控流程设计

前期规划设计阶段包括两个方面的规划设计，即可行性研究与初步设计，可研阶段主要是把握好客流预测，合理确定系统制式，如：根据客流量预测报告确定系统制式和列车编组，根据资金投入来看，各种制式的工程投资相差较大，如地铁地下线路每公里造价8亿~10亿元，单轨每公里3亿~5亿元，有轨电车每公里1亿~1.5亿元。因此，要依据客流预测情况合理确定系统制式，不要盲目追求高一级运量的系统制式。还有线路选线走向、敷设方式及车站数量等，都能够大幅度地降低投资。初步设计阶段主要是合理控制车站的建筑规模、优化车站结构方案以及选择合适的区间工法，如盾构法施工速度快，造价相对较低。如北京地铁目前盾构法每延米造价为3.5万~4.0万元，而矿山法每延米为4.5万元，且矿山法还需要支付施工竖井的占地、降水等费用，风险工程处理方面也较盾构法投入大。所以前期规划设计是重点环节，在流程设置上应实现投资控制。

原流程设计过程中基本缺少投资的相关控制工作，仅仅重视前期规划设计的工期与质量管理，原流程设计过程基本是相关设计指标及资料交付给设计单位——设计单位进行规划设计——方案确认这一过程，缺少相应的投资分析、选择最优投资的控制过程。为此需增加相应投资管控的具体流程。投资管控流程如图6-5所示。

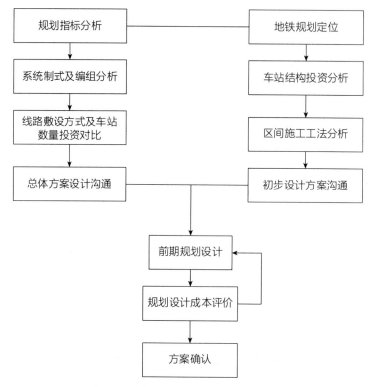

图6-5 前期规划设计阶段投资管控流程

前期规划设计阶段投资管控流程按两条主线进行，可研阶段方面的目标是确定运量系统制式和列车编组。首先进行规划指标分析，针对指标中的客流量、运能等级，确定地铁系统制式及编组，然后在流程中增加线路敷设方式及车站数量的投资对比，结合指标确定投资最优化的线路敷设方式，包括地下线、高架线的选择，随后进行车站数量分析，主要是车站的站间距、站台宽度等的投资分析，选择最优的项目投资形式。初步设计阶段的目标是确定地铁的规模，首先分析地铁的规划定位，确定适合市场需要的地铁档次，以此为基础在流程中增加车站结构投资分析，注意优化临时支护结构的设计参数，进行区间施工工法分析，如盾构法单位面积造价相对较低。

在规划设计阶段可以借助广州地铁公司研发的轨道交通工程造价及投资决策大数据平台进行主动的投资控制，全面盘活历史工程造价数据，形成项目造价指标，分析线路敷设方式变化或车站数量变化等对工程造价的影响趋势，从而为广州地铁工程建设各个环节的造价管控提供数据支撑，为投资决策提供及时的数字参考依据。

上述投资控制方向确定后，即开展总体方案设计及初步设计，待设计完成后，增加对总体方案设计、初步设计进行投资评价的投资控制流程，确定是否满足既定的投资控制意图，最终进行方案确定。此时也可以发挥轨道交通工程造价及投资决策大数据平台的作用，形成的投资估算造价指标在平台提供的合理区间内方可提交审查，否则需返回修改或阐述指标超额原因。方案设计及初步设计投资评价时应依据投资评价标准进行逐项审核，最终经修订、再评价直至符合要求后,报总经理审批。另外,投资最优化的评价标准是指导投资控制的核心,应建立搜集——积累——完善的管理流程,实现项目前期规划设计阶段投资分析的经验积累,将项目运作过程中的成功案例纳入后续的项目评价中,逐步形成系统性的评价标准。

(二)基于后期使用的投资估算动态管理流程

投资估算是一个项目整体投资控制的龙头,是各项投资控制的目标与准则,投资估算是项目建设全周期的投资,涵盖项目前期手续投资、配套投资、工程建设投资以及验收投资。只有项目初始建立投资估算体系才能够确保后续的投资控制实现有法可依,在投资估算数据的基础上实现投资控制的动态管理。

原流程进行了投资估算与审核确认的过程,忽视了投资估算内容的后期使用,为此应完善投资估算流程,将其全周期化,即增加投资指标的分配,使其责任到人、到岗,真正使投资估算发挥其应有的投资指导与控制作用,另外就是在实际执行过程中及时进行投资指标的动态调整,分析投资超出、节省的原因,同时调整未发生投资的控制,以确保最终投资目标控制在投资估算指标范围内。

投资估算的相应流程主要为:投资估算表的建立,由投资管理部来负责完成,经项目经理审核,主管领导确认后,转化为投资控制指标,分配到参与投资控制的各个岗位,同时在实际执行过程中进行相应的投资分析与动态调整,如图6-6所示。

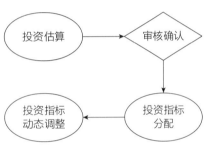

图6-6 投资估算流程图

投资估算的关键在于估算项目全面且明确,同时使用市场调研与项目类比等获取造价信息的方法,建立一套全周期成本的表单是投资估算成功的关键,鉴于原流程中投资估算的不全面性,特别是没有一个能够系统反映项目全成本的统一表单形式与内容,在此按成本类别分前期费用、建安费用两大类制定标准的投资估算表单作为总控指标,它必须涵盖全面、内容齐全,表单形式如表6-4所示。

广州地铁项目18号、22号线投资估算表 表6-4

类别	序号	项目		估算单价	估算合价	工程内容
前期费用	1	地质勘察				
	2	设计费	方案设计			
			初步设计			
		……	……			
		前期费用小计				

续表

类别	序号	项目		估算单价	估算合价	工程内容
建安费用	1	车站	地下车站			
			高架及地面车站			
			明挖车站			
			地下盖挖车站			
			暗挖车站			
			加固费用			
	2	区间	地下区间			
			高架区间			
			地面区间			
			地下区间			
	3	轨道	地下线			
			高架线			
			地面线			
			铺轨			
			铺道岔			
			铺道床			
			线路有关工程及备料			
	4	通信	专用通信			
			办公自动化			
			乘客信息			
			公安通信			
	5	信号	信号系统			
			控制中心			
			……			
	6	供电	变电所			
			环网电缆工程			
			接触轨			
			电力监控			
			……			

续表

类别	序号	项目		估算单价	估算合价	工程内容
建安费用	7	综合监控系统	车站综合监控系统			
			车辆段综合监控系统			
	8	火灾自动报警、环境与设备监控系统				
	9	安防与门禁				
	10	通风空调与供暖				
	11	给水与排水、消防				
	12	自动售检票系统				
	13	站内客运设备、站台门				
	14	车辆基地				
	15	人防				

投资指标分配是指待完成投资估算后，按照前期费用、建安费用落实到投资管理部、建设管理部进行控制，投资管理部负责建安费用的总体控制审核，以此为依据指导后续合同成本的落实。动态调整是指待合同签订后要进行合同价与估算价的对比和分析，根据是否超出估算投资以及超出情况进行全成本的分析，调整其他控制指标并再次落实到岗位进行控制。同时要完善投资指标考核制度配合投资管控流程的执行，后续投资管控流程的保障措施中将进行详细阐述。

二、以合约规划为基础的合同阶段投资管控流程设计

合同阶段是项目建设期的各项成本逐项落实的阶段，合同阶段的工作目标是在投资指标的约束下，完成从合约规划到逐项合同签订。合同阶段投资管控的目标是通过合同管理实现各项合同造价在保证质量、工期、安全的前提下造价合理、最低。

合同阶段原投资管控流程的主要控制点放在了招标与合同签订这一流程中，缺少了前期制定全面的合同控制的过程，另外，招标过程通过编制招标文件、发标、竞标选择工程总承包人这一过程实现了多家竞标、择优选择的招标原则，但其中针对招标标的范围的准确性把控，未能成为控制的重点，增加了后期签证或额外招标的风险。还有，原合同阶段的投资管控流程在总工程师室、法律合约部以及事业部三个部门间穿插执行，需要经历各部门的审核、沟通、再审核，最终报主管领导确认的过程，执行效率较低。针对原流程的不足，合同阶段投资管控流程再造如下，增加合约规划的制定，延续原招标流程，明确控制重点，同时通过项目部负责项目建设的架构调整，简化原流程的执行程序，提高效率。流程图如图6-7所示。

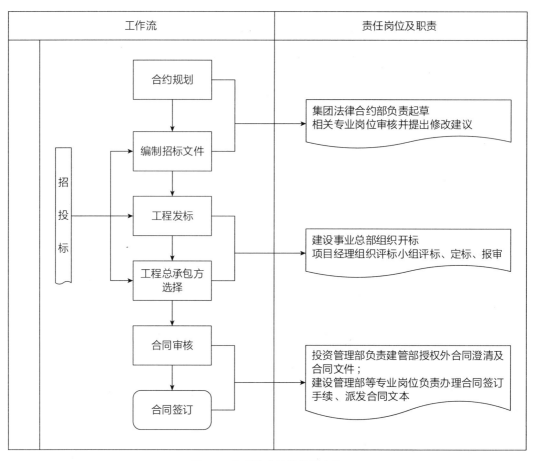

图6-7 合同阶段投资管控流程

该流程由项目部负责执行，其中投资管理部、建设管理部、法律合约部按职责负责相应流程执行，项目经理进行整体控制与审核，成果报主管领导审批，从而达到提高流程效率的目标。

该流程中合约规划是合同投资管控的一项重要工作也是基础性工作，它的目的是在工程开始阶段结合广州地铁公司实际资源与项目具体需要确定将项目分解为多少合同，采用什么样的合同形式与条件，如何进行工程委托，以实现将项目合理地、全面地进行工程划分，能够清晰地看到合同的内容需求与时间需求等。必须在项目开始阶段由项目经理主抓，法律合约部负责起草，建设管理部、投资管理部各岗位参与审核并提出相应修改建议，建立适合项目实际建设需要的合约规划体系。

清晰、完整的合约规划的建立可以解决合同阶段投资管控的两项问题：一是完成合约体系与项目估算成本指标的对接，使每一项合同的投资控制指标一目了然，便于投资控制的开展。二是避免合同签订因未及时组织而造成合同造价增加以及延误工期，产生工期拖延成本增加的现象，如甲供材料设备中通信系统的采购合同，若不进行合约规划，在项目建设周期内几十项合同签订过程中，由于工作繁忙可能会没有对其及时进行合同签订工作，导致由于工期紧而不能充分进行比质比价，造成合同造价的增加，甚至不能保证工程的开展，造成后续施工与验收的拖延，引发其他诸如运营延期、索赔等一系列投资增加问题。

合约规划的最终成果为合约规划表，如表6-5所示，合约规划表的制定保证了签订合同内容的全面性，通过明确合同签订的时间计划并明确各项合同的投资指标，实现各项合同的指标投资控制以及避免合同遗漏而产生的额外成本。

广州地铁18号、22号线项目合约规划表　　　　表6-5

序号	一级项目	二级项目	投资指标	拟签时间
1	建筑安装工程	土方类		
		建安工程		
		消防工程		
		智能化系统		
		……		
2	设备及工器具购置	监控系统		
		电扶梯		
		供电系统		
		专用通信		
		自动售检票系统（AFC）		
		……		
3	服务类项目	工程监理		
		投资监理		
		……		

招投标工作是选定工程总承包人或服务方的过程，包括招标文件的编制、工程发标、开标、定标的过程。流程再造后由建设管理部合同模块协同法律合约部负责拟定招标文件并组织发标、开标，专业工程管理人员参与技术条款等的拟定，同时成立项目经理负责的评标小组进行投标方的评定，最终评定结果报主管经理及总经理审核后定标。

招投标工作中投资管控的重点为招标文件中招标范围的描述要全面、清晰、明确，以及原流程中通过招标实现多家投标方比质比价的过程，以保证从中选择招标范围明确、性价比最优的合作单位。工程建设最终要交付一个完成的工程项目，它是由许多家施工方共同施工的成果，施工过程中存在诸多各施工方之间工程作业的搭接点，如电梯设备安装完毕后的接电就存在电梯施工方的电缆与总包施工方配电箱的连接等。为避免出现同一项工程多次招标或二次谈判签证增加成本的现象，应保证招标范围的全面、清晰与明确，即每一项工程招标的范围要进行全面的界定，梳理所招标的工程与各项相关工程之间的工序搭接点，确保范围的准确，同时通过承包人的价格竞争，择优选择，保证成本的最优化。

招标工作完成后，即进入合同审核与签订阶段，由建设管理部组织合同的签订，相关岗位参与合同的审核，该流程是合同阶段的最后一步。通过流程再造明确建设管理部要通过其对合同的审核这一步骤，最终确定合同中的工程范围是否与招标范围一致并准确，是否避免了额外成本出现的风险，投资管理部要针对合同价款等进行再次确认，保证其与中标价格的一致性等，通过执行合同签订流程保证最终招标阶段所实现的成本控制效果。如在原流程的基础上进一步明确各岗位审核内容如下：

合同岗对拟签订合同的内容、形式等进行审核工作，主要审核内容有：

1）审核对方的合法性及资信情况（必要时）。

2）审查合同的合法性，确认是否有违反法律、法规的合同内容，同时审核合同的公平性，杜绝出现损坏公司利益、对公司不利的合同条款。

3）审核合同各条款的完整性、适用性，并检查描述是否清晰、准确。合同条款一般包括以下内容：合同双方名称（姓名），标的（工程范围），质量要求，履行期限（工期）、地点和方式，双方责任义务，价款（报酬）及支付方式，验收标准，违约责任，解决争议的方法等。

工程管理岗位等专业人员参与合同的审核，主要审核内容有：

1）审核对方主体是否合法及资信情况（必要时）；

2）审查合同中标的（工程范围或实现目标）、质量标准、双方责任义务（特别是对建设方现场的要求和对施工方施工程序、质量、安全及各供方相容性要求）、工期等条款。

三、以限额设计及优化为基础的施工图阶段投资管控流程设计

施工图是项目施工的依据，它是决定项目投资的第二项关键环节，一份优质施工图的标准为：结构设计合理，充分体现项目既定的品质定位，各专业图纸具有高度的一致性与严密性。一份没有进行投资控制的图纸主要体现在：结构浪费，包括基础可使用预制混凝土管桩设计成了钢筋混凝土搅拌桩，钢筋和混凝土含量超出正常计算标准等；装修与材料的设计与项目品质脱节，比如车站的墙面本可以采用混凝土面交活却设计涂料交活；图纸本身错、漏、碰、缺严重，造成后期图纸变更的增加，不仅增加了管理投资，同时也会造成大量签证。

原施工图设计阶段的工作流程如图6-8所示，通过实际执行，其中该阶段的投资控制主要通过提出设计要求，进行简单的投资控制描述，如阐述项目建安投资预期及部分装修和材料的设计要求，另外便是施工图审查阶段审查图纸错误，避免发生后期的隐性投资，未能全面准确地抓住施工图阶段的投资控制重点，为此应通过流程再造建立该阶段明确的投资控制流程。

施工图阶段主要是通过控制设计标准及主要设计参数来达到投资控制的目标。施工图阶段的投资控制流程再造后应包括以下几个主要程序，即限额设计，通过分解投资估算、设计概算的投资指标，结合项目品质定位，设定合理的各部分施工图的预算投资限额数据，从而

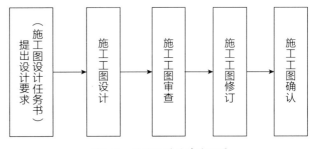

图6-8　原施工图设计流程图

控制投资；结构优化，针对地基、基础、围护的结构形式等进行投资分析对比，实现投资控制；装修及材料优化，对设计图纸中的装修做法及使用的材料形式进行投资对比分析，选择满足品质定位的投资最优的形式；图纸审查，通过对图纸的检查审定，减少额外签证投资，实现投资控制。再造后的施工图阶段投资控制流程如图6-9所示。

首先将推行限额设计明确到流程当中，改变以往设计开始前仅仅通过设计任务书明确全投资期望值的形式。限额设计是按照可行性研究报告、投资估算、设计概算等控制技术设计、施工图设计，同时各专业在保证达到使用功能的前提下，按分配的投资限额控制设计，严格控制不合理的变更，保证总投资额不被突破。通过流程再造将限额设计工作纳入流程进行细化并执行，限额设计的目标是在施工图设计完成后确保施工图预算在概算投资指标的范围之内。通过对概算指标进行分部、分项工程的逐一分解，明确设计限额的内容、数值以及限额的弹性浮动范围，约束施工图设计，最终通过审核施工图预算是否在项目的估算或概算范围之内进行评定，从而实现投资控制。限额数据的制定包括对施工图中主要材料含量进行限额，如钢筋、混凝土含量等，还有就是对建筑的单位或单项工程单位面积单价进行限额。

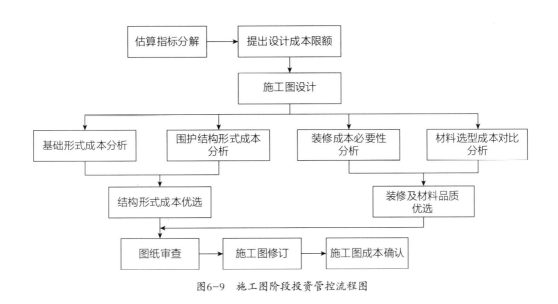

图6-9　施工图阶段投资管控流程图

再有明确结构优化工作流程，结构的费用占建筑施工的费用比例较高，可达建筑投资的 50%~60%，应给予足够的重视，结构图出具后及时进行结构优化，对基础形式，如桩基设计采用钢筋混凝土搅拌桩或钢筋混凝土预制管桩等不同形式，主体结构形式，如采用框架结构或剪力墙结构等不同形式，进行投资分析与设计论证，依据结构合理、投资最优原则进行投资控制。

另外将装修及材料优化进行流程细化，其最终目标是与项目品质定位相结合，在满足品质定位需求的前提下，实现装修做法与材料使用的投资最优化，避免不必要的浪费，实现投资控制。该项工作包括两个方面的内容：一是对装修做法进行优化，进行装修做法的必要性分析，如地下室设备房墙面抹灰的装修做法是否可以去除等情况，杜绝施工阶段不必要的投资支出；二是确保使用与项目品质相符合的材料形式甚至品牌，避免出现"大材小用"的材料使用现象，该项工作鉴于市场材料价格信息的需求量大，可引入造价咨询方参与材料的优化，进行相同品质、性能材料的投资对比分析，选择投资最优的材料。

图纸审核是施工图设计阶段投资控制的最终环节，在新老流程中都明确了图纸审核工作，但有必要对图纸审核的重点与程序进行进一步的说明与规范。

图纸审核的目标是解决图纸"错、漏、碰、缺"的问题，以达到顺利指导施工的同时，实现投资控制，减少甚至杜绝因图纸问题而产生的变更签证。

"错"是指图纸的错误，如：装修做法标注应为防水涂料而实际标注为了普通涂料，尺寸线应为1.5m而标注为了1.6m等；"漏"是指图纸中应有的设计内容未进行设计，出现了遗漏，如：车站消防给水管道图纸没有，出现了"消防给水平面图"的漏画；"碰"是指各专业图纸相互之间没有进行沟通、整合而出现的各种专业图纸之间不一致的现象，如：建筑图与结构图中梁的尺寸不一致，给水管道与采暖管道设计在了同一位置等；"缺"是指进行了相应内容的设计，但不足以满足图纸的规范要求，缺失相关设计内容，如车站墙面防水的设计，图纸中显示了墙面防水，但没有具体的施工做法标注，再比如设计了电力平面图，但缺少其系统图等。

图纸审核是成本控制中的一项重要工作，应组织进行图审并形成图审意见，以确保施工前交付一个优质的施工图，从而达到控制隐形成本的目的。规范后的图纸审核程序如下：

1）在正式施工图纸出图之前，项目部相关人员负责与负责工点设计单位联系取得施工图，由项目部负责人组织本项目的设计总体总包单位、设计咨询单位、各专业工程师及成本人员、总承包单位进行图纸会审。必要时，邀请运营部及其他项目部相关人员参加。如已确定投资监理单位的，应邀请相关参建单位一起参与审查。

2）会审时，参加审查的人员应用标准的图纸审查表格，从各自专业角度填写《×××专业图纸审查记录表》。

3）设计总体总包单位负责审核、汇总会审意见，出具项目整体的《图纸会审结果汇总表》，送达工点设计单位，由工点设计单位签收。并督促工点设计单位在出具正式施工图纸之前完成相应图纸调整工作。

4)《×××专业图纸审查记录表》和《图纸会审结果汇总表》作为地铁集团设计要求的组成部分，由项目部负责保管、备查。在与其他部门之间办理项目资料移交手续时，一并移交。

四、基于精细化管理的工程实施阶段投资管控流程设计

工程实施阶段的投资控制是进行工程实施过程中投资细化管理的过程，广州地铁18号、22号线主要的投资控制工作包括设计变更的控制和工程款拨付与统计的控制。

（一）设计变更审查

各种复杂多变的实际情况都会导致设计变更的发生，其中较为常见的原因包括现场作业条件的改变、其他同步实施的交叉工程的干扰以及地质情况的变化，设计变更有可能产生超出原概算的费用，对设计变更概算进行核查决定了最终费用。设计变更流程明确设计变更工作的具体操作环节，同时明确责任岗位，进而促使设计变更工作规范化。通过流程再造改变原跨部门审核的工作流程，项目部实现全部的审核责任，缩短了流程执行时间，如图6-10所示。

另外，通过流程再造提升了设计变更工作的准确性、严谨性。设计变更申请由设计单位送设计总体单位审核签署意见，由设计总体单位送咨询单位签署意见，再由设计咨询单位送业主业务主办部门审查。业主业务主办部门须对设计单位提出变更项目的必要性、技术合理性、变更范围、工程量及投资变化、引起的连带变更等内容逐一审查，其中涉及新增项目的工程量及投资变化需由业务部门的投资管理人员审核确认，并从工程实施的角度提出审查意见后签署。

设计变更实行分级授权审批制度，针对工程总承包管理模式，设计变更审查需明确概算变化，填写设计变更工程量及设计概算变化表、设计变更工程量及预估合同价变化表，严格审核变更可能涉及的预估合同变化金额中新增项目单价。

设计变更通过流程再造虽然工作程序基本没有变化，但通过调整原跨部门的流程执行顺序实现了时间的节约。另外，通过明确分级授权审批制度的控制，提升了设计变更的效率与准确性。

（二）工程款拨付与统计

项目建设的工程款数量是非常庞大的，应准确把握资金拨付的数额与时间，规范资金拨付，防止超付、冒付现象的发生，原流程中资金申请提出后，经过各岗位审核，最终由集团财务部直接支付给施工单位，未形成闭合的流程，提出资金申请的岗位存在提出资金申请但不知道审批结果的现象，另外缺少投资与财务的对账工作，导致最终核对时出现不一致而进行全面排查的现象。经过流程再造，工程款拨付流程如图6-11所示。

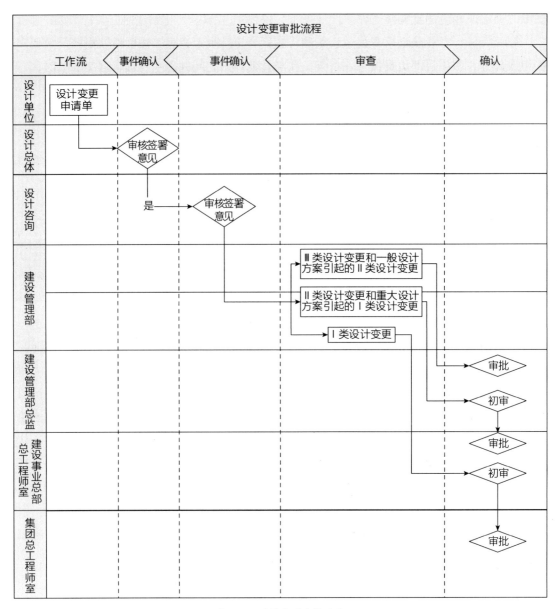

图6-10 设计变更审批流程

首先流程再造后将资金对外的发放工作由投资岗变为资金申请岗位,实现了工作流闭合,确保了各岗位信息的一致性。另外增加投资管理部与公司财务的月对账工作,明确投资统计结果在规定的时间内进行核对,保证了资金统计中错误的及时发现与更正。

同时为了便于投资统计工作的开展,应建立标准的投资统计模式,准确记录工程款的拨付情况,同时便于各岗位之间投资统计数据的核对。投资统计应分别以单位付款投资和汇总投资的形式进行统计,其中单位付款投资具体记录某个施工方每笔费用的支出情况,

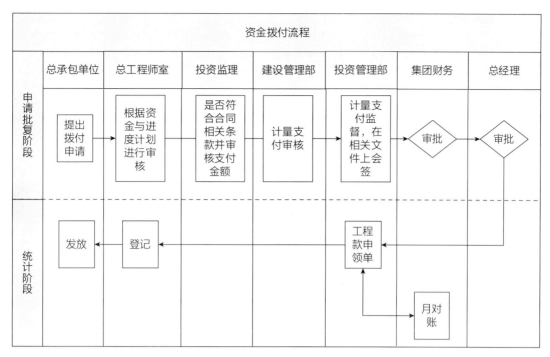

图6-11 工程款拨付流程

便于记录错误时进行核对,汇总投资记录概算投资、合同投资、结算投资及付款金额与比例,便于投资的总体查看与偏差分析和调整。

五、基于规范化管理的项目结算阶段投资管控流程设计

结算阶段是项目成本控制的终点,是在单位或单项工程确认完工后,由总承包单位编制并上报,广州地铁公司整理结算依据并审核的过程。该流程与原流程相比,除进行了组织架构变化后的审核步骤调整外,基本延续了原流程的工作程序,但为了提升结算工作的质量,对流程中各工作的控制重点和结算信息收集的内容进行了明确和规范。工程结算流程如图6-12所示。

结算阶段的成本控制关键在控制报件内容的全面性和结算内容的全面性,以及计算结果的合理、准确上。为此在流程图的基础上提出工作说明与要求:

1)报件内容审核:审核报件内容的真实性、全面性,注重变更的审核,不仅包括增加费用的签证,同时要包括减少费用的变更等。按照广州地铁18号、22号线工程结算资料明细表审(表6-6)核结算报件的全面性。

2)结算依据收集:结算依据包括上述结算报件,同时注重工程索赔事件数据的搜集,如:桩基工程单独招标的情况下,桩基施工过程中出现桩位偏移现象,则随之产生基础变更,面临支付总包签证同时要对桩基单位进行相应索赔,结算时要对该部分费用一并进行结算。

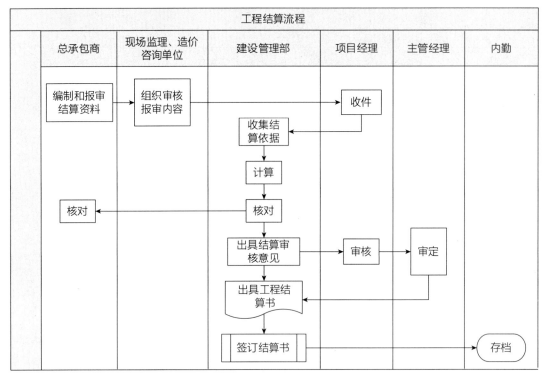

图6-12 工程结算流程图

广州地铁18号、22号线工程结算资料明细表

表6-6

项目名称：　　　　　　　　承包商名称：

序号	资料名称	是否提交 是	是否提交 否	提交页数	备注
1	满足竣工验收的资料	□	□		文件归档在竣工资料中，项目经理确认此项满足竣工验收资料
2	结算书	□	□		提供原件
3	单项（位）工程竣工验收单	□	□		提供公司验收单原件
4	竣工图纸	□	□		提供原件
5	施工水电费证明	□	□		提供原件
6	与合同工期有差异的工期说明	□	□		提供原件
7	设计变更通知单	□	□		提供原件
8	现场签证	□	□		提供原件
9	与工程造价有关的各项监理通知单	□	□		提供原件
10	各项扣款通知	□	□		提供原件
11	甲供材料说明、入库单、出库单、现场实际使用数量和部位、差异原因及分析表	□	□		提供原件
12	其他影响工程造价的资料和说明	□	□		提供原件

3）结算价的计算与核对：以合同中约定的计价原则为基础，准确地进行数据计算，确保结算价格的准确。

4）工程结算书：使用标准格式的工程结算书，保障各项工程结算形式的统一与规范。

通过流程再造，针对项目建设阶段的全过程，按照不同阶段改进了投资管控的流程，在项目前期规划设计阶段补充完善了投资管控的具体流程，使项目建设源头的投资管控工作得到改进，并建立了投资估算的指标分配与动态调整流程，提升投资的总体把控能力；在项目施工图设计阶段，增加了限额设计以及各项成本优化的工作流程；在项目合同阶段，改善了审批程序，明确了合同规划的重要性以及合同投资管控的关键点；在项目工程实施阶段，在改变设计变更审批工作与付款统计工作执行程序的基础上，强调了保证其投资管控质量的重要控制点；在项目结算阶段，改善了对结算资料的搜集与管理并形成规范的执行模式，以提升结算的精准度。总体来说，经过流程的再造，投资管控流程的系统性、适用性、效率性等均得到了全面的改进。

第四节 工程总承包项目投资管控流程支撑环境构建研究

一、业务流程执行小组的构建

与流程相符的组织架构的设置是保证流程顺利进行的基础，广州地铁公司组织架构的调整要基于公司目前向多项目运作的方向来着手，同时保障项目建设阶段投资管控流程的简化与便捷，总体思路为广州地铁公司集团层面的职能部门主要职责侧重于行政管理、财务管理与项目开发指导，成立项目部即建设事业总部来独立完成单个项目的建设实施。这样才能适应多项目的操作，同时简化项目建设过程中部门间的搭接，便于项目建设阶段投资管控流程的执行与管理。

（一）组织架构模式

组织架构的关键调整点在三个方面：一是公司层面设置设计管理部门，主要职责是控制项目设计方案以及进行项目投资指标制定与审核，另外可以集中精力做好设计研究、投资数据统计和合约标准化的制定。二是质量安全部的设立，将项目移交后的维护工作集中处理，减少对项目建设职能的影响。三是建设事业总部的成立，负责项目前期手续、工程实施、同步实施直至项目交付的全部工程建设任务，包括设计管理、合同管理、成本管理、建设管理、资料管理各项内容，将项目建设阶段的工作集中化，既保证了项目的独立建设也为多项目同时建设理清了管理模式。组织架构如图6-13所示。

该组织架构模式的设置，将更加适合投资管控流程的执行与操作，其中投资管理部的设置将加强公司投资管控的监督与管理，同时对投资指标的制定更加专业化，投资信息数据的搜集与整理更加集中化，便于统一收集与使用，对于投资控制的相关制度流程的改进有了相应责任部门；质量安全部的设置将项目交付后的后期维修工作独立化，分担了原工程部承担的职责，更有利于项目建设阶段各部门工作精力的集中；工程建设管理部的设置将一条线路建设阶段的工作集中到一个部门便于投资控制工作的流程简化与开展，工程建设管理部将是投资控制的直接执行部门，投资

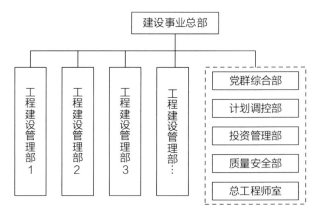

图6-13 广州地铁建设事业总部组织架构图

管理部是投资管控的归口管理部门，便于投资控制的考核，避免多部门责任主体时的互相推诿。

（二）线路开发流程

在该组织架构下，地铁线路开发流程主要分为两大主线：①线路运营主线，主要工作包括项目调研到编制运营方案、物业管理方案以及线路从准备到通车的全部工作；②项目建设主线，即本章主要讨论的项目建设阶段投资管控流程所贯穿的主线，基本由建设事业总部项目部负责推进与实施，可以简化投资管控流程的设置，以保证投资管控流程更加方便、快捷地运行。两大主线的流程如图6-14所示。从流程图中可以清晰地看出左侧为线路运营主线，右侧为项目建设主线，该开发流程适合项目制形式的组织架构，投资管控贯彻项目建设的始终，右侧的项目建设主线即涵盖了投资管控流程的前期规划设计阶段、合同阶段、施工图设计阶段、施工阶段、结算阶段的各项工作。由此流程图也看出了组织架构调整对投资管控流程的必要性。

（三）广州地铁18号、22号线工程建设管理部职责与岗位设置

广州地铁18号、22号线工程建设管理部是总承包合同的责任管理部门，工程建设管理部的工作囊括了项目自总承包合同签订开始至项目交付结束，投资管控工作是总承包合同的一项重要工作内容。工程建设管理部职责与岗位职责的清晰、各岗位设置的合理将有利于投资管控流程的建立与执行，职责界定清晰也促使工作有章可循、便于开展。下面就职责与岗位设置说明如下：

1. 广州地铁18号、22号线工程建设管理部职责

总体来说工程建设管理部职责如上述开发流程中一条主线所展示，工作内容如下：
1）合同签订前期工作
（1）负责组织和主持合同澄清会，负责授权内项目的合同澄清的审批和授权外项目的

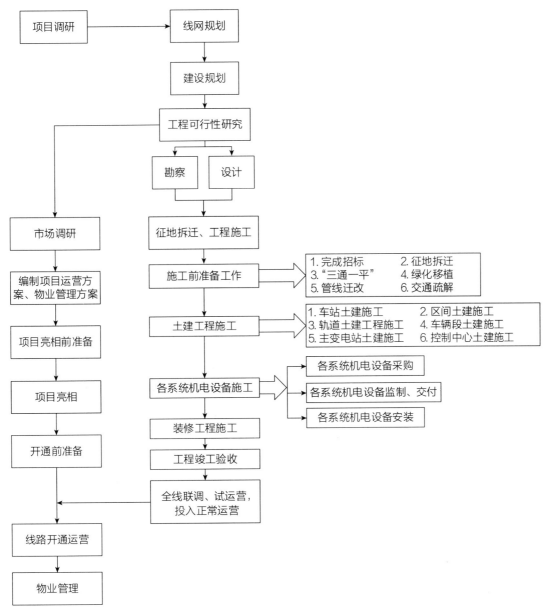

图6-14 广州地铁18号、22号线线路开发流程图

报批。

(2)负责编制合同文件,负责授权内项目的合同文本的审批和授权外项目的报批。

(3)负责办理合同签订手续,派发合同文本和工作文本。

2)合同实施管理

(1)负责督促合同对方按合同及相关管理办法要求启动合同计量支付、变更、结算流程。

(2)负责合同签订、合同计量支付、合同变更、合同结算等业务的全面审核,包括资料、清单漏项、工程量及价格等。

（3）负责填报总承包合同所在线路第一部分工程费用实时概算执行金额（全线第一部分工程费用概算回归总金额），并提交设计变更审查会。

（4）负责组织设计总体及投资监理对初步设计调整概算进行审核。

（5）负责组织总承包项目调概及合同价款调整原则审查会。

（6）组织合同变更审查会。

（7）负责合同变更的报备及报批，编制变更送审清单，对外送审及外审对数工作（含相关协调工作），按要求及时补充资料。

（8）负责合同结算的报批，编制结算送审清单，对外送审及外审对数，按要求及时补充资料。

（9）负责合同签订及合同履行过程中所产生的档案资料的归档。

2. 岗位设置

建设管理部岗位设置按照各模块进行拆分，遵循精干、高效原则，根据项目规模及人员具体情况，采取"一模多人"或"一人多模"的用人办法，对以下基本模块进行拆分或组合，鼓励"一模多能"。

建设管理部设置基本岗位包括：工程主管、工程管理模块、合同模块、内勤模块等。

二、信息技术支撑体系的构建

项目全生命周期信息集成管理是指利用建筑业相关的信息技术手段，在建设项目全生命周期的不同阶段将项目利益相关者所需的或所产生的数据信息进行传递与共享，以打破由于建设项目分阶段管理而形成的信息孤岛，实现建设项目及其信息的集成、集约、集中管理。

随着建设项目的规模与技术复杂程度的大幅度提高，建设项目的专业分工更加细化，各主体参与建设活动时受到不确定性因素的影响日益增大，给建设项目各主体间的信息沟通与工作协调带来了挑战，组织界面上各参与方的信息交换质量会极大地影响项目的实施。但一直以来，由于建设项目的多阶段性和过程分离性的特点，缺少有效的建设信息整合工具和处理大量建筑数据的平台，建设项目中信息孤岛众多，信息在传递过程中容易发生扭曲与衰减，产生信息不对称性的不良后果，影响各参与方在信息流、物流和资金流等方面的资源利用效率与信任传递。

20世纪70年代提出观念并在20世纪90年代得到确立的建筑信息模型（Building Information Modeling，BIM）可以解决上述信息集成问题。在项目信息管理中应用BIM技术即是利用一系列的信息技术软件或方法，以全生命周期视角为基础，将设计、施工、运营等各阶段的相关信息与数据进行集成化处理，并基于此对建设项目进行数字化表达和多维模型构建。BIM技术是实现在工程项目全生命周期中对信息的全面管理的关键工具与思路，亦是建筑业产业化、集成化、一体化目标实现的必要手段。广州地铁18号、22号线BIM应用点及应用范围如图6-15所示。

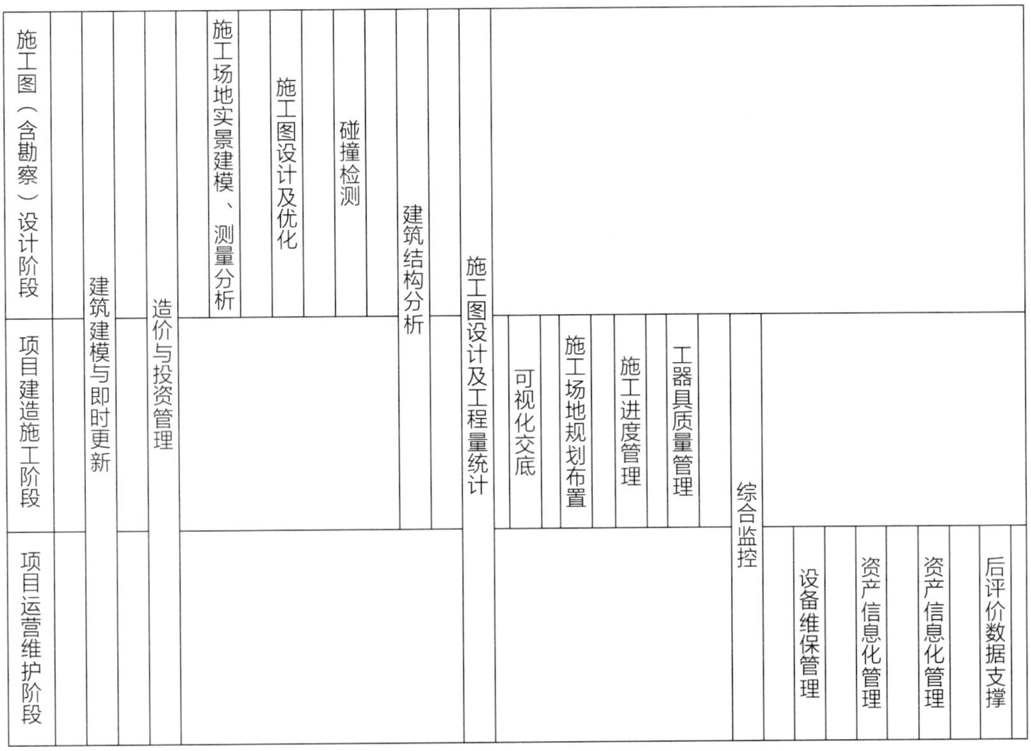

图6-15　广州地铁18号、22号线BIM在全生命周期中的应用

建筑业内的各种信息与数据已经成为一种基础性资源，基于网络技术的大数据具有规模性、多样性和高速性特点。将大数据技术应用于建筑业，可以实现建筑全生命周期各项信息与数据的整合，并从已有建设项目的数据中挖掘出有价值的信息，指导未来项目的决策，并有效降低生产成本。

BIM技术所处理的建筑信息与数据呈现出"大数据"特征，将BIM技术与以大数据为代表的数字技术相结合，建筑业的信息共享与集成将进入一个新的发展阶段。现阶段，推动我国建筑业信息化发展需要积极的政策引导，也需要符合信息化的发展规律，使项目全生命周期信息管理及其技术解决方案具有经济上的合理性和技术上的可行性。

综上，BIM技术配合大数据分析与云计算技术并形成建设项目信息协同作业平台或网络，能够大幅度提高建筑业的信息集成化程度以及建设项目各利益相关者的工作效率，减少变更带来的资源无谓消耗。更重要的是BIM技术能够减少信息在转换、传递或调整中的遗漏丢失以及信息重建的劳动消耗，显著提高建设项目全生命周期的质量、效益及项目价值。可利用BIM技术对项目的物理结构和产出功能进行数字化表达以形成建筑信息模型，并将决定建筑实际使用情况的各专业、各阶段数据实现跨专业、跨阶段的传递和共享，实现项目全生命周期的保值增值。

三、投资管控管理制度再造

任何流程的执行均需要相应制度的保障,应从投资管控责任、投资指标考核以及奖励机制等方面建立与完善相应管理制度。

(一)建立投资管控责任制度

投资管控责任制度是每位员工提高投资管控责任意识的基本制度,按照项目投资管控责任承担的需要,明确每位员工的投资管控责任,以建设管理部为投资的基本责任主体,依据项目投资产生的不同阶段、不同内容,对应各岗位的工作职责,进行投资管控责任的划分,从而使每一个岗位都承担相应的投资管控责任。同时也要保证投资管理部作为投资管控的归口管理部门与建设管理部作为总承包合同的责任管理部门的主责意识,避免各负其责互相之间没有相互沟通的投资管控责任状态,通过突出投资管理部与建设管理部的投资责任,强化投资管理部、建设管理部与各相关岗位之间的沟通与联系。

通过投资管控责任制度,确定每个岗位的投资预测与分析职能,以对工程进展状况的分析找出投资变动的影响因素,并通过与投资管理部进行信息交换,实现从事件源头进行投资控制。同时,通过投资管控责任制度加强项目建设过程中相应责任人对项目质量、进度、安全等的管理,以避免因质量、进度、安全等出现问题而出现相应的索赔、变更、签证,造成投资的增加。

(二)建立指标考核制度

指标考核制度是投资管控责任制度的延伸,是在投资管控责任制度的基础上将投资指标落实到每一个岗位,并将考核内容定量化、指标化,以此进行定期检查与考核的制度。它的考核思路是通过记录投资管控指标的执行情况,进行实时跟踪,分析实际投资偏离指标的原因,采取相应的纠偏措施,以实现投资总体目标的控制,同时配合相应考核办法,进行奖惩,以激发投资管控的积极性。

指标考核制度的建立,关键在投资管控责任指标的建立,通俗来说即是有了投资指标并且有人承担指标才有考核的对象与依据。投资管控责任指标的建立是针对组织系统内部的各个责任层级岗位,进行项目全面投资分解,进而实现责任划分。项目投资管控责任指标的建立包括以下三个方面的内容:

1. 投资管控责任指标的制定

投资管控责任指标使用项目投资估算及概算的各项数据,但需满足下面三项原则:

1)具有合理可控性

投资管控责任指标的编制应根据不同管理层级承担的工作内容来进行编制,并保证其具有可操作性,便于控制及核算。

2）具有目标明确性

按照组织内部的管理层级划分投资管控责任指标，实现投资指标的逐层控制，确保整体投资目标实现。

3）责权利相结合

保证各个责任主体所承担的责任内容与其管理权利相对等，同时要依据各个责任主体的任务完成情况，进行相应的奖励与惩罚。

2．投资管控责任指标的分解

广州地铁18号、22号线的投资管控责任指标采用设计概算指标。以投资管理部为投资管控责任指标的承担主体，按照各岗位的层级划分，将投资管控责任指标分解到各个岗位，项目经理承担全部投资管控责任指标；建设管理部负责总承包合同投资管控责任指标的执行控制，合同模块、工程管理模块承担相应主责范围的投资管控责任指标，从而实现责任到人，见表6-7。

投资成本责任指标分配　　　　　　表6-7

成本指标内容	目标成本	投资管理部		建管部合同模块		建管部现场管理模块		完成情况
		责任人	责任人	责任人	责任人	责任人	责任人	
前期费用	……							
	地质勘察费							
	设计费							
	咨询费							
	……							
建筑安装	……							
	建筑安装工程费							
	电梯工程							
	消防工程							
	……							
合计								

3．投资管控责任指标的调整

投资管控责任指标是项目全周期的控制指标，指标的调增必将意味着成本增加利润降低，可能会突破企业利润的底线。所以投资管控责任指标具有高度的严肃性，一经审批同意，无特殊原因不能进行调整。

因政府或发包人原因引起的相对于初步设计图纸发生的规划调整、实施范围变化、重大方案变化、工法变化、地质灾害、政策性调整等属初步设计范围外项目，经政府同意，办理初步设计概算调整程序后，按调整后对应初步设计概算金额和本合同约定的下浮率调整总价包干项目价款。同时进行相应投资管控责任指标的调整，但调整的程序为：

1）进行项目整体指标的分析，综合考虑投资管控指标挖掘潜力。
2）采取弥补措施，最大限度挽回损失。
3）确认投资管控责任指标突破。
4）执行投资指标调整，组织相应投资指标调整审批。

（三）建立奖励机制

以奖励机制促进投资管控，包括建立针对内部的考核奖励机制和针对外部的成本节约奖励机制。

对内来说，通过与投资管控责任制度和投资指标考核制度相结合，建立相应奖励机制，做到投资节约必奖，投资超支必罚，从而调动员工积极性，实现良好的投资管控，达到企业与员工的双赢。

对外来说，如总承包单位，针对其设计图纸的质量、设计图纸的成本优化导致的概算调减等进行考核，与为甲方创造的利益多少挂钩，约定奖励措施，以调动其积极性，达到企业与合作方的共赢。

第五节　投资管控流程再造效果

一、再造后投资管控流程效果分析

再造后成本控制流程的应用将对广州地铁公司的成本控制工作起到促进作用，主要会体现在两个方面，一是执行速度与工作效果上的提升，二是项目成本上的节约。下面结合企业现有流程执行的实际情况，通过应用再造后流程对现有流程的工作和项目成本情况进行分析预测，我们可以得出如下的分析结果：

执行速度的提升，主要表现在流程再造后各项工作的执行与审核打破了原各部门分别负责的情况，由项目部对项目建设周期内各项工作负责，各岗位之间实现直接沟通，简化了工作程序与审批程序，提升了工作的效率。以某公司签证工作为例，原签证工作中，施工方上报签证后由专业工程师进行核实确认后报工程部经理审核，然后转发成本合约部，成本岗人员进行价格审核，同时将存在的问题反馈工程部进行回复，价格审核后报成本合约部经理审核，然后报主管领导审批，再造后，签证报件由专业工程师确认后直接转交部门内成本岗审核，并直接进行问题沟通，价格确认后报项目部经理审核报主管领导审批，经过流程再造减少了原两部门经理分别审核的程序，同时便于专业工程师与成本人员的直接沟通，工程签证从上报到审批完毕预计由原来10天的工作时间缩短到5天的工作时间。

工作效果的提升，主要表现在流程再造后完善了工作程序，弥补了原流程不足的控制环节，提升了工作的质量，如资金拨付工作中，通过改变资金的发放岗位，避免了原资金申请人员无法确认资金是否申请下来并发放给了施工方的最终结果，导致自身下次资金申请时需重新与成本岗核对资金拨付情况的结果，同时成本岗与财务每月的对账工作使资金拨付的记录性错误得以及时发现与更正，确保了资金拨付统计的准确性，提升了工作效果。另外工程结算时，明确了收集结算依据这一工作，同时建立了工程结算资料明细表，使工作内容一目了然，确保结算依据收集的一次性到位，提升工作质量，同时无形中缩短工作时间。

成本的节约，主要表现在占项目建设成本较大比重的建筑安装工程费的节约，举例来说，某房建项目总建筑面积14万m^2，包括24栋楼，其中多层18栋，高层6栋。桩基工程和建安工程费用在成本控制流程再造前后的成本对比如表6-8所示。

某房建项目成本控制流程再造前后成本对比表（单位：万元）　　表6-8

类别	序号	项目	再造前价	再造后价	结余
建筑安装费用	1	……			
	2	桩基工程	1085.0	1003.0	82.0
	3	建安工程	22262.6	20595.0	1667.6
	4	……			
		建筑安装费用小计			
		费用合计			

桩基工程节省82万元，主要是在施工图阶段成本控制流程中通过结构优化，对基础形式进行相应的成本分析，通过进行专家论证，可将地基形式由原来的全部为桩基调整为8栋多层采用天然地基的形式，使该8栋多层桩基工程建筑造价降低了23元/m^2，最终使该项目桩基工程节约成本82万元。

建安工程节省1667.6万元，主要是通过进行估算指标的分解，提出限额设计标准，进行结构形式的分析与优化，最终在该项目中实现钢筋含量控制在60kg/m^2，相比较于流程控制再造前钢筋含量达到了86kg/m^2，含量节省26kg/m^2，直接使工程造价节省121.8元/m^2。通过装修成本必要性分析，将原地下室的抹灰层取消改为直接批腻子，设备用房变更为混凝土面交活等。通过装修材料选型的分析，结合项目品质需要将原断桥铝合金窗改为高品质塑钢窗，使外檐窗的造价由约600元/m^2降至470元/m^2。另外通过严格执行签证工作的控制重点，以及结算时信息搜集齐全，结算准确、全面，最终该项目建安工程成本节约1600余万元。

通过上述分析可以看出，成本控制流程再造后，对成本的管理会起到良好的效果，在成本控制流程的执行速度与成本节约方面均实现改善，通过流程再造会突出企业的成本优势，成效将是明显的。

二、流程+数据，构建企业数据资产中心

与时下讨论最接近的数据资产概念最早由Fisher（2009）提出，他指出企业应该把其运作中产生的数据作为企业资产来对待，数据资产是指公司用来产生收入的相关系统、应用程序及其输出文件、文档、数据库或网页。中国信息通信研究院云计算与大数据研究所（2018）在《数据资产管理实践白皮书（3.0版）》中首次明确了数据资产的概念，认为数据资产（Data Asset）是指由企业拥有或控制的、能够为企业带来未来经济利益的、以物理或电子方式记录的数据资源，如文件资料、电子数据等。在企业中，并非所有数据都构成数据资产，数据资产是能够为企业产生价值的数据资源。

流程是支撑企业业务流转的基础平台，无论是流程驱动型企业，还是数据驱动型企业，都需要借助流程实现企业的业务流转和运作。建设流程中心，能帮助企业理顺流程结构，明确角色及职责，使业务有序运作。表6-9给出了流程再造后投资管控的各关键控制点、要求、输入、输出数据流、工作依据、方法，它们相互作用共同形成投资管控流程中心，流程中心将流程执行过程中输出的业务数据推送至数据中心，有助于形成企业的数据资产。

流程再造后投资管控数据流　　表6-9

步骤	关键控制点	要求	输入	输出	工作依据	方法
1	目标成本的编制	依据经验或参考类似项目投资指标，明确项目目标与投资估算	规划指标、设计参数	投资估算	项目目标和投资估算制定、评审、调整的制度和流程	经验数据，无经验数据时需到外部调研，了解类似项目数据；投资决策大数据平台
2	限额指标的确定	项目设计目标与限额设计指标的制定与调整	投资估算、设计概算、不同设计形式对应投资	限额指标	限额设计指标制定、评审、调整制度和流程	样本数据分析法模糊层次分析法回归分析测算
3	出具设计图	项目功能分析，确定各专业工种设计要求，确定对概算编制的要求等进行设计	业主要求	设计概算	设计目标	成立编制小组分专业工种进行设计并合图
4	设计方案评审、比选、优化管理	提出设计方案可施工性评审/比选/优化意见；提出设计方案经济性评审/比选/优化意见；提出设计营销潜力评审/比选/优化意见；提出方案功能性评审/比选/优化意见，汇总整合各部门意见并与设计单位进行沟通和协调	设计图纸	经优化后的设计方案及设计概算	设计方案评审、比选、优化制度和流程	挣值法

续表

步骤	关键控制点	要求	输入	输出	工作依据	方法
5	设计图审查	在不同视角下提出设计图纸审查、修改意见	设计图纸	图纸审查意见	设计图审查制度、流程和标准	会议
6	设计变更管理	提出设计变更的经济评审、施工影响评审等意见,综合设计评审意见提出设计变更的可行性,并与设计单位沟通协调设计变更事宜	设计变更申请及相关说明	工程量及设计概算变化,工程量及预估合同价变化或设计变更工程投资说明	设计变更评审、批准制度和流程	设置设计变更审批流程,严控设计变更
7	结算书的编制	使用标准格式的工程结算书,结算信息收集应规范齐全	结算资料	结算审核意见	流程再造后对报件内容、结算内容、计算结果的要求	规范化管理结算流程

| 第七章 |

BIM技术在投资管控方面的应用

随着我国社会经济的高速发展，地铁工程作为城市基础设施建设的重要组成部分已经在很多城市大规模的开展，它从根本上解决了城市交通问题。但是地铁工程也因建设周期长、利益参与方众多、专业系统繁杂、数据信息量大以及建设难度巨大等建设特点致使项目管理的难度增大。尤其是在工程总承包模式下业主的控制权减弱、投资管理难度加大，投资管控上存在着结算费用远大于合同成本的现状，导致该现状的影响因素有人的因素、过程管控因素、效率因素、质量因素以及进度因素。

1．人的因素导致投资增加

人的因素通常被视为目标实现的决定因素。在项目实施过程中，往往会因为内外部环境较为复杂导致很多突发状况的发生，这些突发状况的发生都会直接影响到项目投资费用的增加，而此时项目管理人员对于投资管控的能力就显得尤为重要。尤其是对于地铁工程这一类涉及专业众多、项目管理难度大的复杂工程，更是需要项目管理者有扎实的专业技能来对工程突发状况进行预判，大型工程项目的管理团队一定程度上决定了项目的盈利能力，同时项目管理者对于投资管控的经验也是项目成败的关键要素。

2．过程管控因素导致成本增加

对于一个工程建设项目而言，要充分实现对其目标的控制就应该是将多种方法结合起来实现。通常将控制按照发生时间的不同分为了事前、事中和事后控制。传统的投资管控非常注重事后的成本核算，而往往忽略了事前和事中控制。项目管理者若没有针对投资控制在事前制定绩效标准以及偏差预警系统用来预防实施过程中产生的偏差，也未能在事中问题发生时实时传递信息来采取纠偏等方面都有可能导致投资管控目标偏离计划目标，最直接的表现就是投资的增加。对于复杂的地铁工程更是如此，轻视事前、事中控制，只待问题发生之后才采取纠偏，这样的控制程序是不够完善的，只有对投资进行事前、事中、事后控制有效地结合运用，才能确保投资控制目标的实现。

3．效率因素导致投资增加

投资管控相对是一项较为烦琐细致的工作，需要投资控制的工作人员在面对企业多个项目投资管控时能够从容不迫，并且有一套投资管控的方法。但是往往存在着投资管控效率低下的问题，面对海量的数据信息不能有效地流转以及对投资失控的原因不能进行准确的判断都是效率低下的表现，最直接的结果就是判断失误导致无效投资的产生。地铁工程的数据信息量更为繁杂庞大，对于投资控制更需要一套科学有效的控制方法。

4．质量因素导致投资增加

为了保证和提高工程质量以及因未达到质量标准而返工等都属于因质量因素导致成本的增加。在地铁工程施工过程中往往会因为地质环境、不可抗力等引发很多突发事件，目前的施工技术又很难预测这些突发事件的发生，这些突发事件的发生很大程度上都会影响到施工的质量问题，采取返工措施的直接影响就是费用的增加，因此因质量所导致投资的增加也是投资管控的重要环节。

5. 进度因素导致投资增加

进度因素导致投资增加主要是指在施工过程中因为实际进度偏离了计划进度而使得进度滞后所致或者是采取纠偏措施不当所致。而进度控制又是作为项目管理的三大控制目标之一，它主要依托前期编制的进度计划与建设过程中的实际进度来进行对比，以此来判断目前项目的进度状况。进度其实是与投资直接挂钩的，在施工过程中一旦出现突发事件所导致项目停工等状况，不仅体现的是项目进度的滞后，同样为了赶超进度以及因停工导致窝工等状况的直接表现就是项目投资的增加，这些投资的增加皆是由于进度因素所致。

根据广州地铁6号线二期、7号线一期、9号线一期、4号线南延段、13号线、知识城线、14号线、21号线等8条新线的落地应用成果进行分析，BIM等信息化技术的应用实现了绿色建造的目标，能够有效提升经济效益，主要体现在四个方面：机电工程平均每站节约建材支出约35万元，减少了资源浪费；作业高峰期相对传统方式减少作业人员30~40人，节约了人员投入；机电工程每站节省设计变更支出约100万元，大大减少了设计变更；节省工期约1~2个月，减少相应管理成本。由此可见，广州地铁18号、22号线BIM等信息化技术的应用能够通过进度管控、人员管控、物资管理实现投资控制目标。

第一节 建立基于BIM的工程总承包项目管理平台

一、建立基于BIM的工程总承包项目协同平台

为了保证基于BIM的工程总承包项目信息管理框架的实施运作，需要构建相应的协同平台，将空间和时间上分离的项目不同参与方有效地组织起来，实现各参与方的信息沟通和交流，实现工程总承包项目信息在工程建设各个环节的流通。

1. 协同平台构建原则

信息协同平台的整体构建应遵循互联性、实时性、集成性的构建原则，构建的主要内容有：

1）连通性是指项目各参与方之间可实现高效率的信息交互和信息无阻碍的传递，打通设计、建设、运维三个阶段的信息孤岛。

2）实时性是指项目参与方不受空间和时间的限制，可在任何时间和地点根据自身工作需求，获取项目实时信息。

3）集成性是指通过信息技术集成应用（BIM、大数据、智能化、工程综合监控、移动通信、云计算、物联网等），把项目建造过程中数据汇聚到项目管理平台，满足项目各参建方应用该平台开展各项工程项目管理工作。

2. 基于BIM的工程总承包信息协同平台组成

基于BIM的工程总承包项目信息协同平台由数据库、软件信息交互层、工程总承包项目参与方信息管理层三部分组成，如图7-1所示。信息协同平台主要包括：

1）为了实现对工程总承包项目信息的集成管理，广州地铁18号、22号线项目以业主为主导创建集成工程总承包项目信息的数据库。项目各参与方可将工作所产生的信息数据存储到数据库中，并与三维模型关联，实现项目各参与方之间的信息共享，支撑轨道交通建设的多专业协同工作，能够对施工进度、质量、资源、成本、安全和场地进行有效、动态、可视化的管控，实现基于数据的动态集成管理。

2）为了满足业主对工程总承包项目参与方信息的管理和应用，项目参与方需要配备相应的BIM软件。软件信息交互层对应的是信息管理框架中的功能模块层，主要由项目实施过程中应用的BIM软件组成。

3）工程总承包项目参与方信息管理层是由工程总承包项目的利益相关方组成，各参与方可根据不同信息管理使用权限在BIM数据库中获取和更新信息，满足工作信息需求，其中广州地铁公司拥有最高的管理权限管理和应用项目信息。

工程总承包项目信息协同平台框架如图7-1所示。

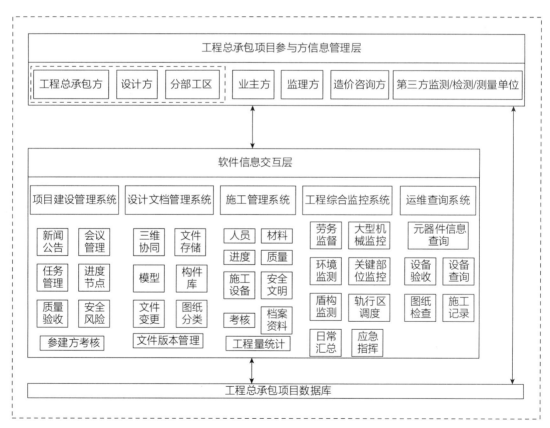

图7-1　工程总承包项目信息协同平台

构建信息协同平台的主要目标是为BIM在工程总承包项目信息管理过程中应用提供一个项目各参与方信息交流的外部环境，为基于BIM的工程总承包项目信息管理框架体系的应用建立一个实施运作的基础平台。

二、建立基于BIM的工程总承包项目信息模型

应用BIM进行项目信息管理的核心就是通过建立基于BIM的项目信息模型来实现信息的集成管理和交互。在基于BIM的工程总承包项目信息管理框架体系实施过程中，需要通过提取基础数据层中实时更新的数据信息，建立BIM信息模型使项目信息与三维模型建立关联，从而实现工程总承包项目信息的有效集成和共享。在建立工程总承包项目信息模型的过程中，设计、施工阶段的信息是相互传递的，所以建立基于BIM的工程总承包项目信息模型应充分考虑各阶段各参与方之间的信息交流和传递情况。基于BIM的工程总承包项目信息模型建立流程，如图7-2所示。

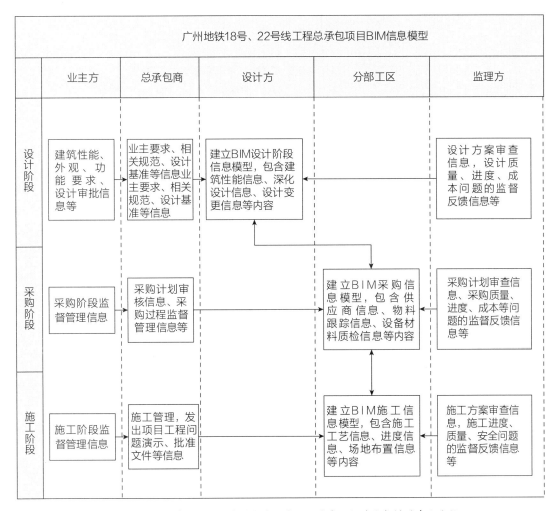

图7-2　基于BIM的广州地铁18号、22号线工程总承包模型建立流程

1．快速建模工具的研发与应用

为了加快建模效率，提升模型质量，广州地铁公司委托总承包部牵头组织快速建模工具开发，并将建模标准内置工具中，提高了模型的应用效率。广州地铁18号、22号线项目共开发了包括轨行区全专业快速建模工具、模型限界检测、站内管线自动寻址建模、综合管线排布自动优化、综合支吊架智能选型及建模、电缆自动寻址建模、模型自动校验、参数化标准模型库、出入口快速建模、盾构管片自动排布建模、地下管线快速建模、三维工程地质系统在内的12套标准化、模块化智能设计插件，具有设计及建模的数据驱动、快速精确、自动编码、建模成果轻量化处理等特点。

电缆自动寻址的建模方法，基于通用的BIM建模技术，通过已绘制的相应项目的土建及结构模型以及电气设备模型，结合导入的电缆桥架信息，通过电缆桥架绘制规则自动计算得到电缆通过的电缆桥架的路径，结合相应电缆桥架参数设置，自动绘制得到相应的电缆三维模型。根据设计院的设备控制信息，梳理设备连接关系，根据连接关系和电缆桥架的路径实现光电缆的自动布设和优化，为电缆施工的深化提供方案，协助施工单位确定敷设方案。其中电缆自动寻址建模效果如图7-3所示。

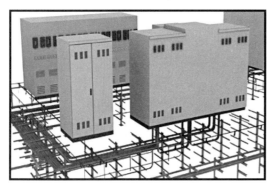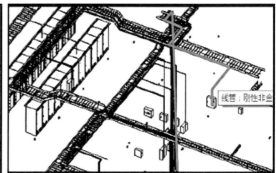

图7-3 电缆自动寻址建模效果图

2．高精度建模标准

制定建模标准是为了约束建模行为，保证BIM模型的统一性、规范性以及可用性。广州地铁18号、22号线结合各地BIM设计经验，已经开展了轨道交通BIM模型设计的相关标准研究工作，形成相应的BIM建模标准，并在设计、施工到运营各阶段不断修正BIM设计标准。下面从模型拆分、命名规则、模型信息、建模深度等方面，对地下区间BIM建模标准的关键部分进行探讨。

1）模型拆分

模型拆分主要针对BIM模型几何实体进行，拆分地下区间模型应从BIM模型的应用出发，结合软件功能、建模思路、硬件配置、二维图形等方面进行综合考虑。在地下区间范围内，除了标准的隧道结构，还包括区间风井、联络通道及废水泵房、工作井等单体建

（构）筑物，因而拆分地下区间模型原则应同时兼顾单体建（构）筑物与占据大多数里程范围的隧道区间，不同工法的隧道区间在建模思路上也有所不同，均应分别建模；针对不同模型单元，结合传统二维图纸内容，应进行构件划分。经过上述思路划分，仅需要对基本构件进行参数化建模，实现一模多用，大大提高BIM建模效率。同时，仅对合模的计算机配置要求较高，可减少硬件方面投入。

主要拆分原则如下：

（1）盾构区间以隧道中心轴线为基准线创建盾构区间。每块预制管片为一个基本单元，含钢筋、混凝土，分别建立设计模型及竣工模型。

（2）明挖区间以隧道中心轴线为基准线创建明挖区间，按施工图纸分为围护结构及主体结构，按施工方案切分，分别建立设计模型及竣工模型。

（3）暗挖区间按施工图纸（含矩形、马蹄形、圆形等）的初期支护、防水层、二次衬砌分层建模，按施工方案切分，分别建立设计模型及竣工模型。

（4）联络通道根据实际工法选择以上建模方式。

（5）模型单元按构件层次做拆分。

（6）竖井、中间风井等其他区间附属工程建模参照车站土建工程模型建模原则。

2）命名规则

建立命名规则意味着通过检索能够快速调用BIM相关模型与构件，提高BIM模型设计与管理效率。广州地铁18号、22号线模型文件的命名宜包括：线路编号、车站/区段、专业、版本等基本要素，建议按图7-4所示模型文件命名规则结构进行命名。

图7-4　模型文件命名规则

由图7-4可知，模型文件名称应反映线路、车站/区段、专业以及文件版次等信息，为便于检索可以采用代码形式进行系统性命名。为满足进度、质量、安全、档案资料等各项管理需求，模型需与工程总体进度计划、设备材料信息、施工信息、合同信息、档案资料等各项信息进行关联。因此，须对每个模型构件进行唯一编码，将该编码作为模型构件的唯一识别码。构件作为模型单元最小组成部分，构件所属类型、材质以及关键参数应当在构件名称中体现，广州地铁18号、22号线采用"线路-位置-专业-系统-子系统-设备材料类型-设备材料名称-序号"的格式。

3）模型信息

BIM设计关键在于如何将全生命周期中各类所需的信息集成至BIM模型，主要信息包括几何信息与非几何信息。地下区间BIM模型的属性信息随设计阶段深入，按设计阶段要求不断将模型所需信息添加至BIM模型。BIM模型的信息丰富度应满足当前阶段协同设计、项目管理、施工指导以及运营维护中各参与方所需的数据量，并且数据格式应满足不同参与方间传递和共享的要求。

根据上述模型拆分原则，将地下区间模型拆分至构件级后，基本能够提供各参与方的数据信息附加主体。模型信息附加方式主要包括以下2种：

（1）在建模过程中，利用软件基础功能，在模型中创建数据接口并输入信息。

（2）模型外置信息，即存储在建模软件之外的第三方数据库内，与模型构件/设备——对应的非几何信息。通过在BIM模型之外创建数据库，利用编码链接或模型关联的方式，将外部数据与BIM模型进行对接。

对于地下区间的几何信息，以坐标尺寸方式直观地表现在模型上，而材质特性、模型分析参数等数据可以通过自带接口或者创建接口的方式进行输入与调整，对于施工管理及运营维护中使用到的数据更适合在数据库中集成并链接，便于后期二次开发数据库管理系统，这些信息外置也利于模型轻量化。不同阶段地下区间BIM模型所需数据不同，结合具体需求，剔除上阶段模型中的冗余信息。模型外置信息主要可包含以下要素：基本信息、权属管理信息、来源信息、时间信息、位置信息、关联信息、成本信息、采购信息、技术参数信息、维护保养信息、文件信息、客户信息等。

第二节 基于BIM的业主方设计管理

一、BIM在业主方设计管理中的适宜性

（一）BIM支持可视化的设计管理

建筑物的规模越来越大，其空间结构的划分也必将越来越复杂，人们对建筑的功能要求也随之提高。就设计成果来说，如果没有可视化的手段，业主方与设计的沟通只是停留在传统的语言、二维图纸或文件的方式上，设计方难以将业主的实际需求完全理解并表达；可视化的BIM操作打开了传统设计的黑匣子，使业主可以更好地参与到设计过程中去，满足业主与设计无障碍沟通的需求，还将设计变更的可能降为零。从管理过程来讲，在项目的前期阶段，方便业主对建设地点、设计方案的甄别和选择，大大提高了业主决策的正确性与合理性；可视化的管理手段方便各参与方的沟通，在这种背景下，业主与其他参建单位也并不是简单的指令关系，协调工作也随之变得容易。因此，BIM的可视化不但可以提高业主对设计质量的控制，也可以提高业主对进度和投资方面的管控度。

（二）BIM支持管理信息的共享

BIM支持管理信息的共享主要归功于其信息的完备性与协调性两个特点，这两个的技

术特性在实际应用中可以提高各参与方沟通效率，大大减少方案改动耗时，使项目的实施更加高效、有序。

BIM信息的完备性体现在两个方面：首先，BIM对设施全面信息数字化的描述，该信息包括项目物理信息和功能关系特征；其次，BIM的创建是将建设全过程的信息不断录入、更新、细化和完善的过程，该过程不仅将项目实施各阶段无缝隙地联系起来，也搭建起项目的各参与方信息传递和沟通的桥梁。

BIM的协调性也可以从两个角度进行分析：一是数据间的无差别的、零延迟的关联，另一个是构件之间的智能化连通。简单地说，如果业主对设计的某一个方面不满意，要求设计师做出改动，只要这一改动实施，那与它关联的其他地方相应的改变便可以实时地展现在业主眼前。如果业主对此新方案仍不满意，设计师通过与业主协商，再及时做出让业主更满意的方案。而且，在发生设计的变更和安排的改动时，其他参与方可以及时、有效地根据实际需求，做出相应工作变动的回应。

（三）BIM支持协同设计及跨组织管理协调

传统的设计手段下，设计单位各专业之间是一个个信息孤岛，各专业的变动需在其他专业一一反馈修改；而基于BIM的协同平台将这一个个孤岛搭建成可实施的建筑模型，其中一个专业的设计变动可联动反映给其他专业设计人员。此外，该协作平台不但加强了设计单位之间的内部创作与沟通，也实现了各参与方实时的、无障碍的设计信息协同。例如，为了实现优化设计、降低成本的目标，要求项目各参与方前期介入，成立由各设计、施工、运维等不同参与方组建的多目标决策团队，充分发挥众参与方的不同需求、各领域知识等，细化建设需求与目标，增强设计与施工、运维的紧密联系，提高设计质量。在传统的管理手段下，这一特点似乎是不可能实现的，所以BIM的应用必将带来一场建筑业组织实施方式的变革。

此外，基于BIM的协同平台不仅实现了跨组织的信息协同，也可以实现跨组织的制度的协同、文化和目标的协同。在设计管理实施过程中，由于组织结构的层次较多，数量众多的参与者造成制度不同，考核标准各异，核心价值不一致以及目标不够清晰明确的现象，通过BIM平台协同可以达到的目标的协同，即各阶段有明确的目标，有统一的实施机制，各参与方责任清晰、协同合作等。

二、基于BIM的设计管理组织结构

（一）基于BIM设计管理组织的构建目标

基于BIM的设计管理组织模式与传统模式最大的区别在于对各参与单位的集成以及强调下游参与方的前期参与和投入，考虑到下游参与方（施工、运营）单位对设计活动的积极作用，推进组织间信息共享和目标协同，鼓励各参与方之间工作时间上的并行交叉是基于BIM管理组织的最大特点和优势，并且给传统的组织模式带来了很大的冲击力。本节拟重新设计传统设计管理组织模式，以便适用于基于BIM设计管理组织特点，采取组织的措施，确保业主方设计管理的有效性。基于BIM的设计管理模式组织结构方面的设计目标主要从以下几点考虑。

1. 有利于系统目标的实现

组织是系统良好运行的支撑条件，组织理论强调系统目标决定了系统的组织，组织是系统目标能否实现的决定性因素。因此，基于BIM的设计管理模式的组织设计目标是促进各组织目标与系统目标协调一致，从组织结构上紧密联系起各参与方，紧紧围绕项目最高目标工作，从工作流程和沟通方式上加强项目各参与方的良好沟通和有序合作，使系统的目标高效率地实现。

2. 有利于组织系统功能的发挥

项目组织本身就是由不同项目参与方组成系统，因而具有系统的整体性特征。参与项目策划、设计、建设的组织分别属于不同的专业和利益集团，他们之间既存在利益上的冲突与矛盾，也存在工作上的合作和协助，因此，基于BIM的设计管理组织设计的目标就是减少组织间的内耗，形成健康的、促进组织间合作的系统，共同为项目目标的实现而努力。

3. 具有充分的弹性和柔性

组织的弹性优势主要体现在两个方面，一是组织结构本身的稳定性，一是组织面对外界风险与冲击，内部学习与成长的适应性。组织的柔性优势体现在管理的柔性上，加强以人为核心的柔性管理，能够快速应对项目长期实施过程的各种风险和内部的调整，增强组织的应变能力。因此，基于BIM的设计管理模式的组织应该具备稳定、动态、柔性特征，既能够适应外部环境的变化，也具有一定的稳定性。

4. 有利于形成协同化、集成化的组织环境

BIM作为一种新的生产工具和管理思维，应用环境与传统的2D生产工具有着很大的区别，其功能的充分发挥需要通过不同项目组织、不同专业的协同工作来实现，因而新的组织模式应该为协同化环境的形成创造有利条件，使其可以更好地为项目设计、实施服务。

（二）基于BIM设计管理组织的原则

基于BIM的设计管理组织应当遵循以下原则：

1. 目标统一及责权利平衡原则

基于BIM的设计管理组织模式能否有效运行取决于各参与方是否拥有明确的、统一的项目目标。由于项目各参与方来自不同的组织也必然代表不同的利益主体，这是阻碍项目良好运行、项目目标顺利实现的重要因素。为了使项目顺利实施，完成项目目标需要（图7-5）：

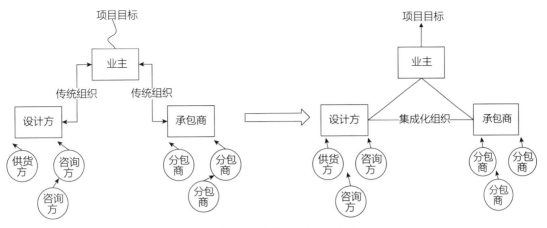

图7-5 基于BIM的集成化组织目标统一

1）项目各参与方在项目实施前必须达成一致的、明确的项目总目标。
2）在设计任务书、合同文件、管理制度文件等各方面不断强化、贯彻项目总目标。
3）考虑各参与方的利益，达到各参与方满意。

2．工作重心前移原则

由于设计阶段20%的工作量能够决定后期80%的建设投资，所以，设计前期阶段的设计管理是设计管理的重中之重。但是，由于传统设计技术和管理水平等问题，业主方设计管理对设计策划和设计前期阶段关注度不高，导致很多设计变更、功能不能完全实现或投资超过预期等的情况，因此，基于BIM的业主方设计管理要将工作重心前移，在前期策划阶段对建设项目的场地设计、规划设计条件，合理地进行投资估算等开始对项目目标实施控制，提高设计源头的决策的科学性和合理性。此外，如图7-6所示，将各参与方参与阶段和工作前移是BIM发挥其优势对组织的需求，也是基于BIM业主方设计管理协同决策的需要。各参与方特别是下游参与方在前期的参与有利于充分发挥各参与方的不同需求、各领域知识等，细化建设需求与目标，增强设计与施工、运维的紧密联系，提高设计质量。

3．无层级原则

基于BIM的设计管理在组织结构上要遵循无层级、扁平化的原则。组织可以看成关系的模式，组织的基础是信息沟通。国外学者John认为传统层级式组织是由传统的信息管理观念决定的，传统的分工协作理论及面向管理职能的组织设计原则与传统的信息处理及传递手段有重要的直接关系。由于传统的信息处理和传递工具落后，传递速度慢、效率低，为了实现对复杂生产过程的管理和控制，只能把复杂的工作过程分解为相对简单的工作任务或活动，针对工作任务或活动实施监督和控制，并通过层层的职能管理部门实现对信息的"上传下达"。基于BIM的设计管理组织模式彻底颠覆以往层层传递信息的方式，"BIM+云+互联网"可以通过不同的终端设备实现项目各参与方即时的沟通和"保真"的信息传递，如图7-7所示，组织无层级的深层含义是颠覆传统组织的信息观。

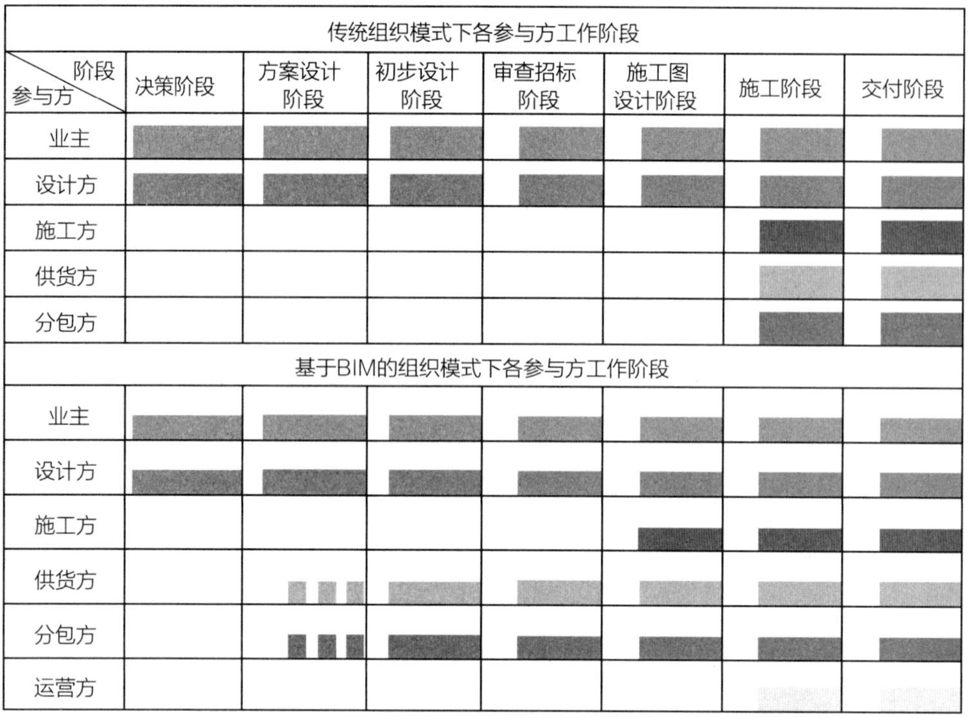

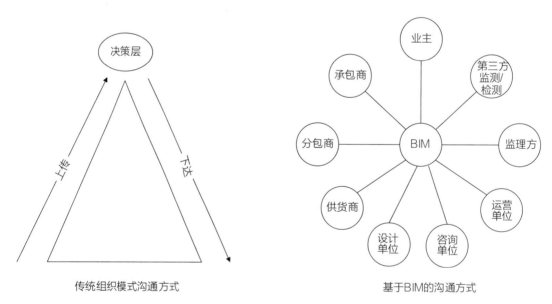

图7-6 传统组织模式和基于BIM的组织模式各参与方工作阶段对比图

图7-7 传统组织模式与基于BIM的组织新模式信息沟通方式对比

4. 强化沟通原则

业主、各设计单位、不同的施工方为了同一个项目目标的实现共同构成项目实施系统，但每个参与方又分别是一个相对独立的子系统，他们分别有着自己的利益目标和运行机制。组织结构的设计就是要通过建立沟通和关联，将各个子系统融合成稳定的整体系统，整合、优化各参与方资源，实现资源效益的最优化、项目目标的最大化。基于BIM的业主方设计管理组织模式不仅要实现各设计单位、各设计阶段的信息整合与传递，还要从组织上强化设计与施工、运营的联系，打破以往线性组织边界，建立强调协同与合作的组织体系。此外，在工作关系上，打破原有工作组的办公形式，建立多功能的交叉职能团队；在契约设计上，打破传统的收益与风险分配格局，建立"同输共赢"的契约体系。

5．面向多参与方协作的原则

基于BIM的业主方设计管理组织模式强调组织间的协同工作和相互支持，共同完成一项整合的任务，实现组织与组织之间，参与者与参与者之间的通力合作。首先，这种跨组织的协作可以弱化以往组织的级序、层级性，实现参与者之间的平等协作，无障碍沟通。其次，跨组织的协作利于设计、施工、运营等环节的前后衔接、相互支持，减少内耗和人为形成的组织界面。最后，跨组织协作方便项目各参与方前期介入，成立由设计、施工、运维等不同项目参与方构成的多功能项目团队，将不同的经验和专业技能整合，共同为项目设计服务，不仅可以提高设计质量，也可以加强下游参与方对设计的理解和支持，提高项目实施效率。

（三）基于BIM的设计管理组织结构框架

本节从对设计决策的决定强度对利益相关者进行划分，将基于BIM的设计管理组织结构划分为四个层次：业主方组织集成、设计方组织集成、其他参与方组织集成以及全体参与方组织的集成。值得注意的是，基于BIM的设计管理组织模式要求业主方、运营方、不同的设计单位、不同的施工单位应根据需要在项目前期决策阶段或设计阶段参与设计决策。

1．基于BIM的业主方设计管理组织的集成——核心决策层

基于BIM的业主方设计的组织集成包括的参与方分别是业主、运营方、设计管理方、资源管理方、总承包人，这几方单位由于在管理设计问题上不存在利益冲突，便于工作的开展和协调。如图7-8所示，在基于BIM的业主方设计管理组织层次中，业主方设计管理组织是项目决策和设计策划的核心决策者，是基于BIM开展业主方设计管理的内核，将其作为设计策划决策中心组织，同时也担任基于BIM的业主方设计管理组织系统的核心。

2．基于BIM的业主方设计管理组织的集成——核心设计层

基于BIM的业主方设计管理首先要协调各设计单位之间的沟通及协作。在当今建设项目设计中，设计单位的专业性越来越强，专业划分也越来越精细，此外，设计任务是按进度来划分阶段的，方便设计任务委托。因此参与一个大型复杂项目设计的单位往往由十数家甚至数十家设计单位共同构成。在传统工程设计中，应用较多的设计任务委托模式就是设计任务平行委托。在这种模式下牵扯到的设计单位众多，在不同的设计阶段、不同的专业上，设计单位的组成和数量也各不相同，少则数家，多则数十家，不仅造成了数量惊人

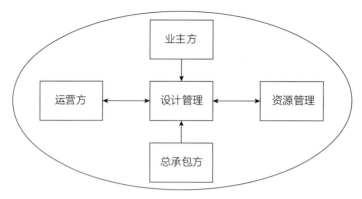

图7-8 基于BIM的业主方设计管理的核心决策层

的设计界面难以协调、管理，在总体投资、质量、进度控制方面也很难把握，这就要求在设计组织模式时，考虑在每一个设计阶段怎样将所有参与方整合的问题。

广州地铁18号、22号线工程总承包项目将设计专业分包，同时业主采用设计总体总包单位管理工点设计。首先，选用设计总体总包的优点是业主方设计管理需要协调的关系相对较少，合同关系也较为简单，且能把握住设计的控制权，其缺点就是业主对工点设计的管理过程较为烦琐，在信息传递时有可能产生"信息削弱"或"牛鞭效应"，设计与施工未完全一体化，导致工点设计可能偏离施工实际，而基于BIM的业主方设计管理完全可以弥补这方面的缺陷，因为业主、施工单位可以通过同一BIM平台直接与工点设计单位进行沟通、协调，便于设计目标的顺利完成。基于BIM的设计管理采取设计总体总包的模式，即由一家设计单位为管理企业，与工点设计单位形成该阶段的集成组织，对工程总承包模式下施工单位的设计深化形成监管作用。事实上，在基于BIM的业主方设计管理模式下，即使设计任务委托采用平行承发包模式，不同设计单位使用同一BIM模型进行设计也可以大大加强不同单位之间的联系，减少设计界面的冲突，但是设计总体总包便于业主方设计管理工作开展时可以集中的沟通与协调，而且，由一家设计单位为主导，也方便不同设计阶段的设计交接工作的开展与协调。

如图7-9所示，本节以实施阶段为顺序，将基于BIM的设计核心参与方定义成第二个阶层，即核心设计层。

3. 基于BIM的参与方各自组织的集成——主要执行层

在第二个层次中提到了基于BIM的设计单位的集成，在第三个层次主要是总承包、分包单位的集成。传统的施工分包模式无谓地给建设项目增加了大量难以协调的项目界面，不仅大大增加了实施过程中业主方组织、协调的难度，也不利于对项目投资的控制。从工业生产组织的成功之处来看，工程总承包可以实现生产的组织和过程方面的集成，促进设计、施工和设施管理的紧密结合，为项目增值。在此需要明确的是，由于每个项目类型、合同模式、采购对象不同，其集成模式和工作方式都可能存在一定的差异。所以，本节做出如下规定：

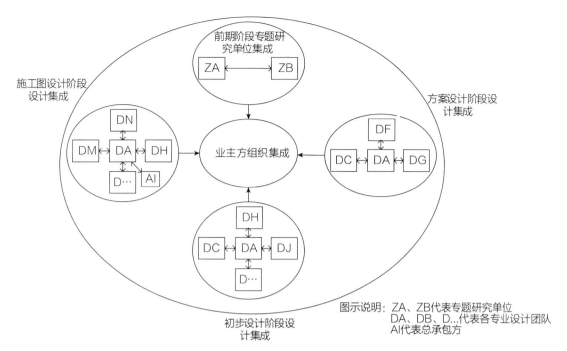

图7-9 基于BIM的业主方设计管理的核心设计层

（1）在合同模式上，业主选择工程总承包模式，业主不参与施工分包单位的选择。

（2）在项目类型上，广州地铁18号、22号线项目比较复杂，要求信息开发程度较高，下游的施工承包商或者材料供应商要参与前期的决策工作。

（3）在采购类型上，项目需要对"面向订单设计"的阈值构件的采购，因此，预制品供应商也需要参与项目的设计和决策过程。一方面，方便预制构件供应单位为构件制作提供充分的准备时间；另一方面，也关系到BIM应用计划的编制，减少后期实施的障碍。

4．基于BIM的项目全体利益相关者组织的集成——所有参与方层

全体参与方组织的集成不同于传统组织的概念，比较接近于Partnering的概念，因为这种模式能打破传统组织的界限，可以通过确定共同的目标及时地沟通，形成良好的合作关系，既可以保证项目的利益，也能使各参与方的利益目标得以实现。

5．基于BIM设计管理组织架构的优势

如图7-10所示，基于BIM的四个组织层次集成，该设计管理组织架构具有以下优势：

1）BIM带给业主方最大、最根本的价值是协同与整合。协同表现为各参与者工作方式的改变，而整合是对各设计专业，各施工承包单位的整合与集成。基于BIM的设计管理组织参与方式与传统设计管理的不同就是可以在项目前期对各参与方整体的集成。

2）BIM为项目参与各方的协同工作提供准确的、唯一的数据源。这提高了信息的复用性，减少了传统方式中信息传递过程中的信息丢失、信息失真甚至信息错误等问题，每个环节产生的信息既是上游参与方的劳动成果，也是下游环节参与单位的资源，如此反复、有效地利用。

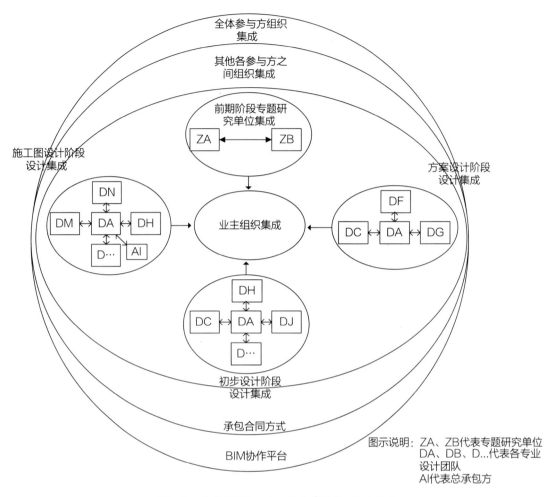

图7-10 基于BIM的业主方设计管理的四层次集成

3) BIM 加强了不同设计专业之间的沟通和协作，增强了设计单位与施工单位之间的关联性，使施工、供货单位参与前期的决策成为可能，提高了设计施工一体化，大大增强后期实施的便利性和快捷性。

（四）基于BIM设计管理组织结构的管理流程

由于组织结构和信息传递沟通方式的限定使得传统设计管理流程较为复杂、烦琐，效率较低，制定基于BIM的业主方设计管理流程不仅要考虑BIM带来的设计管理工作内容的变化，也要结合基于BIM的管理组织与沟通方式的变化，尽可能将BIM前置，稳定设计方案，从而制定出适用于BIM协同平台、方便各参与方高效合作的管理流程。

1. 基于BIM的设计管理总流程

如图7-11所示，业主方在设计前期最重要的任务是提出BIM协同平台需求。其次，要编制业主方BIM实施规划，要求设计、施工单位编制BIM实施规划并审核。对于业主方来

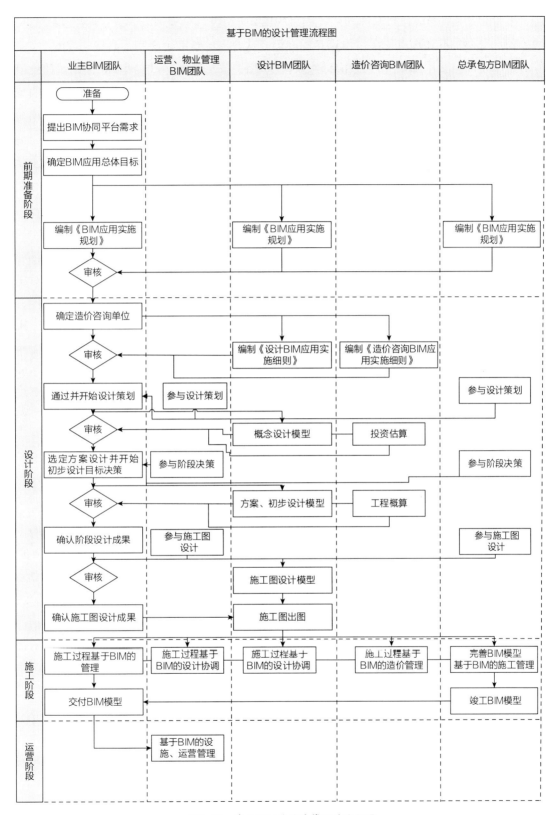

图7-11 基于BIM的设计管理总流程图

说，其BIM实施规划应该对具体的建设项目的BIM应用进行全局规划，设定应用BIM的目的，信息交换标准和规范、交付内容和标准等。从业主的角度定义和不同参与方的BIM实施流程以及项目全生命周期内的BIM实施内容和相关技术措施，以实现BIM应用效益的最大化。审核设计方和施工方BIM实施规划，可以使业主对设计和施工企业在BIM实施的流程和应用点的交付成果方面有个整体的掌握。审核的重点主要是设计和施工单位的BIM团队人员的配备，设计流程的优化和设计标准是否符合要求。

基于BIM的设计阶段的管理流程与传统管理流程最大的不同就是运营，施工单位BIM负责人要参与前期策划和不同阶段的设计决策，加强设计与施工、运营等管理单位的配合，提高组织及过程的整体性。

2. 基于BIM的深化设计管理流程

深化设计是设计单位、总承包单位、业主及分包单位就施工图纸进行的细化、完善和修改的过程，也是个专业图纸间的协调、集成和校审的过程。该过程业主方主要负责对总承包单位和设计单位就深化设计进行监督、检查和审核。具体的实施流程如图7-12所示，由总承包单位组织业主、设计单位在施工图交底的基础上共同制定深化设计实施方案，作为设计管理工作的工作指南。值得提出的是，对深化设计成果的审核和报批是对设计的最后一次把关，各单位一定要认真负责审核给出相关意见，由BIM平台对最终结果统一发布、管理。

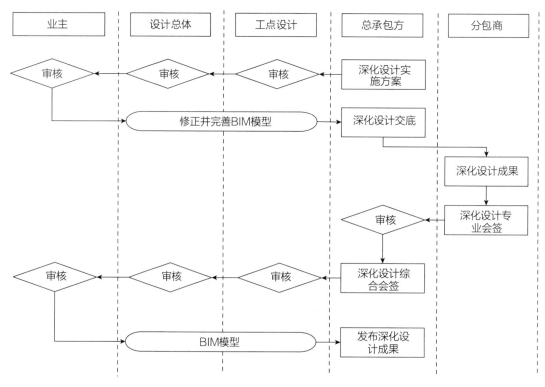

图7-12 基于BIM的深化设计管理流程

3. 基于BIM的设计变更管理流程

1)预算外变更是业主方设计管理关注的重点,据悉,大型建设项目设计变更率可达到30%以上。基于BIM的设计变更管理主要控制思想是"防患于未然",即在设计前期就对项目的功能需求、专项设计需求、设备选型、施工工艺等充分考虑,与运营、设备供应或施工单位等做好需求沟通,减少不必要的设计变更。

2)设计变更过程的优化,设计变更管理流程如图7-13所示。在传统的设计变更管理流程中,由于参与单位过多、设计变更对工程进度和投资、质量等牵扯过多,造成了设计变更管理流程过长等问题。基于BIM的设计变更管理不仅能够快速、全面、精准地分析设计变更对三大目标、可持续指标等带来的变化,也可以记录变更发起人、设计变更的原因、设计变更的性质等,实时、可视化地得出变更造成的整体影响。此外,基于BIM的参数化设计实现数据之间的关联,设计变更信息输入软件后可以直接对关联的构件或关联部位整体变更,在其所提供的平立剖、面积大小、工程量计算等方面也立即更新。

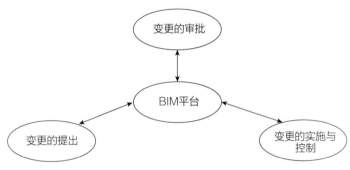

图7-13 基于BIM的设计变更流程图

3)BIM平台不仅可以大大简化设计变更的审批流程,还可以总结、分析设计变更的原因、发起人、发生的阶段、产生的经济影响等全过程,为后期的项目工程款结算、投资管理提供了很大的方便。

三、基于BIM的设计管理协同平台

基于BIM设计管理集成化组织对组织间信息的传递和共享提出了较高要求,结合BIM对信息的集成特性,针对传统组织间信息传递存在的问题构建基于BIM的协同平台,旨在促进各参与方的沟通,为协同工作提供保障,实现业主方设计管理的协同化和信息化。

(一)基于BIM实现设计管理协同的需求

1. 建设项目本身的需求

建设项目的体量越来越大,功能也越来越繁复,工程实体间存在大量的界面,各专业之间、各分部分项工程之间的技术接口是设计管理的重点与难点。协同管理是建设项目本身的需求，项目建设过程本身就是对项目组织的集成，对各参与方工作协同的过程，但是由于专业的分工、各参与方之间"闭门造车"，引发了许多问题。例如，在传统设计管理中，建筑外观形态美观的方案未必能在结构支撑方面实现，而结构符合规范标准却可能给设备安装方面的工作带来一定的障碍。

2．各参与方合作的需求

在建设过程中参与的单位也越来越多，不同的设计单位之间、不同的施工单位之间、不同的环节之间以及不同的设计单位与施工单位之间形成了以指数曲线增长的组织界面。而且，建筑的过程中包含着大量的、复杂的、多变的信息，信息只有在共享和使用中才能发挥其作用，而且信息共享的高低程度可以决定众多组织总体目标实现的程度。从各参与单位角度来讲，信息的共享就是每个参与方都既是信息的产出者，也是信息的使用者，不同参与单位之间的合作需要协同的工作平台提高生产率，提升项目质量。

3．业主方设计管理的需求

从业主方设计管理角度来讲，信息共享是开展设计管理的基础，有时，业主方设计管理工作人员为了解决某个设计问题需要组织不同部门、不同参与方之间协作完成，但是有些参与方往往只关注自身利益相关的信息，而对提供给其他参与方信息的做法配合度不高。传统的设计管理沟通形式主要是二维的图纸、文件等，沟通工具主要是电话、邮箱等，浪费了大量的人力、时间，效率低下。这就导致了很多可以事前控制的事情一拖再拖，拖成事中、事后控制，大大降低了设计管理工作的主动性，影响管理有效性。例如，传统的图纸审查环节是设计单位将设计成果以电子和图纸的形式分别报送于业主方设计管理人员审核，业主方设计管理人员审核并给出修改意见后，设计单位根据设计意见进行修改，设计单位再将修改后的设计成果报送于业主方……如此反复数次甚至十数次，不仅浪费了宝贵的工作时间，也消磨了相关人员工作的积极性。因此，对于大型复杂建设项目而言，建立基于BIM的设计管理平台可以帮助业主提高项目设计管理的能力，实现对项目设计更好的协调与控制。该平台建立在统一的信息交换标准和预制的流程规则上，在时间、空间和专业方面无限制，可以满足业主、各设计单位、施工、建立及供货方的需求，也可以兼顾分析处理质量、进度、投资等的功能，通过移动终端进行信息采集和现场应用，实现项目各参与方信息共享、工作协同。

（二）基于BIM的设计管理协同平台的优势

大型复杂建设项目的有效设计管理过程，其核心在于协同，该协同主要体现在各参与方之间界面、信息、目标以及制度的协同。BIM的优势在于为业主方开展设计管理协同提供有效的管理工具和精细化管理思维，提供技术基础和数据分析处理支持。构建基于BIM的设计管理协同平台在业主方设计管理中的主要协同价值如下：

1．BIM可视化的操作可实现各参与方之间的高效沟通

就设计成果来说，如果没有可视化的手段，业主方与设计的沟通只停留在传统的语

言、CAD图纸或文件的方式上，设计方难以将业主的实际需求完全理解并表达；可视化的BIM操作打开了传统设计的黑匣子，使业主可以更好地参与到设计过程中，不仅满足业主设计沟通需求，还可以将设计变更的可能降为零。从项目全寿命周期来讲，前期策划和方案设计阶段，方便业主对建设地点的选择，设计方案的甄别和选择，大大提高了业主决策的正确性与合理性；在设计实施过程中，对各种计划、安排的编制更加科学、合理，资金使用计划也更为准确、及时。

可视化的管理手段方便各参与方的沟通，在这种背景下，业主与其他参建单位并不是简单的指令关系，协调工作也随之变得容易。因此，BIM的可视化不但可以提高业主对设计质量的控制，对进度和投资方面的管控力度将随之提高。

2．BIM实现信息的关联与整合

BIM具有对信息进行整合的特点，BIM不仅是设施物理功能信息的描述，也可以对人员信息、实施进度、质量等信息进行描述，大大方便业主实时地、直观地对各参与方的各种实施进度、人员变动等进行协调和管理。

3．BIM+信息化的管理平台创建协同管理环境

传统的管理平台仅实现了初步的管理协同，其能够建立不同使用者之间的信息流，但其管理手段依然停留在二维的图纸和文档方面。基于BIM的设计管理协同平台不仅可以实现模型、文档、项目、人员等信息集成与整合，还具有生态模拟、进度、成本分析等功能，为业主快速做出科学的决策提供直观的、准确的数据，业主可以通过实时掌握投资、进度情况采取各种目标控制的措施，加强对项目目标的控制。此外，该平台的建立也可以优化管理流程，提高各参与方的工作的协同和目标的协同，有利于项目目标的顺利完成。

（三）基于BIM的设计管理协同平台的框架

基于BIM的业主方设计管理协同平台以不同的数据采集方式，无线和有限网络的支持，云和大数据的支持，数据转化标准为基础支撑，实现结构化数据和非结构化数据的存储、转换、传递等管理，满足不同参与方对不同信息的需求，进而实现各参与方对平台功能的需求。平台功能主要分为两个层次的功能，即文档管理和BIM协同。需要指出的是，协同管理平台不是对模型的管理，而是通过对信息的管理，建立各参与方之间的联系，从而实现设计协同管理的目的。如BIMBOX指出的一般，设计管理的信息化不仅需要建立不同参与方的相关数据方面管理，更需要建立数据的使用者和提供者之间的关系。BIM设计管理协同平台应当采用轻量化处理技术，因为轻量化的BIM模型既可以支持电脑终端，也要支持手机、网页等终端，方便各参与者在设计、施工全过程查看，实现高效沟通。

1．平台的功能

1）文档管理模块功能

（1）基于BIM的平台要对前期策划、设计过程等不同的环节和过程所形成的各类文档开发特定的存储空间，此环节需要考虑不同的参与方对文件的权限是不同的，例如，前期策划可能是业主方委托某专题研究单位形成的成果文档，设计单位可以在协同平台上查阅，但是其无权限下载。

（2）对同一文档的不同版本要按时间或参与方的交接流程进行分类处理，方便合同文件、设计变更等在最终交付时形成结算的资料。

2）BIM协同模块功能

该平台的协同模块所含功能较多，涉及范围也更广，主要是对BIM信息和BIM信息关联者的管理。首先基于BIM的信息传递最大的特点是零延时，基于BIM的设计管理平台要满足不同设计单位的BIM模型可以进行实时的跟踪与交互。BIM平台在满足数据安全的条件下，要形成开放的、动态的环境，方便业主对设计信息的实时掌握。此外，业主、各设计单位或施工方应当建立统一的数据交换标准，满足数据接口的需求。

在大型复杂项目建设中，BIM模型由不同阶段模型信息组成，阶段模型是由与之对应的各专业或专项模型组成。业主和各参与方在基于BIM的设计管理协同平台上实施设计管理工作和设计信息嵌入等工作，实现信息共享，协同解决问题。

2．设计各阶段协同管理

基于BIM的设计管理协同平台遵循BIM全生命周期的核心理念，覆盖前期策划、设计、招投标以及验收与移交6个阶段，其中前期策划阶段主要是场地设计和规划条件的匹配，比如工程的选址以及容积率指标的控制；设计阶段主要涉及各级设计阶段的设计深度、设计审核、专业设计、专项设计、设计界面的管理以及设计进度和投资的控制等；招投标阶段主要是基于BIM对招标文件和招标控制价的编制；交付阶段主要是各类图纸、模型的移交，项目后评估等。图7-14为基于BIM的设计管理协同平台分阶段的架构示意图。从最开始的立项到策划、设计到最后的竣工交付，其间产生了海量的各类工程数据与不同形式的信息，而BIM设计管理协同平台就是将这些数据信息进行科学化、智慧化的管理。

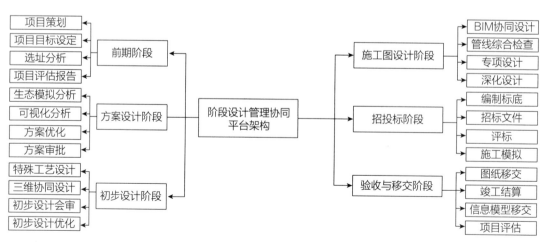

图7-14　基于BIM的协同管理平台设计各阶段架构

3. 多维度协同管控

基于BIM的设计管理协同平台最核心的理念是"集成+协调",前文已介绍其对信息、过程、参与方等集成与协调,现在要说明的是对项目目标的集成与协调。基于BIM的设计管理平台不仅可以实现对实施进度的可视化管控,也可以实现投资、质量、制度以及项目文化等方面的协同管理,强化项目目标,促进各参与方以项目总体目标为工作导向,以项目文化为纽带,在项目各阶段对项目目标实行有效的管控措施。各维度协同管理的层次如图7-15所示。

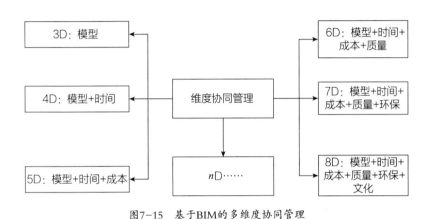

图7-15 基于BIM的多维度协同管理

第三节 BIM技术在地铁工程各阶段投资管控中的技术沉淀

一、设计阶段BIM应用——多参与方信息协同共享

(一)设计施工联动的协同设计

BIM技术在设计阶段运用的核心就是用来优化设计方案,为项目不同参与方之间提供一个协同工作及检测平台,以便进行沟通与协作,来解决设计中的冲突、方案的优化、参与方沟通不协调等事宜,提高设计的可施工性。换言之,BIM就是针对一个项目的多个设计及其相应的施工方案在虚拟的设计模型上进行反复模拟和检测。

工程总承包模式下BIM技术在设计阶段的应用模型如图7-16所示。在工程总承包项目初步设计阶段由设计和施工人员针对项目进行充分的信息交流和协调,将初步设计阶段的成果和对应施工的准备工作输入,建立BIM模型,然后进行各专业设计的碰撞检测,在虚拟资源的模拟下,进行虚拟施工、虚拟验收,对比各方案择优整合,得出最佳施工图设计方案,来指导施工图。与此同时,在最优设计成果基础上,对施工过程进行组织与计划,再次进行检测及优化整合。

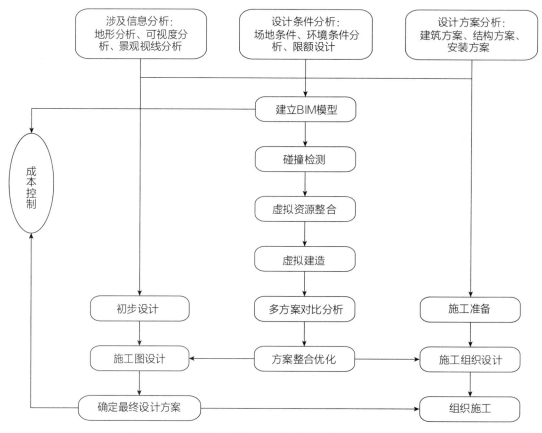

图7-16 工程总承包模式下BIM技术在设计阶段的应用模型

从实际发展状况来看，传统设计方式导致各个专业互动的实效性受到极大不良影响，往往一个专业在进行信息修改状态下，不会及时告知其他专业，进而到施工阶段内，矛盾问题不断产生，直接影响工程进程。BIM信息平台有效应用后，地铁工程在执行的过程中，各专业的设计可以实现关联修改，当电缆桥架信息发展改变，工程师会在系统中进行数据的调整，进而整个三维模型也会出现一定变化。在安装工程师终端上，立即会有相应提醒，以便共同开展调整活动。BIM技术可以提升整体工作效率，同时避免出现返工问题而影响最终施工进程。

（二）逻辑碰撞检查

由于地铁机电安装工程各种管道搭接位置对应的条件差异，会有不同的碰撞情况出现，为此合理安排安装工程，能够有效降低由于工程问题导致的停工、返工情况发生概率，从而规避可能基于该问题导致的矛盾、冲突的发生，大大减少返工费用。在图7-17里，针对基于BIM碰撞的实现流程进行了分析和论述。在进行碰撞检查的过程中，首先是基于最初信息进行相应的数据提取，包含建筑以及结构构建、水电以及暖通信息等。基于对BIM系统碰撞检测模块的调用，能够有效地进行工程碰撞和检测目标达成。

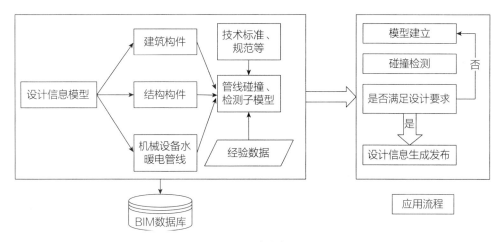

图7-17 碰撞检查流程

(三)施工图工程量自动计算

工程量计算在设计阶段是耗费时间和精力最多的重要工作,BIM是一个富含工程信息的数据库,可以真实地提供工程量计算所需要的物理和空间信息。借助这些信息,计算机可以快速对各种构件进行统计分析,从而大大减少根据图纸统计工程量带来的烦琐人工操作和潜在错误,在效率和准确性上得到显著提高。

在实际操作上,通常采用的软件主要有Revit、鲁班、预算大师。在以上提到的几款产品中,有较为突出智能应用表现的是Revit软件。其可以实现单一项目到多项目的拆分,实现多项目在一个文件中进行体现。基于BIM算量提高了工程量计算的准确性,工程量计算是编制工程预算的基础,但计算过程非常烦琐,造价工程师容易因各种主观原因而导致很多的计算错误。BIM模型是一个存储项目构件信息的数据库,可以为造价人员提供编制所需的项目构件信息,BIM的自动化算量功能可以使工程量计算工作摆脱人为因素影响,得到更加客观的数据,如图7-18所示。

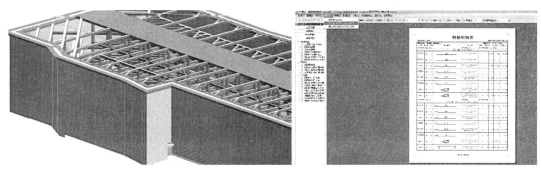

图7-18 广州地铁18号、22号线工程量统计

二、施工阶段BIM应用——提升管理效益

（一）派工单管理——进度管控的主旋律

派工单是指施工单位根据审批过的周计划创建派工单，将施工任务以工单的形式创建出来，派工单中包含施工任务名称、计划施工时间、施工区域、施工规范和工序指引、施工班组和施工人员、施工所需设备材料名称、规格型号及数量、施工过程所需的质量控制类型、施工任务对应的二维图纸等信息。对于日常施工过程管理，项目管理平台以派工单运行为核心，为广州地铁公司、监理方、施工方提供施工过程信息跟踪控制功能。图7-19为平台中派工单运行的主要原理示意。首先，通过派工单指定施工任务、人员、所需设备材料等并提交监理审核，审核通过后开始施工；其次，工单生效后，班组长持派工单开展施工工作，利用派工单去约定每天现场的准入施工人员名单，并自动推送至工地现场的人脸识别门禁系统。每天施工结束后，施工员都需要在系统中填报实际施工的进度情况以及施工日志；最后，派工单完成后需要在平台内提交相应的交付物，并可在模型中显示施工完成情况，对未及时完成施工任务及时预警。直到施工任务全部完成，派工单才闭合。

平台从派工单中提取实际进度数据，并与计划进度比较，分析工期延误等情况，同时定量分析任务完成的质量以及数量。施工过程中产生的资料需在规定时间内上传并审核，审核通过后存入档案，实现施工进度与工程资料的双闭环管理，如图7-20所示。

广州地铁18号、22号线所研究开发的基于派工单的施工过程信息管理是属于质量安全管理模式的创新，与传统的工单有很大不同，主要体现在以下几点：

1）派工单不仅规范施工单位的工作内容，对监理单位的日常行为也同时约束，以监

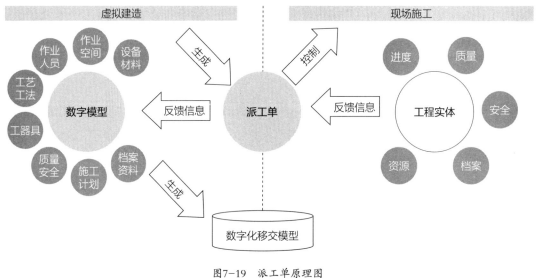

图7-19　派工单原理图

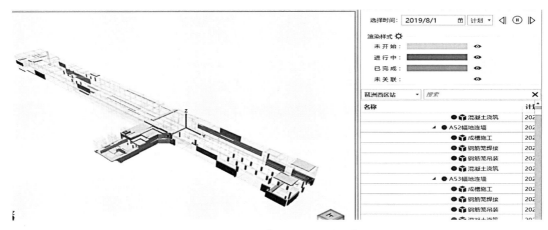

图7-20 派工单实际完工状态分析

理方主导基于BIM的施工管理是对传统质量安全管理模式的变革与创新。

2）派工单是连接BIM系统三维虚拟建造与现场施工的纽带，是将计划与实际联结的枢纽信息载体，是精细化的质量安全管理的具体表现形式。

3）派工单是通过总体计划每周逐步更新细化后自动生成的，而总计划和周计划又是BIM系统对各专业进度计划采用4D施工过程模拟优化调整后的，是最合理的施工任务安排。通过BIM系统对施工方案以及工艺流程进行"彩排预演"，提前发现施工中可能存在的问题，将会从事前控制上保证工程质量安全，提高施工效益。

4）利用系统对于工单派出的前置条件自动检查、判断，包括施工人员上岗资质条件、设备材料到货状态等。例如没有受过三级安全教育的工人是无法被派工单选择的，这是从作业层的精细化管控保证施工人员、安装的设备材料都是合格的，从而保证工程质量和安全。

5）将派工单与门禁系统关联，最大限度地实现施工人员准入安全管理与考勤管理。

（二）甲供材管理——投资管控的主抓手

物资材料在建筑工程成本中占有很大比重，如何加强与搞好甲供材物资管理工作，对于降低项目成本，提高企业的经济效益具有重要意义。传统材料管理方式是企业或项目部根据施工现场实际情况制定相应的材料管理制度，主要依靠施工现场的材料员、库存员、施工员来完成，无法实现对材料领取、应用情况的有效追踪，很容易导致材料浪费、现场积压、占用资金、停工待料等现象。BIM技术使材料信息与相关的使用部位（构件）相关联，并集成相应的材料用量、价格、领用等信息，通过模型追溯到不同单位工程、分部、分项的材料信息，可实现现场材料需求计划的数据支持，更加准确合理地查询、使用和调拨。广州地铁18号、22号线中电缆所占费用比重大，且属于甲供，据统计一个车站的电缆成本占整个车站机电系统工程总造价的比例可高达25%，对于各个回路电缆长度的施工前预估如果不精确，容易造成材料浪费。同时，对于电缆建模，市场上也没有成熟的解决方案。广州地铁研发了电缆半自动寻径建模工具，根据始、终端设备位置，自动规划电缆路径，然后根据电缆路径确定桥架路径，通过工具自动布设的各回路电缆的长度，与现场实际测量长度比较接近，比设计图纸的数量更接近实际。减少了电缆在整个施工环节的损耗率，优化电缆排布逻辑。从表7-1中也可以看出，电缆模型的长度与电缆实际敷设的长度基本一致，为机电系统工程的绿色施工奠定了基础。在借助BIM对电缆工程量的统计及物资管理方面的应用能够更好地管控工程总承包人对电缆的领用，从而物尽其用、节约投资。

电缆模型长度与实际敷设长度对比表　　　　　表7-1

电缆回路编号	回路名称	起点	终点	设计总长（m）	电缆模型长度（m）	实际敷设长度（m）
IPA03-7	QHA10 A端4气体灭火1主用	IPA03	QHA10	104	84.34	79
IPA06-3	MA12 A端站厅照明总箱1	IPA06	MA12	83	71.78	67
IPA08-5	LXA13 站厅A端三级小动力	IPA08	LXA13	73	74.9	74

基于开发的电缆高精度自动建模插件能够准确地计算电缆工程量，电缆名称和规格型号等属性与施工计划关联，可按照既定格式生成设备材料到货计划。到货计划可根据实际的采购安排进行到货批次的调整，将系统生成的到货计划调整完毕后，经过审批流程即可生效。在下阶段施工计划在执行前，系统能自动根据计划所需工程量与材料清单的库存量进行数据比对，从而得出库存量是否满足下阶段施工需要，对于不满足的情况，系统可以进行预警提醒。

基于BIM打造的仓储系统在进行具体的应用上，其目的是更好地实现仓储需求的满足，促使仓库能够有较高的响应表现。而且系统在进行信息采集上是实时实现的，为此有助于达成数据实时更新，致使数据的操作、查询十分便捷。

该系统相较于传统存储系统来说，可以实现自动化操作，而且在操作上能够确保数据的完整和一致，确保在进行材料存储上实现清晰有效的操作。其对应的功能是：

1）可以实现权限管理、数据采集及查询，以及参数设置等，无纸化办公。

2）能够实现存储和库存的自动化处理，促使数据采集更精准也更及时，促使库存管控有较高品质。

3）致使相关人员降低工作量的同时，实现工作成效的改善，降低错误率，降低诈骗发生概率。

4）具有可视化特质，可以针对项目位置、状态等进行精准、及时的展现，为决策提供支持,同时也促使管理品质得以改善。

基于 BIM 综合监控系统可以实现对物料的可视化管控。对各班组限额发料,防止错发、多发、漏发等无计划用料,从源头上做好材料的"有的放矢",减少施工班组对材料的浪费。在进行物料存储上,能够充分达成精确化管控,同时合理进行项目进度把控,基于此完成相应采购计划的制定,能够充分确保物料满足施工进度要求。同时也可以规避物料的积压,以更有效地实现成本的管控。

(三)基于派工单闭合的质量验收过程控制

总承包人根据质量验评要求基于模型进行检验批的划分,并基于业主要求的质量验评系统,以模型为载体,开展质量验评管理工作。如果某个检验批关联的派工单实体完成后,派工单模块自动通知相关人员及时组织验收。分部工区质检人员必须要通过工地门禁系统验证进入施工现场,实测实量地完成自检,才能在手机端发起自检记录填报,一旦自检数据合格,系统将推送通知给监理方组织质量验收,监理方同样需要进入现场实测实量,才能完成对验收工作的审查与文件资料的审核(图7-21)。系统根据后台配置验收资料表单规则,生成可归档的验收资料。在项目管理平台上完成质量验评工作才能进行工程计量。业主、监理人对工程量计量的判定基于模型,未经验评或没有模型数据支撑的工程量不得计量和支付。

总承包人须应用模型进行工程项目施工质量管理中的质量验收、质量问题处理、质量问题分析等。

1)分部工程验收除了要对工程实体进行验收之外,还需要对工程资料进行验收。单位工程验收过程资料,亦可在流程中进行上传归档;

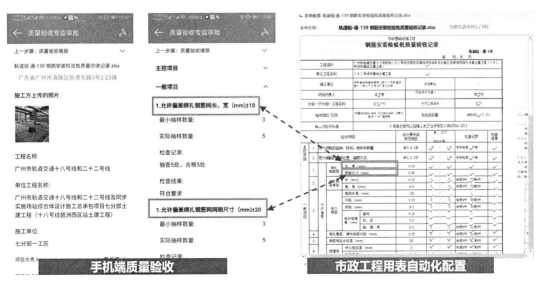

图7-21 手机端质量验收

2）验收过程中发现的问题，可导入系统，并在系统里记录整改情况和整改结果等；

3）承包人在质量问题分析时，应利用模型按部位、时间、施工人员等对质量信息和问题进行汇总和展示。

（四）基于多维度的中期付款控制

结合上文内容，基于BIM技术应用，能够有效对地铁机电安装工程进度达成实时管控，可以借助相应实时进度来进行对应款项支付。

我国现行的工程进度款结算有多种方式，如按月结算、竣工后一次结算、分段结算、目标结算等方式，在传统模式下，建筑信息是基于平面图纸建立的，工程基础数据掌握在分散的预算员手中，很难形成数据对接，导致工程造价快速拆分难以实现，工程进度款结算工作也较为烦琐。在BIM技术应用背景下，可以基于时间、空间以及工序、区域等维度进行数据的汇总研究和探讨，并将结果进行整理，在报表中予以体现，从而达成多算对比。广州地铁18号、22号线以高精度模型为基础，其颗粒度细化至支付工程量的统计，在派工单闭合、质量验评通过后，导出工程量明细表，实现和概算的比对，这样方便成本控制人员及时发现问题，对成本进行有效控制。

地铁项目主要有总包以及分包、材料供应商等，为此不同分包间会有一定的共同界面，而且会存在交叉施工情况。基于BIM系统，能够对不同承包商的具体工作内容进行准确的记录。结合总包合同要求，要求总包以及分包在每月进行合同清单的提交，将截至当日已经完成的工作量以及相应产值进行汇总提交。如果存在变更的情况，还需要由投资监理进行工程量核实，而后基于BIM信息进行核对，针对相应信息是否在BIM里进行记录验证。

（五）变更与签证联动管理

变更的出现，源于设计或是在施工过程中出现的变化情况。从成因来说，可能是业主方面对于建筑需求发生变动，或是设计方案本身存在一定的不合理地方，抑或是在施工过程中施工方式不当等。针对变更BIM平台能够进行详细成因、指令信息的精准记录，同时针对具体施工状态、变更目的等也应该做出对应的记录，基于此实现模型和实际资料融合，从而合理进行变更内容、费用评估，如图7-22所示，不同颜色直观展示不同版本模型差异，自动计算变更前后工程量变化，便于回溯和查阅，也有助于规避扯皮情况出现。就地铁机电安装工程而言，应该及时进行协同处理，规避停工、返工情况出现。

对于变更工作量来说，通常占据工程造价的5%～15%比例，也有30%占比的情况出现。由于变更情况出现，导致成本管理工作发生变化，从而要求承包商通过BIM平台，针对每月变更情况及时进行清单的提交，以有效进行变更工作总量的汇总核算，致使整体变更量得以合理管控。

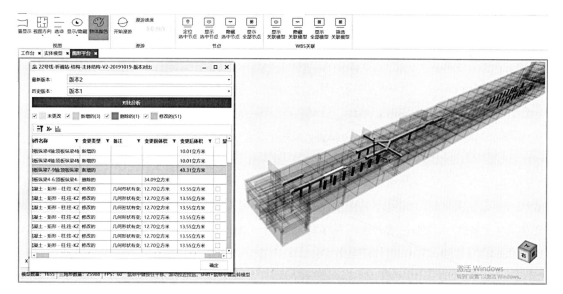

图7-22　模型变更对比

（六）实时高效的竣工决算管理

在传统的模式下，基于二维CAD图纸的工程分包结算是相当复杂和烦琐的。在数量检验方面，双方造价工程师需要根据各自的工程计算，检查每个项目的数量。在项目中遇到较大的部分时，需要根据每个项目的计算公式和计算过程进行检查，工作难度很大。特别是传统的预算基本上是人工计算的，而计算的格式各不一样，这使得验证困难，数据的丢失或不完整性也很普遍。在工程施工中引入BIM技术，可以促使项目管控从被动变为主动。随着设计和施工阶段的推进，设计变更、现场签证等信息不断输入更新，BIM模型数据库不断完善，同时也可以在交接阶段实现对信息数量的实体表述。由于BIM模型有较高准确性，为此借助该模型能够有效确保计算的效率，减少双方的纠纷，加快解决的速度，也是节约双方结算成本的有效手段。

基于BIM技术，可以快速搜索构件信息，链接相关的成本信息，快速生成更多的计算和比较文件，提供偏差分析的基本数据，以便及早发现问题，纠正问题。利用基于BIM技术的"二算比较"，实时分析和修正工程虚拟合同价格、实际支撑价格、实时结算价格。

在工程造价上，最终环节是工程项目竣工结算。结算的工程造价会对整体建筑以及施工单位的利益产生直接影响。为此在完成竣工结算后，进行BIM竣工模型构建，其中应该针对项目施工的不同数据以及资料信息进行全部的输入，并基于模型实现相关文档、表格以及图纸的自动生成，基于此能够有效为施工企业进行成本分析和成本考核提供依据，同时，也为建设单位日后的运营提供巨大的帮助。

三、运维阶段BIM应用——数据价值为设施管理赋能

传统设备维修管理过程通常由于在进行数据以及文件的存储上会有不同口径，为此导致在进行后期管理时，通常会出现信息过于分散或是数据不全的状况，这对于后续进行设备维护有不利影响。借助BIM能够严格进行施工信息以及工艺流程的记录，使后续维护能够获取统一、完整的信息。基于BIM的信息共享平台集成了统一的可视化体系结构3D模型和设备操作以及维护数据库。维护管理人员共享一个完整的信息平台，有效地实现设备信息的及时获取和搜索。操作和维修人员能够快速了解设备的整体运行状态，协助制定维修计划以及实现维修进度的合理协调。基于系统，促使维修人员能够对具体的维修位置、内容以及计划做出合理的判定，同时基于维修需求，还可以实现对不同图纸、数据的合理调用，确保维修工作的高质量和快速完成。

图7-23显示的基于BIM的地铁设备维修和管理模型设计框架和实现过程：首先，设备操作和维护人员，包括设备安装、维修、检查和维护，在输入成本管理、文件管理和风险应急等相关的设备数据后，成本合同文件、设备CAD图纸和维护手册进入BIM视觉共享平台，系统会自动转移数据库相关的信息和文件，并继续更新和改进。在数据库中更新设备的日常检查、维护信息后，也会在BIM模型里进行同步的体现。此外基于不同管理者的需求，为其进行对应权限的设置。对于一般的管理人员来说，对应权限是可以对信息进行添加和删除，并在个人工作范围内生成统计信息。系统管理员拥有较高的管理权限。通过

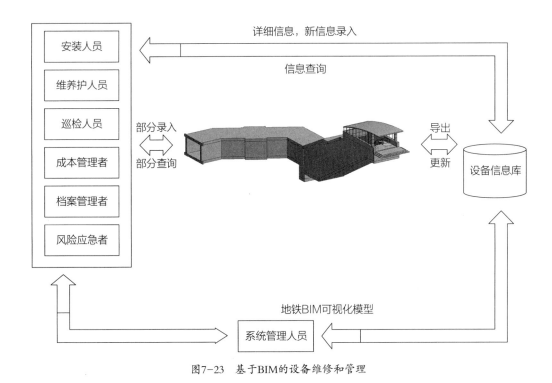

图7-23 基于BIM的设备维修和管理

审核，可以结合实际需求合理进行 BIM 模型的调整，针对设备维护的信息进行研究，并完成维护任务的制定。结合对设备信息的全面分析和判定，促使决策者在进行决策的过程中，能够更好实现成本核算，并合理进行相应方案比对，最终实现决策制定。图7-24为平台工程数字化移交的功能模块，通过模型编码，将自动扶梯的一些主要零部件采购信息、关键技术参数、维保手册、用户手册等与扶梯模型关联，为后续运维阶段的设备数据管理奠定了基础，也为模型接入后续的运维采购、库存等平台预留数据条件。

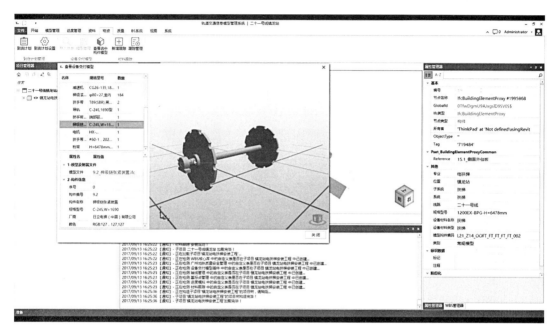

图7-24 设备交付模型查询

BIM 信息平台根据维护计划和检查人员报告的设备故障，每天进行工作内容的推送，并将维修工作清单生成发给每个维修人员。工作表包括主要的账户信息，如设备名称、代码、参数、安装空间位置等，并将其推送到对应维修团队。结合工作表内容，维修人员能够获取维修位置，进行维修以及计划制定。同时还可以更好地实现相应资料的随时调取，为维修工作的开展提供便利。在完成维修后，还要填写维修记录。可见基于 BIM 信息平台能够有效实现运维阶段管理效率改进。

参考文献

[1] 陈建国,魏贵琳,贾广社,等. 大型建设工程项目业主方设计动态管理——以浦东国际机场商飞配套工程为例[C]//上海空港:第14辑. 上海:上海世纪出版股份有限公司科学技术出版社,2012:44-51.

[2] 陈前,徐加兵,梁兴朴,等. 广州地铁十八和二十二号线基于BIM的项目管理平台的研究与应用[J/OL]. 2020-07-01[2020-08-17]. 土木建筑工程信息技术. http://kns.cnki.net/kcms/detail/11.5823.TU.20200630.1739.002.html.

[3] 陈前,张伟忠,王玮. BIM技术在城市轨道交通建设工程质量与安全管理中的落地应用[C]//中国图学学会BIM专业委员会. 第二届全国BIM学术会议论文集. 北京:中国建筑工业出版社数字出版中心,2016:207-214.

[4] 陈奕林,尹贻林. 基于信任的合同柔性改善项目管理绩效研究[J]. 科研管理,2019,40(3):197-208.

[5] 董福文. 基于BIM的地铁工程多专业协同设计流程再造应用研究[D]. 西安:西安理工大学,2017.

[6] 杜亚灵,闫鹏,尹贻林,等. 初始信任对工程项目管理绩效的影响研究:合同柔性、合同刚性的中介作用[J]. 预测,2014,33(5):23-29.

[7] 杜亚灵,尹贻林. 治理对公共项目管理绩效改善的实证研究——以企业型代建项目为例[J]. 土木工程学报,2011,44(12):132-137.

[8] 杜亚灵,尹贻林. 基于治理结构创新的公共项目管理绩效改善研究——以深圳地铁5号线BT工程为例[J]. 建筑经济,2010(4):66-70.

[9] 段燊. A房地产公司项目建设阶段成本控制流程再造研究[D]. 长春:吉林大学,2013.

[10] 方黄磊. 城市轨道交通地下区间BIM设计研究[J]. 铁路技术创新,2020(3):51-55.

[11] 何振东. 以清云高速某标段施工方为主的DB工程总承包管理模式研究[D]. 重庆:重庆交通大学,2019.

[12] 侯娜. BIM技术在地铁机电安装工程成本控制中的应用研究[D]. 兰州:兰州交通大学,2018.

[13] 胡彪,孙文鹏,孙春玲. 基于DART模型的EPC建设工程项目设计阶段价值共创研究[J]. 铁道标准设计,2014(4):126-130.

[14] 怀劲梅. 基于柔性的设备维护外包合同管理研究[D]. 武汉:华中科技大学,2006.

[15] 江静. 合同柔性对承包人履约行为影响的实证研究[D]. 天津:天津理工大学,2018.

［16］金俐敏. L房地产项目成本控制流程优化设计［D］. 兰州：兰州交通大学，2014.

［17］鞠建玲. Y房地产公司项目管理流程再造研究［D］. 大连：大连理工大学，2016.

［18］柯洪，刘秀娜. 工程合同柔性的本质及不同范本下的条款比较［J］. 工程管理学报，2014，28（5）：32-36.

［19］柯洪. 全国造价工程师执业资格考试应试指南——建设工程造价［M］. 北京：中国计划出版社，2017.

［20］李娟芳. 基于利益相关者的政府投资项目投资控制研究［D］. 武汉：武汉大学，2013.

［21］李坤. ZJ房地产公司全流程成本控制途径与方法研究［D］. 北京：首都经济贸易大学，2014.

［22］李明亮，陆鑫，尹航. 基于ECRS方法的多项目管理模式组织流程再造［J］. 科技经济导刊，2019，27（14）：17-19.

［23］李艳焕，张兆梁，张红伟. 价值工程在施工项目成本控制中的应用［J］. 辽宁工程技术大学学报（社会科学版），2007（1）：46-48.

［24］李应. 关系契约治理动态性研究［J］. 经济问题探索，2012（8）：90-94.

［25］梁永宽. 项目管理中的合同治理与关系治理——基于建设项目业主与承包商的实证研究［D］. 广州：中山大学，2008.

［26］刘进明. 合同履约效率改善视角下工程变更柔性条款设置研究［D］. 天津：天津理工大学，2017.

［27］刘茂松，陈柏福. 论柔性契约与垄断结构企业模式［J］. 中国工业经济，2006（5）：79-86.

［28］刘世定. 嵌入性与关系合同［J］. 社会学研究，1999（4）：75-88.

［29］刘新平，王守清. 试论PPP项目的风险分配原则和框架［J］. 建筑经济，2006（2）：59-63.

［30］娄黎星. 建设工程项目柔性概念框架研究［J］. 工程管理学报，2014，28（4）：11-15.

［31］骆亚卓. 合同治理与关系治理及其对建设项目绩效影响的实证研究［D］. 广州：暨南大学，2011.

［32］吕文学，花园园. 基于交易成本的国际工程项目争端预防分析［J］. 国际经济合作，2010，（1）：69-73.

［33］任涛. 基于BIM的EPC项目管理流程与组织设计研究［D］. 西安：西安科技大学，2018.

［34］石莎莎，杨明亮. 城市基础设施PPP项目内部契约治理的柔性激励机制探析［J］. 中南大学学报：社会科学版，2011，17（6）：155-160.

［35］孙树荣. 限额设计在高校建设中的应用研究及评价［D］. 淮南：安徽理工大学，2015.

［36］汤鸿，万金华. 价值工程在房地产成本控制中的应用［J］. 才智，2012（10）：20.

［37］天津理工大学公共项目与工程造价研究所. 工程造价基本原理（上册）［M］.

[38] 王国峰. 做好工程计量支付监理工作的几点体会[J]. 建设监理, 2007（3）: 37-38, 42.

[39] 王翔. 工程造价咨询企业开展PPP项目咨询业务流程再造研究[D]. 天津: 天津理工大学, 2017.

[40] 武文珍, 陈启杰. 价值共创理论形成路径探析与未来研究展望[J]. 外国经济与管理, 2012, 34（06）: 66-73, 81.

[41] 徐勇戈. 非对称信息下政府投资项目实行代建制的相关机制研究[D]. 西安: 西安建筑科技大学, 2006.

[42] 严玲, 丁乾星, 严敏. 建设项目合同柔性研究: 述评与展望[J]. 建筑经济, 2015, 36（8）: 31-36.

[43] 严敏, 闫金芹, 严玲. 清单计价模式下施工合同风险再分担路径研究[J]. 建筑经济, 2014, 35（10）: 90-94.

[44] 尹贻林, 王垚. 合同柔性与项目管理绩效改善实证研究: 信任的影响[J]. 管理评论, 2015, 27（9）: 151-162.

[45] 于翔鹏. 业主视角下工程总承包项目的投资总控研究[D]. 天津: 天津理工大学, 2018.

[46] 于晓田. 业主视角下EPC总承包项目前期投资管控研究[D]. 天津: 天津理工大学, 2019.

[47] 袁静, 毛蕴诗. 产业链纵向交易的契约治理与关系治理的实证研究[J]. 学术研究, 2011（3）: 59-67.

[48] 袁亮亮, 邹锦峰, 尹贻林, 等. 基于初始信任的工程总承包项目资格预审指标设置研究[J]. 工程管理学报, 2019, 33（05）: 97-102.

[49] 袁亮亮. 城市轨道交通建设项目投融资问题研究[D]. 广州: 华南理工大学, 2017.

[50] 曾晖, 成虎. 重大工程项目全流程管理体系的构建[J]. 管理世界, 2014（03）: 184-185.

[51] 张鹏. 新建黄大铁路站前工程施工项目招标风险管理研究[D]. 秦皇岛: 燕山大学, 2018.

[52] 张水波, 何伯森. 工程项目合同双方风险分担问题的探讨[J]. 天津大学学报: 社会科学版, 2003, 5（3）: 257-261.

[53] 张亚娟. 合同柔性视角下的工程项目合同条款设计研究[D]. 天津: 天津理工大学, 2015.

[54] 郑宪强. 建设工程合同效率研究[D]. 大连: 东北财经大学, 2007.

[55] 朱宗乾, 李艳霞, 罗阿维, 等. ERP项目实施中风险分担影响因素的实证研究[J]. 工业工程与管理, 2010, 15（2）: 98-102.

[56] 科斯, 哈特, 斯蒂格利茨, 等. 契约经济学[M]. 李风圣, 译. 北京: 经济科学出版

社，1999.

[57] Athias L, Saussier S. Contractual Flexibility or Rigidity for Public Private Partnerships? Theory And Evidence From Infrastructure Concession Contracts [J/OL]. 2007-05-13. https://ssrn.com/abstract=828944.

[58] BARNES-SCHUSTER D, BASSOK Y, ANUPINDI A. Coordination and Flexibility in Supply Contracts with Options [J]. Manufacturing & Service Operations Management, 2002, 4 (3): 171-207.

[59] CHEGE L. Recent trends in private financing of public infrastructure projects in South Africa [R]. South Africa: CSIR Building and Construction Technology, 2011.

[60] CRUZ C O, MARQUES R C. Flexible contracts to cope with uncertainty in public-private partnerships [J]. International Journal of Project Management, 2013, 31 (3): 473-483.

[61] DONG F, CHIARA N. Improve economic efficiency of public-private partnerships for infrastructure development by contractual flexibility analysis in a highly uncertain context [J]. The Journal of Structure Finance, 2010, 16 (1): 87-99.

[62] DYER J H, CHU W J. The determinants of trust in supplier-automaker relationships in the United States, Japan, and Korea [J]. Journal of International Business Studies, 2011, 42: 10-27.

[63] GOLDBERG V P, ERICKSON J R. Quantity and price adjustment in long-term contracts: a case study of petroleum coke [J]. Journal of Law and Economics, 1987, 30 (2): 369-398.

[64] HARRIS A, GIUNIPERO C L, HULT T M G. Impact of organizational and contract flexibility on outsourcing contracts [J]. Industrial Marketing Management, 1998, 27 (5): 373-384.

[65] Hartman F, Snelgrove P, Ashrafi R. Effective wording to improve risk allocation in lump sum contracts [J]. Journal of Construction Engineering and Management, 1997, 123 (4): 379-387.

[66] LACOSTE S. Sustainable value co-creation in business networks [J]. Industrial Marketing Management, 2016, 52: 151-162.

[67] LAM K C, WANG D, LEE T K P, et al. Modelling risk allocation decision in construction contracts [J]. International Journal of Project Management, 2006, 25 (5): 485-493.

[68] LEVIN J, TADELIS S. Contracting for Government Services: Theory and Evidence from U.S. Cities [J]. The Journal of Industrial Economics, 2010, 58 (3): 507-541.

[69] NYSTÉN-HAARALA S, LEE N, LEHTO J. Flexibility in contract terms and contracting processes [J]. International Journal of Managing Projects in Business, 2010, 3 (3): 462-478.

[70] PRAHALAD CK, RAMASWAMY V. Co-creation experiences: the next practice in value creation [J]. Journal of Interactive Marketing, 2004, 18 (3): 5-14.

[71] SUSARLA A. Contractual flexibility, rent seeking and renegotiation design: an empirical analysis of information technology outsourcing contracts [J]. Management Science, 2012, 58 (7): 1388-1407.

[72] TAN Z J, YANG H. Flexible build-operate-transfer contracts for road franchising under demand uncertainty [J]. Transportation Research Part B, 2012, 46 (10): 1419-1439.

[73] TSAY A. The Quantity Flexibility Contract and Supplier - Customer Incentives [J]. Management Science, 1999, 45 (10): 1339-1358.

[74] TURNER R J, MÜLLER R. On the nature of the project as a temporary organization [J]. International Journal of Project Management, 2003, 21 (1): 1-8.

[75] VARGO S L, LUSCH R F. Service-dominant logic: continuing the evolution [J]. Journal of the Academy of Marketing Science, 2008, 36 (1): 1-10.

[76] VARGO S L, LUSCH R F. Evolving to a new dominant logic for marketing [J]. Journal of Marketing, 2004, 68 (1): 1-17.

[77] VEGA A O. Risk allocation in infrastructure financing [J]. Journal of Project Finance, 1997, 3 (2): 38-42.

[78] WIELAND H, POLESE F, VARGO S L, et al. Toward a Service (Eco) Systems Perspective on Value Creation [J]. Social Science Electronic Publishing, 2012, 3 (3): 12-25.